百年党史访谈录

中央党校（国家行政学院）访谈组◎编著

中共中央党校出版社

图书在版编目（CIP）数据

百年党史访谈录 / 中央党校（国家行政学院）访谈组编著 . -- 北京：中共中央党校出版社，2022.8
ISBN 978-7-5035-7293-7

Ⅰ. ①百… Ⅱ. ①中… Ⅲ. ①中国共产党—党史—史料 Ⅳ. ① D239

中国版本图书馆 CIP 数据核字（2022）第 059851 号

百年党史访谈录

策划统筹 冯 研
责任编辑 王玉兰
责任印制 陈梦楠
责任校对 马 晶
出版发行 中共中央党校出版社
地　　址 北京市海淀区长春桥路 6 号
电　　话 （010）68922815（总编室）　（010）68922233（发行部）
传　　真 （010）68922814
经　　销 全国新华书店
印　　刷 北京盛通印刷股份有限公司
开　　本 710 毫米 ×1000 毫米　1/16
字　　数 253 千字
印　　张 24
版　　次 2022 年 8 月第 1 版　2022 年 8 月第 1 次印刷
定　　价 78.00 元

微 信 ID： 中共中央党校出版社　　**邮　　箱：** zydxcbs2018@163.com

前 言

为庆祝中国共产党成立100周年，中央党校（国家行政学院）组织实施了“百年党史访谈录”项目，就中国共产党在百年奋斗中的一系列重要问题对党史和理论大家进行专访，形成了这部兼具理论深度、历史厚度以及学术分量的研究型访谈实录。

访谈紧紧围绕中共党史的主题主线、主流本质，既有对党史百年鸟瞰式的总结和回顾，又分别围绕不同主题作深入浅出的重点解读；既有宏阔的历史叙事，也有生动的历史细节，凝练晓畅又严谨切实地呈现了党的奋斗历程和伟大成就，展现了党的光荣传统和优良作风，概括了党的历史经验和实践创造，鼓舞斗志、增强信心的同时又给人以深刻启迪。

逄先知、张全景、郑必坚、滕文生、金冲及、郑科扬、沙健孙、石仲泉、邵维正9位先生，都在耄耋之年，他们欣然受访，不辞辛苦，讲述亲身经历的党史，多次审阅修改文稿。他们都有着极高的理论水平、深厚的学术积淀和丰富的人生阅历，学识渊博、著述宏富，是深受敬重的党史和理论大家。更重要的是，他们不仅是研究党的历史和党的建设的大家，也是党史上许多重大事件、重要会议的亲历者和见证者。他们中有的在领袖身边工作多年，有的主持或参与了中央重要文献的起草和汇编，有的是重要党史著作的执笔者，有的在青年时代亲身参加了革命活动，等等。这些都使他们对党的历史特别是党史上的一些重大问题，有着更为深刻专业的理解和思考，也使访谈稿愈加珍贵厚重，富有感染力和说服力。

这组访谈稿件是在2020年7月到2021年4月间完成的，曾在中央党校（国家行政学院）内部刊物先期刊发，并在《学习时报》摘要刊发。现将这组访谈稿件结集成书，以党的历史发展为编排的脉络，选用相应历史图片，以期为广大读者学习党史提供一本高品质、有深度的参考读物。

习近平总书记在庆祝中国共产党成立100周年大会上发表重要讲话，深情回顾总结了党团结带领人民不懈奋斗的光辉历程和伟大成就，科学概括了伟大建党精神，鲜明提出了以史为鉴、面向未来的根本要求。这组访谈稿件，从一定意义上可以看作是对习近平总书记“七一”重要讲话的深刻诠释，有助于读者更加深入地理解和把握讲话精神。

党的十九届六中全会是在党成立100周年的重要历史时刻，在党和人民顺利实现第一个百年奋斗目标、全面建成小康社会，正在向着全面建成社会主义现代化强国的第二个百年奋斗目标迈进的重大历史关头召开的一次中央全会。全会全面总结党的百年奋斗重大成就和历史经验并作出决议，对推动全党进一步统一思想、统一意志、统一行动，夺取新时代中国特色社会主义新的伟大胜利，具有重大现实意义和深远历史意义。相信这组访谈稿件的结集出版，有助于引导读者特别是党员干部深入学习领会全会精神，坚定对党的百年奋斗的历史自信，以昂扬的奋斗姿态走好新时代的长征路。

中央党校（国家行政学院）访谈组

2021年12月

目 录

CONTENTS

开天辟地的大事变

采访对象：邵维正，1935年9月生，浙江黄岩人。1951年初参军，曾参加抗美援朝战争。解放军原后勤指挥学院资深教授，1994年被授予少将军衔，专业技术一级，享受国务院特殊津贴，获军队院校育才奖金奖和军队专业技术重大贡献奖。长期从事中共党史、中国革命史以及军队政治工作的研究与教学，尤精于党的创建史研究。先后主编《中国共产党创建史》《中国共产党80年大事聚焦》《中国共产党90年创新实录》《邵维正自选集》《写给青少年的党史》等40余部著作；发表《中共一大召开日期和出席人数的考证》等文章200余篇。在中央电视台“百家讲坛”栏目主讲《党史故事100讲》。

采 访 组：储峰　李军辉　李瑞

采访地点：中央党校（国家行政学院）南校区演播室

采访时间：2020年7月3日

补访时间：2021年12月26日

采访组：邵教授，您好！您是中共党史研究专家，40多年前曾参与历史巨著《中国新民主主义革命史长编》第一卷《伟大的开端》撰写工作，后又独立完成《中国共产党创建史》专著，主编《日出东方》等著作。请您结合您的研究谈一谈中国共产党是

在什么样的历史背景中创建的，以及我们党创建的历史必然性。

邵维正：好的。中国共产党诞生的历史背景、社会条件以及由此而产生的历史必然性，是研究建党的根本性、基础性问题，既有学术价值，也有现实意义。

中国共产党的诞生不是偶然的，也不是人为的，而是中国革命斗争的客观要求，是近代中国历史发展的必然结果。要认清这个问题，就必须把党的创建摆到近代中国的历史大背景中去考察和分析。

众所周知，中国是一个历史悠久、文化积淀丰厚的东方文明古国。秦皇汉武，开拓疆土；盛唐繁荣，扬名四海；康乾盛世，文治武功，等等，都曾载入史册。社会生产力、科技发明也长期处于世界前列，曾经对人类发展作出过卓越贡献。即便到乾隆年代，中国经济总量仍居世界第一位，人口占世界1/3，对外贸易长期出超。之所以要追溯到那么遥远，是因为只有肯定中华民族历史上的辉煌，看清近代的衰落，才能谈得上复兴的使命，才能激起赶上时代潮流的渴望，才能重建民族崛起的自信。

让我们把目光再转向西方，一部世界近代史，实际上就是资本主义产生和发展的历史。1640年，英国爆发资产阶级革命，接着又完成了工业革命。法国、德国、美国、俄国也紧随其后加速发展起来。资本的扩张和机器大生产，必然要开拓市场、掠夺原料。对外侵略、扩展殖民地就成了资本主义的本质。地大物博、劳动力丰富的中国就成为资本主义殖民的首选目标。

1840年6月，英国政府率先发动侵略中国的鸦片战争，派出

40余艘战舰和4000多名士兵组成的“东方远征军”，挑起战争，用大炮轰开了闭关锁国的大门，成为近代中国历史的一个重要转折点。西方列强随之而来连续不断发动了侵华战争。1856年10月至1860年10月，英、法两国联合发动第二次鸦片战争。1883年12月至1885年4月，中法战争爆发。1894年，中日甲午战争爆发。1900年，八国联军侵华战争爆发。清王朝的首都北京两次被外国侵略者占领，造成民族的耻辱。

外国侵略者除了对中国发动了以上五次大规模的侵略战争外，还对中国发动过多次局部战争。比如1874年日军侵犯台湾的战争，1888年英军入侵中国西藏的战争，1900年沙俄侵吞中国东北的战争，1903年英军第二次入侵中国西藏的战争，还有1904年至1905年为争夺东北发生在中国土地上的日俄战争。此外，在中国的沿海和边疆挑起的海防边防事件或争端达几百起。自1840年到1905年的66年时间里，中国约有1/4的时间是在挨打中度过的，这对中华民族来讲无疑是一个巨大的不幸，也给中国人民带来了深重的灾难。

随着战败而来的就是割地赔款。近代中国先后被迫与西方列强签订了1145个不平等条约，其中有的是条约，有的是专章，有的是协定。伟大的爱国者孙中山悲愤地说：这些不平等条约就是我们的“卖身契”。列强通过不平等条约侵占中国土地多达173万平方公里。外国发起的侵华战争使中国经济遭受巨大的损失，仅支付战争赔款就达到十几亿两白银之多，而当时清政府每年的财政收入只有8000万两，还清巨额的赔款把中国的财富都

19 世纪末，西方列强掀起瓜分中国的狂潮，中华民族陷入空前严重的民族危机。这是 1898 年兴中会会员谢缵泰绘制的《时局图》，形象地展示了中国沦为列强共同宰割下的半殖民地的局面

榨干了。

伴随着侵略战争而来的是政治控制、经济掠夺和文化渗透。从1843年开始，英国威逼上海地方当局设立了第一个租界，后几经扩张，英租界面积达到2820亩。各国争先恐后地跟进，在

中国各地建立起27个租界。这些租界掌控着立法、司法、行政、经济、治安等特权，成为“国中之国”。西方列强还无理剥夺了中国的关税自主权、领事裁判权，片面实行“最惠国待遇”，以传教办学名义进行奴化教育，严重损害了中国的主权。

随着对中国侵略的深入，西方列强争相肢解中国，划分各自的势力范围。俄国霸占着东北；德国控制着山东；长江流域被英国占据；法国控制了两广和云南；日本占领台湾之后又将福建抢到手中；美国晚来一步，则提出“门户开放、利益均沾”政策而插手各地，掀起瓜分中国的狂潮，导致中国的主权进一步丧失，沦为几个帝国主义共同宰割的半殖民地，面临着空前严重的民族危机，人民生活在水深火热之中。

唯物辩证法告诉我们，事物的变化发展是内因和外因共同作用的结果，内因是根据，外因是条件，外因通过内因起作用。中国近代的衰败，外因是西方列强的入侵，内因是清王朝的腐朽统治。这时的清朝统治者墨守成规，不思进取，政治腐朽，军备废弛，尤其是1902年春，西逃的慈禧太后回到北京之后，竟说“量中华之物力，结与国之欢心”，后期清政府已成了“洋人的朝廷”。由于内因和外因的综合作用，中国一步一步沦为半殖民地半封建的国家。此时，远在欧洲的马克思也在关注着中国的变化。马克思指出：“一个人口几乎占人类三分之一的大帝国，不顾时势，安于现状，人为地隔绝于世界并因此竭力以天朝尽善尽美的幻想自欺。这样一个帝国注定最后要在一场殊死的决斗中被打垮。”马克思这一段话讲得很深刻，揭示了中国近代落后的内

伟大的革命导师马克思

伟大的革命导师恩格斯

在原因。

中华民族到了生死存亡的关头，中国人民也不会长期甘于忍受帝国主义的侵略和封建主义的压迫。近代以来，中国的仁人志士和各阶层民众自觉或者不自觉地提出过各种救国方案，先后发起了一系列救亡图存的斗争，概括起来大体有三种类型。

第一种类型是农民运动。农民起义在古代中国、近代中国都频繁出现。鸦片战争后的9年间，国内就发生了110多次农民起义。尤其是太平天国运动是近代中国规模空前、影响巨大的农民运动，从1851年金田起义到1864年天京陷落，前后坚持了14年之久。太平军势力一度扩展到18个省份，打下了清王朝的半壁江山，并在南京建立起与清政府对立的太平天国政权，沉重打击了西方列强的侵略和清王朝的统治。然而，太平天国胜利很快，失败也很快。由于太平天国领导集团发生内讧，加之中外反动势力的联合镇压，这场轰轰烈烈的农民运动最终失败了。此外，义和团运动、白莲教起义也曾风行一时，但很快就被镇压下去。这表明农民阶级不是新的生产力和生产关系的代表，带有小生产者所固有的阶级局限性，也提不出正确的革命纲领，一旦取得政权，就会迅速走向封建化，只不过是一次“改朝换代”，担当不起领导近代中国革命的历史重任，不可能挽救中华民族危亡的命运。

第二种类型是统治阶层的改良运动。在清朝统治阶层当中，一些开明官僚和有识之士也不甘愿当亡国奴。他们为了维护清王朝的统治利益，推出了许多改良的举措，最为有名的是洋务运动和戊戌变法。19世纪60到90年代，洋务派兴起了一场较大规模的以学习引进西方先进军事装备、科学技术和机器生产为主要内容的自救运动，还在经济、军事、文化、外交等领域作过多方面的努力，并取得了不少成效，对中国近代工业和科学技术的发展作出了一定的贡献。但是，中日甲午战争的战败标志着历时30余年的洋务运动以失败告终。洋务运动的基本方针是“中学为体，西学为用”，企图在不触动清王朝统治秩序的前提下，通过应用西方的先进技术来解决“求富”“自强”的问题，以维持清王朝的统治架构和封建制度，这显然是不现实的，也不可能以此挽救民族的危亡。

戊戌变法则是昙花一现，仅仅103天就被封建守旧势力镇压下去了。这里不排除有识之士的报国之志和牺牲精神，像谭嗣同，当戊戌变法开始被镇压的时候，有人劝他躲到外国大使馆或出洋避难，而他也完全有条件离开北京，但谭嗣同拒绝了。他说：“各国变法，无不从流血而成，今日中国未闻有为变法流血者，此国所以不昌也。有之，请自嗣同始。”他决心以自己的鲜血来唤醒被压迫的中国人。戊戌六君子的精神很感人，他们的爱国情操也很可贵。

维新思想在近代中国有相当的影响。他们主张实行君主立宪、开报馆、废科举、兴学校、办企业，寄希望于开明君主来挽救中华民族危亡，这是不可能成功的。后来一些爱国人士提出的“实业救国”“教育救国”“科学救国”等改良主张，也先后被严酷的现实所否定。这就充分说明，改良道路在中外反动统治势力十分强大的半殖民地半封建的中国是走不通的。这不仅不是挽救民族危机的良方，而且还会迷惑民众、销蚀革命斗志。

第三种类型是资产阶级革命。中国民主革命的先行者孙中山，从1894年在美国檀香山创立兴中会，第一次发出了“振兴中华”的号召，到1905年在日本发起中国同盟会，制订了“驱除鞑虏，恢复中华，创立民国，平均地权”的革命纲领，提出了民族、民权、民生的“三民主义”，构成了近代中国完全意义上的民主革命。陈天华的《警世钟》、邹容的《革命军》以满腔爱国激情，发出强烈的革命呼唤，推进以革命手段再造中华的壮志。黄花岗起义的72烈士，以生命唤起民众，形成强大的社会舆论。在近代中国的革命斗争中，辛亥革命应该说是具有重大进步意义的，虽然先后发动十几次武装起义都遭失败，许多人为这场革命斗争付出了牺牲，但1911年10月10日的武昌起义取得了成功，并在全国燃起燎原烈火。短短一个月内，当时全国24个省就有14个省宣布独立，脱离清政府，加入革命阵营。12月29日，17个省的代表齐集南京开会，选举孙中山为中华民国临时大总统。1912年元旦，中华民国临时政府在南京宣告成立，1月2日宣布改用阳历，以1912年为中华民国元年。在近代中国，以武昌起义为标志的

孙中山

辛亥革命是一个了不起的胜利，结束了持续2000多年的封建专制统治，建立了中国历史上第一个共和国。我们应该充分肯定孙中山领导的资产阶级革命，这在近代中国是一个历史性的重大进步。它不仅使古老的中国进入现代社会的轨道，而且促进社会经济、思维习惯、精神面貌和民间风俗也发生了深刻的变化。

但非常遗憾的是，辛亥革命的胜利成果没有得到巩固，孙中山的临时大总统只当了三个月，就被迫把大总统的职位让给了袁世凯。为什么说是被迫呢？过去一般的说法，辛亥革命的失败是由于民族资产阶级的软弱性和革命的不彻底性，这是一个重要原因。但我认为，还有一个原因，就是正义和非正义双方力量过于悬殊，反动统治的力量过强，革命的力量太弱。任何一场革命斗争包括古今中外的斗争，革命刚开始时总是弱小的，虽然革命代表了正义，但要取得革命的成功，光有正义是不够的，还要有实力。孙中山、黄兴等领导人，都是在辛亥革命期间从国外回国的，他们基本上在国内没有多少实权，也没有多少实力，而袁世凯手中不仅掌握着北洋新军，还控制着国家财权和人力资源。革命派与袁世凯作斗争，在力量对比上处于劣势，没有足够的实力和资源与其抗衡。所以，辛亥革命的失败原因，客观上讲是双方力量对比过于悬殊造成的，主观上讲是民族资产阶级的软弱性、妥协性造成的。

这里不能不讲讲袁世凯，他是个典型的两面派，政治手腕相当老辣。一方面，他对革命派表示“拥护共和”，只要当上总统，一定维护共和体制，而同时又陈兵长江北岸，以武力威胁革命势力，逼迫孙中山让位；另一方面，他换了一张面孔，威逼清皇室退位，以便直接执掌国家的统治权。这样，孙中山别无选择，被迫辞去临时大总统一职，袁世凯乘势就任中华民国大总统，建立了北洋军阀统治，中国由此进入北洋军阀黑暗统治时期。

北洋军阀统治中国达16年，这一时期中国半殖民地化程度进一步加深，社会矛盾更为激化。北洋军阀对外投靠帝国主义，对内欺压人民，更谈不上什么民主法制，实行的是专制独裁统治。尤其袁世凯大权在握，野心膨胀，又做起了当皇帝的美梦。1915年12月，宣布改1916年为洪宪元年，积极准备上位称帝，闹出了一场复辟帝制的丑剧。在各省和各界人士的极力反对下，袁世凯被迫于1916年3月22日宣布取消帝制，6月6日在忧惧之中死去。袁世凯死后，各派军阀失去制衡，纷纷扩军备战。1905年北洋新军练成时只有7万人，1914年扩展到45万人，1919年竟达到138万人，军费开支占北京政府总支出的七成之多。扩军的必然结果是争夺地盘，混战不断，战祸波及各地，社会动荡，民不聊生。北洋军阀统治时期，政局很不稳定，处于不断调整变化的状态。北京政府在16年间，更换了47届内阁，平均每年改组三次内阁，最短的内阁6天就垮台了，政令不统一，各行其是，社会各种矛盾集中爆发。可以说，中国又落入到黑暗的深渊。

“四万万人齐下泪，天涯何处是神州。”近代以来，一个又一个阶级、一种又一种政治力量都在中国这个大舞台上表演过了，但都未能找到挽救民族危亡的出路，更没有改变人民大众的悲惨命运。许多思想进步的中国人、苦苦求索的革命者在很长一段时间里陷入了沉闷和迷茫之中。

1917年，俄国十月革命的爆发，展现出一条新的社会发展道路，使中国的先进分子看到了新的曙光。十月革命的胜利，使世界无产阶级革命进入了新纪元，对中国革命产生了巨大影响和深刻启示。觉悟起来的中国人经过长期探索，几经失败之后，得出一个结论："走俄国人的路。"

随着马克思列宁主义在中国的广泛传播，以及中国工人运动的蓬勃兴起，具有初步共产主义觉悟的先进分子也在斗争的实践中认识到，中国革命要取得成功，必须像俄国一样有布尔什维克党来领导，迫切需要在中国建立一个无产阶级的政党。这些条件逐步具备以后，在马克思列宁主义同中国工人运动逐步结合过程中，中国共产党就应运而生了。十月革命的胜利指引了中国革命的方向，实践证明：要挽救民族危亡，实现中华民族伟大复兴，不是靠改良，也没有什么灵丹妙药，更不可能指望西方国家的怜悯，出路只有一条，就是要彻底的革命。按照当时的话语，就是要彻底改造社会，要用革命的手段推翻反动统治。

中国共产党就是在这样一个大的历史背景中诞生的，用形象的话讲就是历史给中国共产党开出了一个"出生证"。尽管这个党初建的时候，只有50多名党员，又处于秘密状态，而且成员大多是知识分子，当时还没有多少"实力"，为什么历史对它如此"厚爱"，人民对它如此"信赖"？那是因为中国共产党有科学理论做指导，有先进阶级做基础，有为中国人民谋幸福、为中华民族谋复兴的初心，能担当起领导中国革命的历史使命，完成人民赋予的期望和重任。这些基本因素，使中国共产党在近代中国几百个政党中脱颖而出，成为中国革命的核心领导力量，为中华民族复兴指明了前进的方向。正因为如此，我们完全可以说，中国共产党的诞生是中国革命的客观需要，是近代中国历史发展的必然结果。中国有了中国共产党是开天辟地的大事变，是中华民族开始从衰落走向复兴的新起点。这不是自封的，而是历史的选择，人民的选择。

采访组：中国共产党的创建是一个历史的过程，请您讲一下我们党创建的历史轨迹，以及我们党成立的标志是什么。

邵维正：中国共产党的百年征程，是从创建起步的。研究分析党的创建过程，对把握建党的规律、领会建党的精神具有重要意义。水有源、树有根。那么，中国共产党的源和根在哪里？这就要对建党的历史过程作一番深入的考察。

说起中国共产党的成立，人们习惯把一大的召开作为标志，这当然是对的，无可非议。然而中国共产党的创建不是开一次会议，也不是作一个决议那么简单，而是有一个多种因素聚合、多项活动交融的渐进过程。中国共产党的创建过程，大体上经历了四个年头。

第一个年份是1919年，以五四运动为标志开启了建党的准备。为什么建党要从五四运动说起？1942年，曾亲历建党全过程的毛泽东同志在关于《如何研究中共党史》的讲话中指出：“我们研究党史，只从一九二一年起还不能完全说明问题……从辛亥革命说起差不多，从五四运动说起可能更好。”这个判断符合当时中国的实际。辛亥革命失败以后，不少爱国者痛哭流涕，一是非常惋惜这么一个伟大的革命夭折了；二是陷入了苦闷迷茫当中，不知道中国该往哪里走。五四运动是一次伟大的反帝反封建的爱国运动，也是一场伟大的思想解放运动。五四运动发动前后，各种思潮在中国开始传播了，打破了辛亥革命失败以后中国政治上的沉闷空气，人们的思想非常活跃。准确地讲，马克思主义是从五四运动之后才得以在中国广泛传播的。

五四运动有两个重要创举和建党有密切的关系。第一个是马克思主义的传播。讲到马克思主义在中国的传播，有人一度觉得马克思主义传播越早越好，就追溯到1899年的《万国公报》第121期发表的《大同学》，文中说道：“其以百工领袖著名者，英人马克思也。马克思之言曰：‘纠股办事之人，其权笼罩五洲，实（突）过于君相之范围一国……’”还有1902年梁启超发表在《新民丛报》第18号上的《进化论革命者颉德之学说》一文，这是中国人在自己的著述中最早把马克思（麦喀士）介绍给中国人。我认为这不能叫马克思主义传播，因为这几篇短文没有把马克思主义的基本理论、马克思主义的精华告诉给中国人。我看过当时的一些报纸，有些就一句话提到了马克思，而且当时马克思还不是这三个字，而是译成“麦喀士”。更重要的原因，是当时介绍马克思的人，其本身并不尊崇马克思主义。像梁启超、朱执信，他们本人并不信奉甚至是反对马克思主义的，只是作了一个客观的介绍。

马克思主义在中国真正开始传播是五四运动之后。有两个很明显的标志，第一个标志是“马克思研究专号”的编辑出版。《新青年》杂志起初是由陈独秀独立编辑的，迁往北京后改为《同人杂志》，即由多位志同道合者共同编辑。1919年第6卷第5号正好由李大钊轮值，他就把这一期《新青年》编成马克思主义专号，

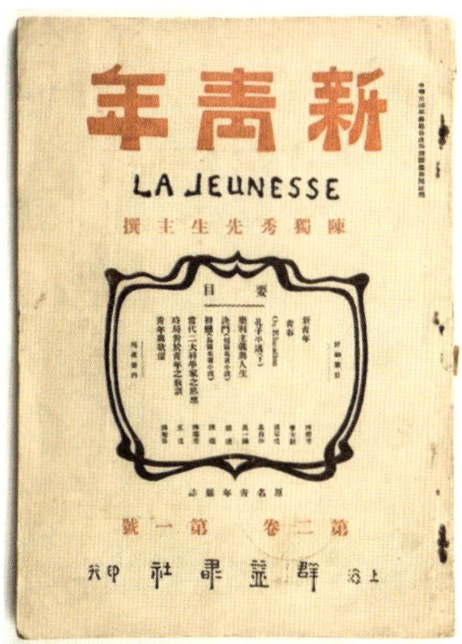

1915年9月，陈独秀在上海创办《青年杂志》，1916年更名为《新青年》，在思想文化领域掀起以民主、科学为旗帜的新文化运动，吹响了思想启蒙的号角。这是《青年杂志》创刊号和《新青年》第2卷第1号

刊登了7篇从不同角度介绍和评价马克思及其学说的文章，把马克思研究从书斋推向了社会。全刊十几万字，其中最重头的文章是李大钊亲自撰写的《我的马克思主义观》。这篇有两万多字的长文，分两期登载，把马克思主义的三个组成部分——唯物史观、政治经济学和科学社会主义做了系统的阐述，并深刻指出：三个部分“有不可分割的关系，而阶级竞争说恰如一条金线，把这三大原理从根本上联络起来”。这就把马克思主义基本的、精华的部分表达出来了。所以，我认为李大钊的这篇文章是中国历史上第一篇全面系统地阐述马克思主义学说的重要文献，也是马克思主义在中国传播的第一个重要成果，是中国真正开始传播马克思主义的一个标志。

第二个标志是1919年5月，为了纪念马克思诞辰101周年，北京《晨报》在李大钊的支持和指导下，1919年5月5日开辟了一个“马克思研究”专栏，用以刊载有关马克思主义的各种介绍，其中包括马克思的《劳动与资本》、考茨基的《马氏资本论释义》、河上肇的《马克思的唯物史观》等。另外，《晨报》副刊还发表了一些关于马克思、列宁等人的传记和介绍国际共产主义运动的文章。这个专栏从1919年5月5日开始一直办到11月11日，整整办了半年，而且是公开发行的。这在北洋政府高压统治之下，是一件很了不起的事情。《晨报》冒着风险，以大无畏的政治勇气，直接向广大读者介绍和传播马克思、列宁的思想和理论，造成了很大的社会影响。这一刊一报两项非凡的举措，起到了引领的作用，随着五四新文化、新思潮的涌现，各地纷纷以多种方式广泛传播马克思主义，为中国共产党的建立奠定了思想基础。所以，马克思主义在中国广泛传播是发生在五四运动之后的。

1919年还发生了一件大事，就是中国工人阶级走上了中国的政治舞台。其标志是1919年6月5日，上海工人开始举行大规模罢工声援北京学生。这是一次反帝反封建反军阀的爱国大罢工，标志着中国工人阶级从经济斗争转向政治斗争。近代中国工人阶级最早出现在19世纪40—50年代外国资本在华企业中，20世纪初叶随着民族资本的兴起而不断发展壮大。早期也出现过多起罢工运动，但很长一段时间，工人运动都是经济斗争，只是为了增加工资、缩短劳动工时、改善生存条件等，一旦经济目标达到以后，罢工就结束了。1919年6月5日，上海工人为了支援北京的五四运动，开展了政治大罢工，没有任何经济要求，就是反帝爱国。上海的罢工首先是从日本人投资的纱厂爆发的，当时工人提出来的口号就是“我们不为仇人做工”，因为五四运动反对的就是日本帝国主义侵占胶州半岛，把日本人作为仇人。后来罢工发展得很快，变成了整个上海的同盟大罢工，什么叫同盟大罢工呢？刚开始是纱厂工人，后来铁路工人、码头工人、机器工人、印刷工人都联合起来罢工，发展成为一场真正声势浩大的反帝爱国运动。从局部的经济斗争转向大规模的政治斗争，这是一个质的变化，在中国工人运动史上还是第一次，标志着中国工人阶级从自在阶级转变为自为阶级，觉醒的工人阶级开始登上了中国的政治舞台。工人阶级登上政治舞台之后，就有了推出代表自己利益政党的愿望和要求，这就为中国共产党的诞生奠定了阶级基

五四运动后，被拘捕的学生回到学校时受到热烈欢迎

础。可以说，1919年对中国共产党的创建极为重要，思想基础、阶级基础都是在这个时期奠定的，而且一批先进分子经过五四运动的洗礼，成长为建党骨干，为党的创建作了干部的准备。

第二个年份是1920年，标志性事件是成立了中国共产党的早期组织。建立早期组织的酝酿是1920年2月，陈独秀被北洋军阀迫害离开北京来到上海。李大钊为了保护陈独秀的安全，自告奋勇陪同他乘骡车前往天津，建党的讨论正是在途中进行的。有人问，那么有名的两个大教授，去上海怎么不乘火车非要坐辆骡车呢？因为那个时候，警察局执行军阀政府的指令，规定陈独秀不准离开北京，而火车站有很多密探，根本不可能乘火车出京。

李大钊急中生智给他租了一辆骡车，从朝阳门出去走土路，不敢走大路，途中有一晚，陈独秀就住在乐亭李大钊的家里。两人在同行的3天里，尽情交谈，聊了很多。作为五四运动的两个精神领袖，他们看到了中国青年的力量，青年爱国热情很可贵；也感觉到青年运动缺乏核心组织的引导，热潮兴起快，退潮也快。中

《觉醒者 陈独秀》
纸本设色 193cm×168cm 方土（2021年）

《觉醒者 李大钊》
纸本设色 193cm×168cm 方土（2021年）

国代表团6月28日拒绝在巴黎和会上签字以后，学生运动就退潮了。我曾采访过参加五四运动的老同志，据他们回忆，当时就是一股爱国热情上来了，拒签巴黎和约以后，认为斗争的目标已经实现，运动就消停下去了。陈独秀、李大钊从这里看到中国要革命，中国社会要彻底改造，仅靠一股激情去冲闯当然是不可能成功的，必须像苏俄一样成立一个布尔什维克党，只有在无产阶级革命政党的坚强领导下才能完成大业。所以二人郑重商定分别在上海、北京发起建党，这就是后来人们所说的“南陈北李，相约建党”。

1920年3月，北京大学进步师生在李大钊的指导下，秘密发起“马克思学说研究会”，这是中国第一个研究马克思主义的革命团体，主要成员有邓中夏、高君宇、范鸿劼、何孟雄等，并规定了研究宗旨和入会手续。研究会还特设一间“亢慕义斋”，“亢慕义”为英文共产主义的音译，“斋”是那个年代室或书房的别称。这是我国第一个马克思主义专题图书室。随后，各地纷纷效仿，有的称马克思主义学会，有的称俄罗斯研究会，名称不一，但目标都是一致的。这些组织的成立有着重要意义，使马克思主义的传播从自发个人行动，转入有组织状态，推动了建党的思想准备，也可以说是建党的预演。

1920年4月，经共产国际批准，俄共（布）远东局海参崴处派维经斯基一行5人来华。维经斯基在北京会见了李大钊，并同北京大学的革命骨干讨论建立共产党的问题；然后经李大钊介绍，他又到上海会见陈独秀，并具体帮助陈独秀进行建党的准备工作，加快推进中国共产党早期组织的创建。这里要说明一个问题，中国共产党早期组织的创建不是共产国际也不是苏联共产党首先提出来的，以陈独秀、李大钊为代表的中国先进分子在共产国际代表来华之前，就已经在讨论建党的问题了。当然，维经斯基的到来，传达了列宁对中国革命的关注，加快了共产党早期组织的建立。从5月开始准备，到8月中旬，在上海老渔阳里2号，由陈独秀主持，上海共产党早期组织宣告成立。这是中国第一个共产党组织，主要成员有李汉俊、陈望道、俞秀松、沈玄庐、杨明斋等。关于组织的名称，陈独秀致函李大钊，经认真斟酌，定名为“中国共产党”。10月份，北京共产党早期组织在北京大学图书馆李大钊的办公室正式成立，当时取名为“共产党小组”。11月底，更名为中国共产党北京支部，并吸收了一批优秀分子加入。

随后，武汉、长沙、广州、济南等地也相继成立了共产党早期组织，这是建立中国共产党的一项组织准备。在早期组织成立的过程中，把马克思主义和工人运动结合起来的任务，是由革命知识分子作为桥梁作用完成的。因为当时的工人文化水平低，看不懂马克思主义原著，革命知识分子就把马克思主义的革命道理，通过工人学校、工会传播，以及《劳动界》《劳动者》《劳动音》《劳工周刊》，通俗地传授给工人群众，把马克思主义作为思想武器和工人运动结合起来，产生了中国共产党的早期组织，这是中国共产党的组织基础。这里要说明的是，中国共产党早期组织，在很长一个时期统称为共产主义小组，不少同志在研究中感觉到，这个称谓不够准确，因为“主义”和“党”的含义是不同的。共产主义是信仰；党是组织。事实上，中共一大之前国内6个地区和旅日、旅欧留学生建立的党组织没有一个叫共产主义小组，所以经过多年讨论，大家比较一致的看法是，统称为共产党早期组织更符合当时的实际。这样，中国共产党的创建在1919年有了思想基础、阶级基础，到了1920年又有了组织基础，建党的条件基本具备，已经是水到渠成了。

第三个年份是1921年，以中共一大为标志，中国共产党正式成立。各地党组织建立以后，原先也有召开全国代表大会的酝酿和准备。1921年6月，共产国际的代表马林和尼克尔斯基来到上海，加快了召开一大的进程。经过一段紧锣密鼓的筹备，7月23日，中国共产党第一次全国代表大会在上海法租界望志路106号召开。7月30日，因遭巡捕房搜查，最后一天会议转移到浙江嘉兴南湖的游船上举行，并结束了全部议程。中共一大通过了《中国共产党第一个纲领》，确定党的名称为“中国共产党”，通过了《中国共产党第一个决议》，并选举产生了中共中央第一个领导机构——中央局，选举陈独秀任书记，张国焘为组织主任，李达为宣传主任。

中共一大召开以后，一系列工作部署紧随而至，各项工作相继展开。比如，为了贯彻党的一大提出的党在当前的中心任务是组织工人，加强党对工人运动的领导，1921年8月11日，中国共产党在上海成立了领导工人运动的总机关——中国劳动组合书记部。同年9月1日，为了传播马克思主义，创建了人民出版社，这是中国共产党直接领导的第一个出版机构，其主要任务就是出版马克思列宁主义著作，有计划地加快翻译出版马克思、列宁的经典著作，进一步加强党的思想建设。随着各种工作相继展开，党的工作开始走上轨道。

第四个年份是1922年，党的二大召开也是一个重要的里程碑。由于党的一大组织准备比较仓促，又缺乏经验，导致两个问题尚未来得及解决。第一个问题是没有明确现阶段中国革命的目标和任务。一大只提到要消灭私有制，实行苏维埃制度，走社会主义道路，但当时的中国怎么可能直接走上社会主义道路呢？第二个问题是中共一大未能制定党章。党章是一个政党

中央党校（国家行政学院）北校区一大代表群雕（作者：王洪亮）

的最高法规和议事章程，没有党章和相应的制度，党的建设就缺少法律依据。这样，解决这两个问题的任务就历史性地落到了党的二大肩上。

中共二大召开经过了比较充分的准备，于1922年7月16日，在上海南成都路辅德里625号召开。中共二大通过了九个决议、一个宣言和《中国共产党章程》。这些文献在中共二大召开前，陈独秀都起草好了，应该说会前的准备还是充分严密的，保证了会议的顺利进行，并取得了较为圆满的结果。党的二大明确提出了符合中国国情的反帝反封建的民主革命纲领，为中国各民族人民的革命斗争指明了方向，对中国革命具有重大深远的指导意义。二大宣言对中国国情和社会各阶级作了较详尽的分析，在此基础上制定出反帝反封建的民主革命纲领。中国是半殖民地，所以要反帝；中国是半封建社会，所以要反封建。换句话说，由于中国半殖民地半封建的社会性质，决定了中国革命现阶段最急迫的任务只能是反帝反封建。只有首先完成反帝反封建的民主革命，才有可能向社会主义过渡。这是在中国近代历史上第一次明确提出中国革命的主要目标和纲领。党的二大制定并通过了《中国共产党章程》，这是中国共产党的第一个党章，分设党员、组织、会议、纪律、经费、附则，共6章29条，3000多字，奠定了党内规章制度的基础，使党的事业和自身建设有了基本遵循。所以，党的二大的召开，标志着中国共产党创建的进一步发展和完善。

回顾中国共产党创建的历史轨迹，可以清晰地看到，建党是一个渐进过程，前后经历4年时间，而每个年份都承载着不同的使命，发挥着各自的作用。1919年是建党的准备，1920年是建党的起点，1921年是建党的实现，1922年是建党的完善。这4年的艰苦努力，构建起前后贯通、相辅相成的建党过程，中国共产党犹如一轮红日在亚洲东方冉冉升起。近代以来受尽屈辱的中华民族，灾难深重的中国终于迎来了一个先进的新型政党。从此，中国人民有了一个坚强的领导核心，中国革命的面貌就开始焕然一新了。

采访组：1980年您在《中国社会科学》创刊号上发表了关于中共一大召开日期和出席人数的考证文章，这在国际上都很有影响。请您介绍一下考证的过程、在什么情况下做出来的考证，以及“七一”是怎样提出来的。

邵维正：关于中共一大召开日期和出席人数的考证，是40多年前做出的。可以说，这件事本身也成为历史了。今天在中央党校重提这项研究，倍感亲切，因为中共一大考证就是在中央党校完成的。1979年，李新同志带领一个团队借住在中央党校写《中国新民主主义革命史长编》（共12卷，1983年至1997年先后出版）第一卷《伟大的开端》。关于一大的考证，是在党的解放思想、实事求是思想路线指引下完成的，是革命前辈胡乔木、李新同志扶持的结果，我只做了一点具体工作，微不足道。

1978年，全国范围掀起了一场真理标准大讨论，开启了规模宏大、影响深远的思想解放运动，哲学、历史、经济学各个学科的研究也活跃起来。当时担任中国社会科学院院长的胡乔木同志，提议要编一部多卷本的新民主主义革命长编。为什么有这个想法呢？他说：俄国十月革命搞了两个月，苏联史学界把它写成了50多万字的《苏联国内战争史》(第二卷)，史料挖凿深入准确，场景描述十分细致，如开会谁坐在哪里，穿什么衣服，发言时的表情都有记载。后来电影《列宁在1918》以及反映十月革命的小说、诗歌、绘画等艺术作品，很多都是根据这本史书改编发挥而成的。中国新民主主义革命搞了30年，从1919年到1949年这30年的斗争波澜壮阔，像战略决战的三大战役在世界战争史上都是罕见的，革命的规模、拼搏的激烈、付出的代价远远超过十月革命。所以，胡乔木同志深情地说，我们这代人应该把中国新民主主义革命史写成一个长编，载入史册，传至后代。他亲自找当时中央党校的领导冯文彬，说要成立中国新民主主义革命史长编编写组，但城里没有现成的房子，想借中央党校的一块宝地。冯校长很支持，由于当时中央党校的教学工作还没有全面展开，就把中央党校主楼的第6层借给了编写组。

长编第一卷书名就叫《伟大的开端》，主要写五四运动、中国共产党的成立、中国工人运动的第一次高潮，这三件大事都标志着中国新民主主义革命的开端，因此叫《伟大的开端》。长编第一卷《伟大的开端》于1983年3月出版发行，产生较大的社会反响。后面的各卷陆续展开，由相关研究单位和高等院校分别承担。花了十几年的时间，才把整套中国新民主主义革命史长编12卷圆满完成。

这部700余万字的鸿篇巨著，详尽而又生动地反映了中国新民主主义革命的30年历史，尤其是首卷《伟大的开端》，引起学术界的广泛关注。当时正处于改革开放的热潮之中，中共党史的研究和写作，更是强调要解放思想、实事求是，还历史以本来面目。记得那时陈云同志曾专门讲过，“党的历史事实要一锤子一锤子敲定，以后要翻也翻不掉”。为什么要提出这样的问题呢？因为“文化大革命”期间，我们党的历史许多都被颠倒了。所以，胡乔木同志就讲，写党史一定要把史实搞清楚，一件一件事情都搞清楚。当时这个重大项目的主持人是李新同志，他是老革命，1936年就参加学生运动，在延安时和胡乔木同志就认识。李新同志是一位非常严谨的史学家，亲自主持这个历史长编的研究和编写工作，要求我们把《伟大的开端》写的每一件事都要搞准确。

编写组分工由我起草《伟大的开端》第二章“中国共产党的成立”，中共一大的初稿部分。关于党的一大的召开时间，通常说法是1921年7月1日，可是真正查证资料的时候，发现说法非常多。有6月、7月1日、7月5日、7月20日，还有7月23日以及7月底等各种不同说法。而且在海外中共党史论著中对此也早有议论，有的反动分子还以此攻击中国共产党。为了厘清思路，把党的一大召开的具体情况搞清楚，我按写作时间、刊载日期、作者姓名、发表出处以及开会、闭幕日期等各种不同的说法，排列出“一大日期研究提要表”。当时就这个问题给李新同志作了汇报，我说：“关于一大召开日期的说法很多，没有办法写，是不是可以先做考证，考证清楚再写书。”李新同志听后非常支持，他说：“你先不要着急写书稿，先把这件事情考证清楚，弄清楚以后再写。”

很长一段时间，关于党的一大召开日期的主流说法是1921年7月1日。考证就从一大代表的行踪开始。出席中国共产党第一次全国代表大会的13人，一一考证他们到上海的旅程和时间，结果显示7月1日在上海的代表只有5人，这样就先排除7月1日开会的可能性。为了做好考证工作，我那段时间经常奔跑在各图书馆、档案馆和资料室，多次采访当时在世的一大亲历者包惠僧、刘仁静和王会悟。

1979年，我曾访问过刘仁静多次，因为刘老经历比较曲折，几经磨难，顾虑很多，对提出问题的回答常常是“年岁大了，想不起来了”“这件事我不知道”。我一想，这事急不了，只能耐心等待、启发。采访慢慢有了转机。有次我问他：“您是什么时候从北京出发的？您先到的哪里？”刘老沉思片刻回忆道：“我好像没有直接到上海，从北京出发以后，我先到南京参加少年中国学会的年会，参加过年会后才到上海，但是具体时间记不住了。”功夫不负有心人，我终于打开了突破口，得到这条宝贵的线索。尤其得知“少年中国学会”有个会刊《少年中国》杂志，我接连几天跑了几家图书馆、档案馆，因《少年中国》后来未出影印本，原件很难找到，最后还是在中央党校的图书馆库房里找到了1921年出版的《少年中国》杂志。原件上明确地记载，1921年少年中国学会的年会是7月1日至4日在南京召开的，每个人在会上的发言也都记载下来了。上面明确写着刘仁静于7月2日由北京到达南京。这次年会开了3天半，刘仁静有两次发言，而且在“会员消息”中记载：会后刘仁静赴沪。这与他的回忆相符，刘仁静到上海只能是7月5日以后。我赶紧把刘仁静在会上的发言抄下来，做了一个卡片，也给刘老复制了一份。后来再去访问刘仁静的时候，我把发言记录给他看。想不到还能看到自己几十年前的发言，他看后非常激动地说：“对，这就是我当时讲的话。”这样就把他的话匣子打开了，之后我再去访问他的时候，问什么问题，他就讲什么问题，没有什么顾忌了。

历史考证要尽量避免孤证，因为孤证缺乏说服力，也不足以定论。仅凭一个人的回忆也会有局限性，所以我对当时在世的一大亲历者包惠僧、刘仁静和王会悟等都作了多次采访，又尽可能多收集一些文献资料，相互对照印证，力求准确、合理，有说服力。考证文章从三个方面展开：一是代表行踪，二是可以借助的间接事件，三是当时的文字记载。考证的突破口选在代表行踪，道理很简单，出席者不到齐不可能开会，而各地代表到上海的交通工具和出发时间各有不同，直至7月20日前后才陆续到齐。这说明中共一大不可能在7月上中旬召开，只能在7月下旬。考证的第二个依据是间接事件，因为党的一大会议的原始记录未能保存下来，只能间接求证。其实下文所用孔阿琴被杀案，原本与一大没什么关联，只是时间概念的印证。中共一大会议有三个日期要弄清楚，即开幕日期、被巡捕房搜查日期、南湖续会日期。多位代表回忆，当时上海报道的孔阿琴案和法租界巡捕房搜查一大会址发生在同一个晚间，孔案的时间、地点是公开报道的，这就可以印证搜查是在7月30日。嘉兴南湖的红船会议有几个不同的说法，尚待深入研究。考证的第三个依据是从共产国际档案中转来的《中国共产党第一次代表大会》，这是比较可信的史料，与前两个方面可以互为补充，相互印证。经过综合分析比较，可知中共一大是7月23日开幕的。具体内容可参考关于中共一大召开日期和出席人数的考证文章。

这项考证发表之后，在党史界引起了不小反响，而且还有连锁反应。比如遵义会议，过去讲是在1935年1月8日召开的，实际上不是，经过考证，准确的时间是1935年1月15日至17日。关于中共一大的考证不仅在党史界有较大影响，还引起了国外的关注，翻译成为英文、日文、俄文、法文，国外有位专家评论说："这项考证说明，中国共产党开始以实事求是的态度研究自己的历史了，是一个良好的开端。"国内外对这件事的看法，已超越了具体史实的考证，而上升为思想路线和治学态度，认为这是改革开放的体现和成果，意义自然就更大了。

中共一大的考证，首先要归功于党重新确立了解放思想、实事求是的思想路线；也与革命前辈胡乔木同志、李新同志的支持指导分不开。中共一大考证初稿写出来后，李新同志亲自推荐到革命博物馆的内部刊物《党史研究资料》上发表。胡乔木同志正是先在这份内参上看到考证初稿的，他认为多年没有弄清楚的问题讲明白了，而且还排出了一大会议每一天的议程和内容，这样的成果应该公开向国内外介绍。那时正在筹备《中国社会科学》创刊号（中、英两个版本，国内外公开发行），胡乔木同志亲自推荐这篇一大考证，公开发表时再次作了修改订正。此外，编写组其他同志也为考证做了帮助、支持和保障工作。

那么，每年7月1日的建党纪念日又是怎么提出来的呢？我查过延安时期的出版物和当时的几种报纸，是毛泽东同志最早提出了把7月1日作为中国共产党的建党纪念日。1938年5月26日，他在延安抗日战争研究会作题为《论持久战》的报告时说道："7月1日，是中国共产党建立的17周年纪念日。这个日子，又正当抗战1周年。"此段刊印在延安时期的原版《论持久战》中，编入《毛泽东选集》时作过修改。

中国共产党成立以后，较长一段时间没有举行建党的纪念活动。比如在中央苏区、在长征路上，都没有条件举办纪念活动。到达延安以后相对稳定下来，1939年和1940年开始有一部分单位举办纪念建党的活动，直到1941年6月中央发布《关于中国共产党诞生二十周年、抗战四周年纪念指示》，这是第一次正式以中央文件形式确认7月1日为党的诞生纪念日，并要求进行相关纪念活动。《指示》写道："今年'七一'是中共产生的二十周年，'七七'是中国抗日战争的四周年，各抗日根据地应分别召集会议，采取各种办法，举行纪念，并在各种刊物出特刊或特辑。"由此可见，大规模开展建党纪念活动是在1941年中国共产党成立20周年的时候，《解放日报》曾用几个版面刊发了纪念建党20周年的文章和各机关、各单位的纪念活动。

为什么要把7月1日作为党的纪念日呢？当时在延安的参加过中共一大的代表只有两位，一位是毛泽东，一位是董必武。他们回忆中共一大有两个印象很深刻：第一是在放暑假期间，因为代表大多是老师和学生，不放暑假没法去开会；第二是天很热，摇扇子，打地铺。这两个因素认定7月份是没问题了。到底是7月份的哪一天？毛泽东和董必武都记不清了，毕竟近20年过去了。后来一些同志问，这么大的事情，毛主席、董老怎么能记不清楚？其实一点也不奇怪，20年以前的几月几号，你在干什么事，你能记清楚吗？那时候又找不到文字记载，很难把准确的日期记住。这样，就把7月的第一天作为中国共产党诞生的纪念日，时间一长就把纪念日混同为中共一大召开的日期，两个事情混淆了，才产生中共一大是7月1日召开的说法。

1981年，我在《红旗》杂志上写了一篇短文《党的诞生纪念日与一大召开的日期》就是在说明这两者的关系。后来中央书记处开会在谈到这个问题时，就说党的一大研究成果可以确认，写书、展览都可以按照7月23日，而建党纪念活动的日期就不要变了，因为几十年已经习惯了，仍将每年的7月1日作为中国共产党的诞生纪念日。

采访组：您曾经作过近现代中国政党的比较研究，您有什么心得和体会？有一个说法是，中国近现代有600多个政党，另一个说法是有300多个政党，无论哪一个说法，都表明中国近现代大大小小的政党很多。在众多的政党中，我们党能成为中国革命的领导核心，不是自封的，而是历史的选择、人民的选择，为什么历史和人民最终选择了中国共产党呢？

邵维正：政党是一个阶级或阶层利益的集中代表，是社会经济政治发展到一定阶段的产物。中国的政党活动开始得比较晚，因为我国曾长期处于封建社会，那个时候不可能产生现代政党。在中国古代，“党”是一个贬义词，过去称“朋党”，“君子群而不党，小人党而不群”。那么，为什么近代中国政党能兴起呢？这和辛亥革命有着直接关系。辛亥革命后，中国走上了民主共和的道路。南京临时政府制定和颁布具有宪法性质的《中华民国临时约法》，明确规定10个月内，由临时大总统召集国会选举。要搞议会政治，就需要政党参与活动。因此，1912年以后政党热就在中国兴起了。

近现代中国的政党到底有多少？由于政局动荡，又缺乏专门的机构，很难有精确的统计，有的说有600多个，有的说有300多个。对这个问题，我曾经在20世纪80年代做过一些基础性工作，把有纲领、有组织、有活动的政党一个个排列出来，能排到100多个，再加上一些小党（有的党成立起来开了一次会，发表了一个宣言，后来也就不了了之了）。这样看起来，我认为中国近代政党数量在300个左右是比较可信的。因为有众多政党的存在，就会有纷争，有选择。这就需要对各政党进行比较研究，因为只有比较才能鉴别，通过鉴别才能作出正确的选择。

既然搞共和就要搞议会，搞议会就要搞政党政治。中国政党政治的兴起有一个过程，集中表现在1913年第一届国会选举。那时候共产党尚未成立，当时有国民党、进步党、民主党、统一党等。选举的结果，国民党以压倒性的优势赢得了392票（共和党175票、民主党24票、统一党24票），比其他几个政党的总和还要多，国民党自然而然成了执政党。依据《中华民国临时约法》规定，应由国民党组织责任内阁。但是，袁世凯怎么可能允许国民党来执政呢？他搞了一个阴谋，来阻止国民党执政。当时国民党里有一个领导人叫宋教仁，他是一个“议会迷”，深信只要在议会赢得了多数席位，国民党就能成为执政党了。宋教仁踌躇满志地展望政党内阁的前景，他豪迈地说道：“自斯而后，民国政党，唯我独大，共和党虽横，其能与我争乎？”可就在议会选举落幕几天后的1913年3月20日，宋教仁准备从上海到北京就任内阁总理时，未曾料到他还没有走出上海，就在上海车站遇刺，并在两天后不治身亡了。当时袁世凯还故弄玄虚，贼喊捉贼，装腔作势地扬言要抓凶手、要严惩，但查来查去，不了了之。

政党政治“你方唱罢我登场”，在中国热闹一阵之后，议会梦就破灭了。孙中山、黄兴等人这时终于看清了袁世凯的反动面目，坚决主张“非去袁不可”，积极筹划出兵讨袁，于1913年7月发动“二次革命”。当时国民党没有自己的部队，没有自己的地盘，只有利用军阀武装去讨伐袁世凯，而这些大小军阀还未出动就要军饷、要枪炮、要战费。黄兴与孙中山一样，都是从国外回来的，名义上是“讨袁军”总司令，实际上两手空空，既没有军队，也没有财权，所以“二次革命”不到两个月就失败了。可见，在中国搞政党政治，搞议会行不通，封建势力太强大，不会允许新生力量改变原有的政治体制。

1921年7月中国共产党成立时，袁世凯的御用政党都已销声匿迹，而在列强的操纵下，封建军阀割据、混战的局面愈演愈烈。“打倒列强，铲除军阀”成为全国人民的共同愿望。1924年国共两党开始了第一次国共合作，发动轰轰烈烈的工农运动，推进势如破竹的北伐战争，经过几年的奋斗，终于推翻了北洋军阀的反动统治，沉重地打击了帝国主义的在华势力。然而，1927年4月，蒋介石背叛了革命，这时国民党性质已从大革命时期4个阶级的联盟，蜕变为新军阀的政治工具，国共两党也就分道扬镳了。

从1927年到1949年的22年间，在中国的政治舞台上还有一批代表不同阶级或集团利益的党派，但最主要的还是国民党和共产党。对这两个大党作一番比较研究，对中国的发展方向和历史命运具有重大意义。

纵观国共两党的历史轨迹，发展趋势截然不同。国民党有着光荣的过去，20世纪初叶曾处于中国革命的中心地位，大革命时期发展到高峰。“四一二”反革命政变后，国民党的性质发生了重大变化，抗战后期到全国解放战争时期国民党衰败下去。中国共产党的创建虽晚些，而且前期几经曲折，但总体是向上升的，由小到大，由弱到强，直至取得全国政权。国民党走的是下坡路，而中国共产党蓬勃向上，两党发展的趋势截然不同，结局自然就大相径庭了。

这22年间，国民党虽处于全国执政地位，但并不能说明它的强大。国共两党谁胜谁负取决于各自的内在素质，不妨对两党作一番系统的比较：一是理论体系。中国共产党以马克思列宁主义、毛泽东思想作为自己的指导思想；国民党前期以“三民主义”作指导，蒋介石背叛革命之后，以实用主义和封建宗法思想作指导。二是政治路线。中国共产党实行无产阶级领导的人民大众的反帝反封建反官僚资本的革命，把中国引向光明；国民党代表美英帝国主义和地主豪绅利益，维护独裁专制统治，把中国引向黑暗。三是性质宗旨。共产党代表人民的根本利益，全心全意为人民服务，成为团结领导各族人民的核心；国民党代表新军阀、官僚、政客的利益，依靠专制暴力维护自己的统治。四是组织状况。共产党组织严密、纪律严格，高度集中统一；国民党组织松散，机构官僚化，自成派系，党务废弛，形不成集体力量。五是领导素质。共产党汇聚民族精英，领导集团素质高、能力强，在艰苦奋斗中脱颖而出；国民党领导成分庞杂，新军阀、旧官僚、地方实力派、买办资本家聚集起来，貌合神离，争权夺利。六是群众基础。共产党扎根工农，与人民大众联系紧密，得到群众的衷心拥护和大力支持；国民党与工农大众格格不入，与人民愿望背道而驰。从这6个方面进行综合比较和筛选，经过20多年的检验和鉴别，历史作出评判，中国共产党明显优于国民党。

综上所述，有比较才有鉴别，才能认定哪个政党先进，哪个政党真正代表广大人民群众的利益和愿望，才能作出正确的抉择。经过中国近代各个政党，尤其是国共两党的比较，历史作出了公正的评判：中国共产党历经数度危机，战胜各种困难，付出巨大牺牲，终于在几百个政党中脱颖而出，成为中国革命的领导核心，这是历史的选择，人民的选择，也是众望所归。

采访组：习近平总书记在建党95周年大会上强调，“中国产生了共产党，这是开天辟地的大事变。这一开天辟地的大事变，深刻改变了近代以后中华民族发展的方向和进程，深刻改变了中国人民和中华民族的前途和命运，深刻改变了世界发展的趋势和格局”。请结合您的研究谈一谈，为什么说中国共产党的诞生是一个开天辟地的大事变？习近平总书记多次强调“不忘初心、牢记使命”，我们应该怎样认识我们党的初心和使命？

邵维正：习近平总书记这一精辟论述对中国共产党的历史地位、卓越贡献、国际影响作了高屋建瓴、充满哲理的概括，从时代的高度、历史的深度，阐释了知史爱党、强党兴国的道理，以远见卓识揭示了由中国共产党创建而开启的中华民族复兴大业的发展规律。

“中国产生了共产党，这是开天辟地的大事变”这个重要观点是毛泽东首先提出来的。毛泽东在新中国成立前夕，于1949年9月16日为新华社撰写的评论《唯心历史观的破产》，批驳了帝国主义分子对中国近代历史的歪曲，回顾了中国革命斗争和共产党的诞生，借用盘古开天辟地、造化万物，创造人类世界的神话传说，形容中国共产党的诞生是中国有史以来的第一次，给灾难深重的中国人民带来了光明和希望。习近平总书记进而强调：这一开天辟地的大事变，“深刻改变了近代以后中华民族发展的方向和进程，深刻改变了中国人民和中华民族的前途和命运，深刻改变了世界发展的趋势和格局”。这三个“深刻改变”是对毛泽东“中国产生了共产党，这是开天辟地的大事变”论断的延伸、丰富和发展。

为什么这样说？

第一句话是“深刻改变了近代以后中华民族发展的方向和进程”。近代以来，中国人民为了挽救民族危亡，各个阶级、各种政治力量展开了多种形式的斗争，进行了各式各样的尝试和探索，“洋务”做不成，“改良”行不通，都没有找到中国革命的正确方向，也没有获得挽救民族危机的“灵丹妙药”，奋斗几十年也未能改变旧中国的社会性质和中国人民的悲惨命运。正是有了中国共产党，中华民族的发展才有了正确的方向。中国共产党成立以后，这个新生的政党开始虽然还弱小，却能以前所未有的

嘉兴南湖红船

胆略和气魄，分析中国的特殊国情，吸取近代屡次斗争失败的教训，摒弃改良主义，否定资本主义的发展方向，确立起以反帝反封建为主要目标的新民主主义革命，把远大的奋斗目标与现阶段的革命纲领结合起来，提出中国革命分两步走的战略策划。中国共产党的最终目标是要在中国实现社会主义、共产主义，而作为半殖民地半封建的中国又不可能一步进入社会主义，必须先完成反帝反封建的民主革命，为过渡到社会主义创造条件。中国革命的历史进程正是按照这样一个发展方向逐步实现的。中华人民共和国成立，建立起新生的红色政权，接着又通过社会主义三大改造，走上了社会主义道路。曾经积贫积弱的半殖民地半封建的中国能够走上社会主义的康庄大道，是中国共产党指引的结果，也是亿万人民历经曲折后的正确选择。历史的实践和进程已经证明，只有社会主义才能救中国、才能发展中国，共产党的领导从根本上确立起中华民族发展的正确方向和历史进程。

第二句话是“深刻改变了中国人民和中华民族的前途和命运”。中国共产党是一个以马克思列宁主义武装起来的全心全意为人民服务的先进政党。我们党领导人民进行革命、建设和改革，都是为了人民的解放、国家的独立和民族的复兴。回顾一下党的百年历史，正是中国共产党领导中国人民经过28年的民主革命，推翻了“三座大山”，中国人民才从此站起来了。新中国的成立标志着向社会主义过渡的开始，中国共产党领导全国各族人民建立并巩固了新生的红色政权，在圆满完成恢复国民经济的基础上，制定并实施了“一化三改”的过渡时期总路线，通过对农业、手工业和资本主义工商业适合中国特点的社会主义改造，在中国确立了社会主义制度。同时，展开了社会主义工业化和大规模的经济建设，基本建立起独立的、门类比较齐全和完整的工业体系，从根本上解决了中国工业化“从无到有”的问题。20世纪70年代末，中国共产党开启了改革开放的伟大历程，实行对内改革，对外开放，中国开始接轨国际、走向世界，极大地解放和发展了社会生产力，开辟了中国特色社会主义道路，确立起社会主义市场经济，综合国力大为增强，使原来贫穷落后的中国实现了从站起来、富起来到强起来的历史性飞跃，取得了举世瞩目的成就，国家的面貌得到深刻改变，国际地位大为提高。中国特色社会主义进入了新时代，历史又翻开了崭新的一页，在新的起点上开拓出新篇章，以新的创举、新的风格、新的境界、新的成就，展现在世人面前，并开始走向世界舞台的中央。正是中国共产党百年征程、百年拼搏、百年奋进，深刻改变了中国人民和中华民族的前途和命运。

第三句话是“深刻改变了世界发展的趋势和格局”。中国共产党领导的中国革命，是国际无产阶级革命的重要组成部分。中国这一百年的成就和进步不能只局限于中国，而要放到世界大舞台上观察定位。马克思曾把“全世界无产者联合起来！”写进《共产党宣言》。后来，列宁根据革命形势的发展，又创造性地提出了“全世界无产者同被压迫人民和被压迫民族联合起来”，这使整个世界的斗争形势发生了新的变化。俄国十月革命的成功，突破了世界资本主义体系，进入了无产阶级革命时代。在此后发生的中国新民主主义革命就与世界无产阶级革命联系到一起了，成为世界无产阶级社会主义革命的一个组成部分。

当然，列宁对世界无产阶级革命的认识一直在发展深化。十月革命以后，世界各地掀起革命浪潮，芬兰、德国、匈牙利、罗马尼亚、捷克等国家的无产阶级发动了一系列运动和革命，有的地区甚至建立了苏维埃政权。当时列宁把革命希望寄托于欧洲，认为十月革命成功以后欧洲会出现革命高潮，但仅仅几个月，这些革命斗争便被资产阶级政权镇压下去了。这个事实使列宁敏锐认识到欧洲资产阶级统治力量十分强大，在欧洲搞无产阶级革命是很艰难的。此时，亚洲的民族解放运动正在兴起，中国的五四运动，日本的"米骚动"，朝鲜的"三一运动"，还有印度尼西亚反对殖民统治的斗争，等等。这一系列斗争的爆发，促使列宁开始把目光从欧洲转向亚洲，从西方转向东方。他看到了新的曙光，认为反对帝国主义的斗争现阶段只靠欧洲还难以有实质性的进展，只有把殖民地半殖民地的人民都动员起来，才能形成世界范围的强大革命力量。所以，共产国际成立以后，他频频派出代表来到亚洲指导各国革命，包括支持中国共产党的正义事业，把中国革命看成是世界革命的一部分。中国革命的伟大胜利，使占世界1/4人口的大国，完成了新民主主义革命和社会主义革命，具有举足轻重的作用，增加了天平上的"砝码"，改变了世界力量对比，壮大了世界和平、民主和社会主义的力量，鼓舞了世界被压迫民族和被压迫人民争取解放的斗争，这种大趋势深刻改变了世界的历史进程和斗争格局。

习近平总书记提出的这三个“深刻改变”，从战略的高度、历史的广度、理论的深度，集中概括了中国共产党诞生的深远影响、百年奋斗的杰出贡献、中国革命的发展规律。这个重要论断，既有很高的学术价值，又有很强的指导意义，引领人们进一步深化对中共党史、新中国史、改革开放史和社会主义发展史的认识。对习近平总书记的重要论述以及“四史”，我们还要反复学习和深刻领会，提高反对历史虚无主义的自觉性。

近几年，习近平总书记多次强调要“不忘初心、牢记使命”，给全党提出了一个非常重要而又十分深刻的问题。初心和使命就是在党的创建时期形成的，是中国共产党性质和宗旨的体现，告诫共产党员任何时候都不要忘记为什么要成立中国共产党，这个党肩负着什么样的历史重任。

建党初期的语言习惯，讲得比较多的是“救国救民、救亡图存”。这八个字里就有三个“救”字，是时代的呼唤，是人民的重托。党的十九大将其概括成了“中国共产党人的初心和使命，就是为中国人民谋幸福，为中华民族谋复兴”。“不忘初心、牢记使命”有着丰富的内涵，对于加强党的建设、永葆党的生机活力，对于提高共产党员的素养和责任感有着长远的指导意义。作为世界第一大党，我们走得再远都不能忘记来时的路，共产党人的初心永远不能改变，唯有不忘初心、担当使命，方可告慰历史、告慰先辈，方可赢得民心、赢得时代。

时至如今，联系到社会和党内的现实，如何不忘建党时的初衷，确实是非常紧迫的重大问题。只有不忘初心，才能继续前进；只有牢记使命，才能永不懈怠。正如习近平总书记强调的，一个忘记来路的民族必定是没有出路的民族，一个忘记初心的政党必定是没有未来的政党。初心不会自然保质保鲜，要靠回顾历史，学习先烈，不断进行自我革命才能保持建党时期或者入党初期的那一股劲。在现实生活中确有一些人把初心和使命忘了，这些年查处的那些腐败分子，以及后来又出现的“不贪也不干”等消极现象，从根本上讲就是把初心和使命抛到九霄云外去了。

说起初心和使命，就会联想到红船精神。中国共产党百年历史形成了一个精神谱系，其源头就是红船精神。2005年6月21日，时任浙江省委书记的习近平同志发表文章《弘扬“红船精神”走在时代前列》，首次将“红船精神”概括提炼为：开天辟地、敢为人先的首创精神，坚定理想、百折不挠的奋斗精神，立党为公、忠诚为民的奉献精神。红船精神诠释着党的初心和使命，凝聚着党的传统和优势，标志着党的性质和宗旨。2017年10月31日，党的十九大闭幕仅一周，习近平总书记就带领中共中央政治局常委赴上海瞻仰中共一大会址、赴浙江嘉兴瞻仰南湖红船，追溯党的根脉。这艘小小红船承载着建党大业，播下了中国革命的火种，开启了中国共产党跨世纪的航程，红船精神将成为全党不忘初心、牢记使命、继续拼搏前进的强大动力。

习近平总书记强调的“不忘初心、牢记使命”，要求当代共产党人任何时候都要践行党的性质宗旨，继承与发扬用烈士鲜血凝成的革命精神，不断地朝着新的战略目标奋勇前行，也是对某些忘掉初心和丢掉使命的人的一种提醒和鞭策。不忘初心、牢记使命，不只是一个时代的召唤，也是每一个共产党员所应该具备的品格和素质，更是新时代新目标新征程的必然要求。如果我们把思绪再拓宽些，联系到国际共产主义运动的曲折经历，回看自己走过的路，比较别人的路，远望未来要走的路，更会得到深刻的启示。

采访组：2001年我们党成立80年时，您从比较史学的角度和方法，对近现代中国两个80年进行了比较研究，论述了中国共产党的历史地位。2021年是党的百年华诞，请您谈一谈我们党成立前后两个100年间我们国家的伟大变迁。

邵维正：2001年中国共产党成立80年的时候，我写过一篇文章，就近现代中国两个80年作一番比较研究。

为什么要对中国近现代史的两个80年即1840—1920年、1921—2001年进行比较呢？这项研究的初衷是，由于有一段时间人们说起党的历史，总会有些人老盯着中国共产党犯了“左”倾错误或右倾错误，甚至抓住一点不及其余，把党犯的错误当作事物的主要方面。马克思主义唯物辩证法告诉我们，在诸多矛盾中，要善于抓主要矛盾，在主要矛盾中要善于抓矛盾的主要方面。要多看主流，不受支流干扰；多看光明面，不受阴暗面蒙蔽。看中国共产党的历史，必须要看它的主导方面，不能总是盯着党的挫折，要从整个近代中国历史发展进程作出客观的分析和判断。

两个80年，一个是从鸦片战争到中国共产党成立之前的80

年，一个是中国共产党成立以后的80年，通过对比，两个80年呈现出两种发展趋势，两个不同结局。

1840年鸦片战争爆发，西方列强用坚船利炮打开中国大门，中国开始逐步滑向半殖民地半封建深渊——这是近现代中国由盛转衰，饱含屈辱的80年，中华民族遭受的是失败和苦难。中国共产党成立以后，中国人民争取民族独立、人民解放和国家富强的斗争就有了主心骨，虽然斗争充满了艰辛和曲折，终究奋起领导人民进行新民主主义革命、社会主义革命、社会主义建设和改革开放，这80年是近现代中国由弱转强，走向复兴的80年。前后两个80年之所以会出现不同的命运和前途，根本原因在于有了中国共产党的坚强领导，并担负起救国救民的历史使命。我对

中央党校（国家行政学院）南校区的马克思、恩格斯铜像：《导师》（作者：吴为山）

两个80年作比较研究的那篇文章发表以后，受到社会的广泛关注，中央领导同志也十分认可并予以采纳。

20年后的今天，中国共产党已经走过了艰难而又辉煌的百年征程。如果把中国共产党成立前后两个100年做一个全面比较，更能说明中华民族和中国人民在中国共产党的领导下，经过顽强的奋斗，渡过了无数激流险滩，从一个胜利走向另一个胜利；更能说明“只有中国共产党才能领导中国革命，只有社会主义才能救中国，只有改革开放才能发展中国、发展社会主义、发展马克思主义，只有中国特色社会主义道路才能引领中国走向繁荣富强”。

近现代中国的两个100年，以1921年为分界线，上一个100年从哪里开始？是1821年，清王朝的道光元年。历史的走向表明，中国并不是从1840年鸦片战争才开始走下坡路的，更早可以追溯到道光元年。现在不少人谈起康乾盛世还津津乐道，康乾盛世作为清王朝发展的高峰期，经济、科技、文化蓬勃发展，中国人口占世界1/3，经济总量居于首位。但这并不说明清王朝的强大，只不过是“回光返照”，属于落日的辉煌。

康乾盛世之后，是嘉庆皇帝主政，接下来就是道光。道光皇帝当政30年，就在这期间发生了鸦片战争并导致了一系列严重后果，这正说明道光统治时期从大趋势看已经开始走下坡路了。有一组数据很能证实这个问题，乾隆初年，东印度公司流入中国的鸦片每年仅在400箱左右，到了道光元年，即1821年，输入中国境内的鸦片已经超过5000箱，鸦片之毒越禁越猛，有识之士深恶痛绝。到了道光十三年，朝廷命令各省督抚严禁外国船只侵入中国内地洋面，禁止纹银出洋。尽管如此，流入中国的鸦片还在急剧增加。道光十五年（1835年），这个数字竟然翻越至3万箱。到道光十八年（1838年），输入的鸦片更是高达5万箱。从道光继位到鸦片战争爆发前夕，鸦片输入数字整整翻了10倍，不仅严重损害了中国人民的健康，也导致大量白银外流，使国家财政更加拮据。所以严格讲，近代中国的衰落在鸦片战争之前就已经开始了。从道光皇帝本身来讲，先是支持林则徐禁烟，后来又把林则徐革职流放。当英国政府挑起战端时，道光皇帝在“主战”与“主和”之间犹豫不决，贻误战机。作为一个最高统治者，竟如此左右摇摆，朝令夕改，岂有不败之理。

再看1921年之后的100年。不能简单地说中国共产党一诞生，中国落后挨打的处境马上就改变了。衰落不是短期形成的，改变困境也需要经历一个较长的渐进过程。从中国历史发展趋势和走向来说，中国共产党诞生以后，中华民族的历史是往上走的。可以说，在200年的历史长河中，中华民族前100年饱受屈辱和欺凌，而中国共产党的建立是一个标志，将中国从黑暗的深渊引向光明的前景。这是前后两个截然不同的100年，如果用形象的比喻，可以把近现代中国的200年当作一个倒马鞍形。到了20世纪20年代，第一个100年已下滑至倒马鞍形的沟底。中国共产党成立以后，尽管经历了艰难曲折，但毕竟是开始走上坡路。特别是建立新中国，建立社会主义制度，又经过40多年的改革开放，中华民族开始从沟底走向复兴，这是中国近现代历史的一个伟大的转折点。

所以，从历史发展的趋势、时空演变的规律来看，中国共产党的成立是一个划时代的里程碑。虽然刚成立时只有50多名党员，然而小党有大担当，它毅然决然肩负起为中国人民谋幸福、为中华民族谋复兴的历史使命，如今已发展成为世界上最大的马克思主义执政党。尽管斗争很艰苦很曲折，但终究把近代以来久经磨难的中华民族带向光明，迎来了从站起来、富起来到强起来的伟大飞跃，迎来了实现中华民族伟大复兴的光辉前景。

综上所述，从中国近现代两个100年的比较中人们可以得出结论，中国共产党在中华民族内忧外患、处于严重社会危机的艰难时刻中诞生，历经百年艰苦奋斗，克服了无数前进中的困难，付出了巨大的牺牲，终于使中华民族彻底摆脱被“开除球籍”的危险，一步步走向复兴，开创了人类社会发展史上惊天动地的奇迹，焕发出中华文明的蓬勃生机和活力，向着社会主义现代化强国迈进。中国共产党为近现代中国作出的历史贡献、丰功伟绩，理所当然地载入了中华民族伟大复兴的史册，值得千秋万代永远铭记。

采访组：中国共产党成立90年时，您主编出版了《中国共产党90年创新实录（1921—2011）》一书，总结梳理了中国共产党发展过程中的26个“首次”创新。明年就是建党100周年了，近10年间我们党又有哪些方面的创新？近百年来，我们党最主要的创新体现在哪些方面？

邵维正：光阴似箭，日月如梭。中国共产党如今已经成为了一个“老党”，一个“大党”了。“老党”，是指有100年的历史了。“大党”，可以用几组数字来说明问题。东欧剧变以前，全世界共产党员总数为1.1亿多人，当时中国共产党党员总数为5100万人，占世界共产党党员总数的46%。东欧剧变以后，全世界200多个共产党减少到130多个共产党，共产党员总数约为1.08亿人，中国共产党党员有多少呢？有9100多万人，占了全世界共产党员总数的85%。

这个变化很值得深思，历史上有一些比中共资格更老更大的党都衰落了、消亡了，为什么中国共产党能够历经磨难而长盛不衰，始终保持与时俱进的生机和活力呢？除了始终坚持党的性质和宗旨、发扬革命传统和斗争精神、抓好党的自身建设以外，一个很重要的因素，就是中国共产党在不断地进取创新，而不是墨守成规，故步自封，这样我们党就有了生命力和活力，能够随着时代的发展而持续前进。

为了研究和深化对创新问题认识，我曾在中国共产党成立90年时主编了《中国共产党90年创新实录（1921—2011）》，近期正在补充更新相关内容，争取明年再出版一本《中国共产党100年创新实录》，专门就中国共产党的创新作一些回顾和归纳。

中国共产党的创新是全方位、多层次的，尤其是在原始创新、自主创新、协同创新方面取得了显著的成效。在民主革命时期，我们党就立足于中国国情，推动了一系列创新。比如，率先提出了反帝反封建的民主革命纲领。中国近代历史上有很多政党，没有一个政党把准中国革命的脉，提出符合中国国情的奋斗目标和革命纲领。中国共产党成立不久便从中国的国情出发，第一次明确提出反帝反封建的民主革命纲领，为中国革命确立起现阶段目标，指明了斗争的方向。

在中国革命道路上，中国共产党具有独特的原始创新。俄国十月革命是通过城市武装暴动的方式取得革命胜利的，而中国共产党把马克思列宁主义基本原理与中国革命的具体实际相结合，团结带领人民找到了一条以农村包围城市、武装夺取政权的革命道路。邓小平曾对此作出很高的评价：马克思、列宁从来没有说过农村包围城市，这个原理在当时世界上还是没有的，是毛泽东同志根据中国的具体条件指明了革命的独特道路。

创建一支党绝对领导的新型人民军队，是中国共产党在近代以来军队建设上艰难探索后的一个伟大创举。我们党缔造的人民军队与一切旧式军队相比有一个显著的特点，就是首先从政治上思想上建军，坚持党对军队的绝对领导，全心全意为人民服务，把人民军队建设成为执行革命政治任务的武装集团，既是战斗队，又是工作队和生产队，世界上没有哪个国家的军队能达到这样的境界。

在革命力量的组织方面，成功实行统一战线政策。中国共产党在大革命时期和抗日战争时期都着力于克服关门主义，努力推进统一战线的方针和政策，组织起浩浩荡荡的革命大军。毛泽东同志在总结中国革命经验时，将统一战线与武装斗争、党的建设并称为中国共产党克敌制胜的三大法宝。直到今天，统一战线仍是中国共产党凝聚人心、汇集力量的政治优势和策略方针，是夺

1938年，毛泽东同志在延安窑洞内撰写《论持久战》。在这篇重要文章中，他深入批驳了当时流行的“亡国论”和“速胜论”等错误观点，系统阐明了党的抗日持久战战略总方针，极大增强了中国人民夺取抗战胜利的信心和决心

取革命、建设、改革事业胜利的重要法宝，也是扩大党的群众基础、巩固党的执政地位的重要法宝。

人民战争的战略战术，也是中国共产党的一个自主创新。人民战争是毛泽东军事思想的核心，要依靠人民群众来战胜敌人。因为我们没有政权，没有强大的后方力量，夺取战争的胜利靠的是什么？靠的是人民群众参军和支前。在革命战争的指挥艺术和作战方法上，实行积极防御和诱敌深入的方针，打得赢就打，打不赢就走。后来又创造性地提出十大军事原则，最大限度地发挥人民战争的强大威力。

在党的建设方面，采取批评与自我批评的方式，正确处理党内矛盾。坚持“团结—批评—团结”的原则，从团结的愿望出发，经过批评和自我批评，达到新的团结，这一公式规定了解决党内矛盾的出发点和归宿，形成党自身建设的一个创新。

新中国成立以后，中国共产党同样取得了一系列创新成果。首先是确立起中国共产党领导的多党合作，实行政治协商制度。中华人民共和国6位国家副主席，其中有3位是民主党派；政务院（后改为国务院）4位副总理，其中2位是民主党派。这样就把领导核心的一元性与领导结构的多元性有机统一起来，建立起共产党领导、多党合作，共产党执政、多党参政的政治格局，逐渐形成了共产党与各民主党派长期共存、互相监督、肝胆相照、荣辱与共的政党合作体制。

在由新民主主义向社会主义过渡方面，实行符合中国国情的社会主义改造道路，通过合作化、和平赎买的方式，完成对农业、手工业和资本主义工商业的社会主义改造，创造性地开辟了一条适合中国特点的社会主义改造道路，在中国确立起社会主义制度，为中国的长远发展奠定制度基础。

开创符合中国实际的工业化道路，是建设社会主义的又一项重大创新。社会主义建设初期，我们走的是苏联以重工业为中心的工业化道路。后来经过实践检验不完全符合我国国情。中国的工业化既要以工业为主导，把重工业作为我国经济建设的重点，以逐步建立独立的比较完整的基础工业体系和国防工业体系，这是维护国家独立、统一和安全所必需的。同时又必须充分注意发展农业和轻工业，提出了以农业为基础，以农轻重为序发展国民经济的战略布局，以及一整套“两条腿走路”的方针，即重工业和轻工业同时并举，中央工业和地方工业同时并举，沿海工业和内地工业同时并举，大型企业和小型企业同时并举，形成有中国特色的工业化道路。

以党的十一届三中全会为标志，我国进入了改革开放新时期，中国共产党在新的历史条件下焕发了青春活力，推进一系列重大创新。首先通过实践是检验真理唯一标准的大讨论，把党的工作重心从以阶级斗争为纲转移到以经济建设为中心的轨道上来，重新确立解放思想、实事求是的思想路线，这个转变很不容易，没有这次历史性的转折就不可能取得改革开放的伟大成就。

全面全方位推进改革开放政策，是决定中国命运的关键一招，也是成效卓著的全局性创新。新时期最显著的特点就是改革开放，改革从农村起步，推进到城市，从政策调整深入到经济体制改革；开放从创办经济特区开始，逐步扩大地区和领域，形成全方位开放的新格局。正是由于实行了改革开放的政策，我们国家的经济建设，社会生产力的发展才如此突飞猛进，才解决了人民群众的温饱问题，逐步走上了富裕的道路。

建立社会主义市场经济体制，是关系到整个社会主义现代化建设全局的突破性创新。党的十四大作出了建立社会主义市场经济的重大决策，使市场在国家宏观调控下对资源配置起基础性的作用，并采取一系列举措有计划、有步骤地实施推进，逐步完善发展，把经济体制的改革引向深入。把社会主义基本制度和市场经济结合起来，这在世界上也是独一无二的，是中国共产党人的伟大创举和原始创新，对推动社会生产力的发展、活跃市场、满足人民群众多方面的需求，发挥了重大作用，创造性地发展了马克思主义的经济理论。

开辟中国特色社会主义道路，形成和发展了中国特色社会主义理论体系，这是改革开放40多年以来的根本性创新。正如党的十九大报告指出的，“中国特色社会主义是改革开放以来党的全部理论和实践的主题，是党和人民历尽千辛万苦、付出巨大代价取得的根本成就。中国特色社会主义道路是实现社会主义现代化、创造人民美好生活的必由之路，中国特色社会主义理论体系是指导党和人民实现中华民族伟大复兴的正确理论，中国特色社会主义制度是当代中国发展进步的根本制度保障，中国特色社会主义文化是激励全党全国各族人民奋勇前进的强大精神力量”。在全党全国确立起道路自信、理论自信、制度自信、文化自信，形成不断前进的精神动力。

中国特色社会主义进入新时代，标志着我国发展处于一个新的历史方位，这是重大的政治论断，赋予党的历史使命、理论遵循、目标任务以新的时代内涵。中国共产党把握世界百年未有之大变局，在科学分析世情、国情、党情深刻变化的基础上，作出重大战略考量，直面新时代新课题，遵循历史发展的规律，顺应我国发展的趋势，推进一系列重大创新，而且这些创新在中国大地上越来越彰显出它的巨大威力和蓬勃生机，把中国特色社会主义推到了一个新的境界。

新时代的重大创新首先是提出了实现中华民族伟大复兴的中国梦这一重大战略思想，制定了“两个一百年”奋斗目标。中国梦的本质是国家富强、民族振兴、人民幸福。中国共产党人为了实现近现代中国几代人为之奋斗终生的伟大梦想，必须进行伟大斗争、建设伟大工程、推进伟大事业，并作出相应的战略安排和具体部署。党的十九大报告明确提出：第一个阶段，从2020年到2035年，在全面建成小康社会的基础上，再奋斗15年，基本实现社会主义现代化；第二个阶段，从2035年到本世纪中叶，在基本实现现代化的基础上，再奋斗15年，把我国建成富强民主文明和谐美丽的社会主义现代化强国。这是14亿多中国人民世代相传的夙愿和未来发展的方向，凝聚了中国人民对中华民族伟大复兴的憧憬和期待，是我们党发展战略的一个具有重大意义的创新。

新时代创新的重点是提出创新、协调、绿色、开放、共享的发展理念。这几个关键词非常重要，是在深刻总结国内外发展的经验教训，深刻分析当今发展大势的基础上形成的，集中体现了今后相当长一个时期我国的发展思路、发展方向、发展着力点。发展必须是科学发展，一定要坚定不移贯彻创新、协调、绿色、开放、共享的新发展理念。这五个理念之间相互贯通、相互促进，形成具有内在联系的结合体，是关系中国发展全局的一场深刻变革。按照五大发展理念去发展，我们国家就能走上健康发展、科学发展的轨道，必将推动中国特色社会主义从高速发展转变为高质量发展的新阶段。

新时代在国防和军队建设方面有一系列发展举措和重大创新。强国必须强军，军强才能国安。国防和军队现代化进程必须同国家现代化进程相适应，军事能力必须同实现中华民族伟大复兴的战略需求相适应。站在新的历史起点上，面对国家安全环境的深刻变化，要求适应新形势，建设一支听党指挥、能打胜仗、作风优良的人民军队。强军目标坚持党对人民军队的绝对领导，贯彻落实一系列制度作为保证，引领军队建设、改革和军事斗争准备的各个领域，强化政治建军、改革强军、科技兴军、依法治军，更加注重聚焦实战、更加注重创新驱动、更加注重体系建设、更加注重集约高效、更加注重军民融合，加快推进国防和军队现代化，全面提高部队的战斗力，到本世纪中叶把人民军队全面建成世界一流军队。

新时代创新的一个亮点是提出建设美丽中国，这是习近平生态文明思想的重要内容。生态环境是人类生存和发展的根基，生态兴则文明兴，生态环境变化直接影响文明兴衰更替。建设美丽中国为生态文明建设提出了最响亮的目标，这是一个根本性问题，是中华民族永续发展的千年大计，关系人民福祉，需要每一个人付出长期的艰辛努力才能实现。

新时代在外交领域的创新是提出了推动构建人类命运共同体。当今世界处于百年未有之大变局，人类又一次站在了十字路口，需要人们作出正确抉择。构建人类命运共同体的思想站位很高，把中国人民的梦想同各国人民的梦想贯通起来，反映了爱国主义和国际主义的高度融合，再次彰显中国共产党是为中国人民谋幸福的政党，也是为人类进步事业而奋斗的政党。

新时代的基础性创新是坚持全面从严治党，确立起党的建设新的伟大工程。中国的问题关键在党，治国必先治党，治党务必从严。以习近平同志为核心的党中央，以巨大的勇气和魄力向党内消极现象开刀，抓住不放，一抓到底，消除隐患，化解风险，取得扎实成效。坚持自我革命，加强制度建设，提出了新时代党的建设总要求，突出政治建设在党的建设中的重要地位。这是新时代坚持和发展中国特色社会主义的政治保证，对进行伟大斗争、推进伟大事业、实现伟大梦想起着决定性作用。只有坚持全面从严治党才能不断提高党的建设质量，把党建设成为始终走在时代前列、人民衷心拥护、勇于自我净化、经得起各种风浪考验、朝气蓬勃的马克思主义执政党，以党的自我革命推动社会革命。

新时代最根本的创新是把习近平新时代中国特色社会主义思想确立为党必须长期坚持的指导思想，并且庄严地写入了党章，实现了党的指导思想的与时俱进。全国人民代表大会通过的宪法修正案，也郑重地把这一思想载入了宪法，作为治国理政、保证国家长治久安的根本指针。新时代指导思想的创新，是继承和发展毛泽东思想、邓小平理论、“三个代表”重要思想、科学发展观的又一重大理论成果，是当代中国马克思主义、21世纪马克思主义，把马克思主义中国化、时代化、大众化推向新境界，使全党始终保持统一的思想、坚定的意志、协调的行动，夺取中国特色社会主义宏伟事业的新胜利。

综上所述，百年征程中的探索和拼搏，积累起来的这些主要创新成果，充分彰显出中国共产党是一个与时俱进、不断创新的政党。这一系列创新是历史经验的总结，不仅是党和国家的宝贵财富，也是对马克思主义理论宝库的继承、丰富和发展。从历史长河来看，不仅能够引领实现中华民族的伟大复兴，为中国人民谋幸福创造条件，而且也鼓舞了世界被压迫民族和被压迫人民争取解放的斗争，为一些发展中国家走向现代化提供了参照系，为解决人类的共同性问题贡献了中国智慧和中国方案。

采访组：群众路线是中国共产党根本的认识路线和工作路线，是党的生命线，也是毛泽东思想的活的灵魂。群众路线是怎样提出来的？在中共党史中具有什么样的独特地位？能否对群众路线的丰富内容作简明的概括？请您结合对中共党史的长期研究，谈谈自己的看法和见解。

邵维正：好的，你们提出了一个重要而又深刻的问题。群众路线是中国共产党性质和宗旨的本质体现，是党发展壮大、克敌制胜的重要法宝，也是我们党的看家本领。它贯穿于共产党全部历史进程之中，有很高的研究价值，既是对历史经验的回顾总结，又是对当前和未来的引领指导。

建党初期，虽然没有提出群众路线这个概念，但当时的用语和文字中已涵盖着这方面的元素。如“以劳工为伍”“到民众中去”等；1922年党的二大通过的组织章程决议案指出：“党的一切运动都必须深入到广大的群众里面去”“组成一个大的‘群众党'”等。群众路线这一概念在中央文件中首次使用是在1929年9月。由陈毅起草并经周恩来审定的《中共中央给红四军前委的指示信》(即九月来信),在讲到红军筹款工作时指出:“不要由红军单独去干”,而要“经过群众路线”;没收地主豪绅财产,也“一定要经过群众路线”。

群众路线的概念一经提出,就成为党的工作路线,在随后的古田决议、延安整风、七大文献以及新中国成立后党的文件中广泛运用。1981年6月,十一届六中全会通过的《关于建国以来党的若干历史问题的决议》指出:“毛泽东思想的活的灵魂,是贯串于上述各个组成部分的立场、观点和方法,它们有三个基本方面,即实事求是,群众路线,独立自主。”2017年10月,党的十九大修订的《中国共产党章程》强调:“党在自己的工作中实行群众路线,一切为了群众,一切依靠群众,从群众中来,到群众中去,把党的正确主张变为群众的自觉行动。”

群众路线是中国共产党人依据马克思列宁主义关于人民群众在社会历史发展中地位作用的原理,结合中国革命与社会主义建设的丰富实践,作出的创造性的发展和贡献。外国语言中没有群众路线这个词条,它是中文的特有用语。中央领导同志有一次与兄弟党领导人交流党务工作的经验时,专门讲到群众路线问题,这时翻译着急了,找不到合适的外语词条,就翻为“跟着群众走”。在座的一位懂外语的负责人当即纠正说,你翻得不准确,“跟着群众走”是尾巴主义。我们党的群众路线是从群众中来,到群众中去;集中起来,坚持下去。当然,这也不怪翻译,因为外语词典没有收入这个词语，现场口译来不及多想，只有按语义直译了。从这个小插曲也可反映出，群众路线是中国共产党的一大创新，是长期实践的结晶，也是我们党的政治优势。

群众路线的实践过程长，内涵也十分丰富，可以从理念、制度方面认识，也可以从运作、经验方面理解。我从自己的学习体会角度，重点讲讲群众路线的定位问题，集中聚焦为“根、线、本”三个字。

第一个字“根”，即“在人民中间生根、开花、结果”。毛泽东一贯强调相信群众、依靠群众，把人民群众比喻为土地、根基、源泉，要求共产党人不论到什么地方，都要与那里的人民群众结合起来，在人民中间生根、开花、结果；不论在什么问题上，一定要听取群众意见，在群众斗争中经风雨，在人民实践中见世面。从联系群众，扎根群众方面，毛泽东不仅有诸多深刻论述，而且从青年时代就身体力行了。

青年时代的毛泽东

青年毛泽东以满腔热情，寻找各种机会，采取多样方式，自觉扎根于群众，投身到实践当中。1917年7月，作为青年学子的毛泽东利用暑假，邀约湖南省立第一师范毕业的萧子升，以俗称“游学”的形式，各带文房四宝和简单行装，行走在乡里民间。这个暑期，他们用了一个多月的时间，走了900多里，游历长沙、宁乡、安化、益阳、沅江五县的不少乡镇。每到一处就给农民作诗、写字，吃住大多在农民家里，结识了许多农民、船工，也与一些小财主、老翰林、寺庙方丈交往，并把沿途所见所闻写成笔记。事后，他对同学说，我们不仅要读“有字之书”，还要读“无字之书”，把深入社会当成课堂之外的学习。当同学们看了他的游学笔记，都说毛泽东“身无分文，心忧天下”。1918年春，毛泽东又邀志同道合的蔡和森结伴，沿着洞庭湖南岸和东岸，游历了湘阴、岳阳、平江、浏阳等县，接触各阶层人士，了解风土民情，更重要的是体察农民的困苦，听取群众的呼声。这些活动可以说是早期的社会调查，使作为青年学生的毛泽东与人民群众贴得更近了。

1921年8月，毛泽东参加党的一大后回到长沙，立即着手组织湖南党支部，并担任支部书记。1922年5月，又成立中共湘区执行委员会，毛泽东任湘区书记。建党初期，由于党的力量有限，中央局决定将工作重心放在传播马克思主义、开展工人运动两个方面，毛泽东当时也是在这两个领域联系群众、发动群众、组织群众的。为了在湖南建立一个理论学习和宣传的公开场所，创办了湖南自修大学，毛泽东亲自起草了《湖南自修大学组织大纲》和《湖南自修大学创立宣言》，声称自修大学是平民大学，求知识与劳力阶级之接近，目的在于改造社会。一年后，自修大学及其附设补习学校已吸收湖南34个县和省外4个县的青年200

多人，通过自修大学联系和团结了一大批进步青年，实际上成为传播革命理论、培养青年骨干的阵地。

开展工人运动是无产阶级政党的必然选择，1921年8月，党就在上海成立了中国劳动组合书记部。同年10月，劳动组合书记部湖南分部在长沙成立，毛泽东担任分部主任。安源路矿是江西萍乡的安源煤矿与湖南株洲到萍乡的株萍铁路的合称，因安源与长沙交通便捷，安源路矿的工人运动由湖南党组织领导。1921年冬，毛泽东偕同李立三、刘少奇在两年间先后七次到安源，深入又黑又脏的煤井，与工人促膝谈心，考察中了解到矿工每天劳动12个小时，工资低，还不断发生伤亡事故。他们感到安源路

为了掩护党的工作，更好团结群众，抵制商人剥削，安源地委在1923年2月7日建立了安源路矿工人消费合作社

矿具备发起工人运动的客观条件，于是引导启发工人组织起来，成立起安源路矿工人俱乐部，培养骨干，发动群众。1922年9月14日，安源路矿举行声势浩大的罢工，向路矿当局提出了增加工资、改良待遇、组织工会等17项条件，经过几轮谈判和斗争取得了胜利。

毛泽东在青年时代就立志扎根于群众之中，与劳苦大众打成一片，逐渐把握了国情、社情、民情，正由于有这样的观念和基础，他在大革命高潮中发起两湖农民运动，十年内战初期创建井冈山农村革命根据地，开辟独具中国特色的农村包围城市的革命道路，也就十分自然了。

党内被誉为“农民大王”的彭湃，在深入群众时曾碰过“钉子”。1922年6月，彭湃来到自己的家乡广东海丰，满腔热情地向贫苦农民传播革命道理，谁知农民看见他就远远地就躲开了。彭湃没有灰心，而是从自己身上找原因。原来他下乡时穿着整齐洁白的制服，脚上还蹬着皮鞋，农民误以为收捐的“官差”来了，就绕道走开。彭湃总结了教训，脱掉官装换成粗衣短衫，摘下白通帽戴上竹笠，赤着双脚向田里走去，终于与农民交上了朋友。他一面与农民一起车水、拔草，一面用海丰方言拉家常，了解农民受剥削的痛苦。逢上赶集时，还当众演讲，号召穷苦农民组织起来，为过上好日子而斗争。

彭湃在与农民的交往中，发现一个叫张妈安的青年，敢说敢做，有股闯劲，就到他家里详谈，并让他约几个农友来。经过几次商量，7月29日晚成立起赤山秘密农会。这个新鲜事很快在附近乡村传开，周围农民纷纷效仿。1922年底，海丰县有98个乡建立起农会，会员发展到2万户，自然人口约10万人，占全县总人口的1/4，点起海陆丰农民运动的星星之火。

《习近平的七年知青岁月》书影

无独有偶，40多年后，又有一位少年自愿离开大城市，来到偏僻的农村，他就是当年只有15岁的北京八一学校初中生习近平。1969年1月，上山下乡的热潮在全国兴起，习近平主动报名下乡插队，负责办手续的齐老师对他说：你还不到下乡的年龄，按政策可以留在城里。习近平坚决要求下乡，到艰苦地区磨炼自己，毅然来到延安地区延川县文安驿公社梁家河大队落户。他一直坚持了七年，是北京近三万下乡青年中最后一批离开的。他在这里入了党，被选为大队党支部书记。他总结自己七年收获时说，懂得了什么叫实际，什么叫群众，终身受益。正是这七年艰苦历练，陶冶了他与群众心连心的情怀，奠定了日后治国理政的基石。

进入新时代，主客观情况都发生了很大的变化，习近平总书记仍时刻把人民群众挂在心上，尤其是亲自规划部署，抓好脱贫攻坚这件大事实事。2013年春节前夕，他到甘肃定西元古堆村和临夏东乡族不楞沟村，挨家挨户看望，送去白面、油和肉。原来担心“过不了年”的困难户，笑逐颜开地说：“这回可过个好年了。”习近平总书记从党的十八大到十九大的5年间，到过28个省、市、区的30多个贫困村，平均每年看望6个贫困村群众。他在百忙中始终没有忘记人民大众尤其是贫困群众，心与人民贴得更紧了。

中共七大政治报告中深刻指出：“二十四年的经验告诉我们，凡属正确的任务、政策和工作作风，都是和当时当地的群众要求相适合，都是联系群众的；凡属错误的任务、政策和工作作风，都是和当时当地的群众要求不相适合，都是脱离群众的。教条主义、经验主义、命令主义、尾巴主义、宗派主义、官僚主义、骄傲自大的工作态度等项弊病之所以一定不好，一定要不得，如果什么人有了这类弊病一定要改正，就是因为它们脱离群众。”联系群众不仅是工作态度和工作方法，更重要的还是共产党区别于其他任何政党的显著标志，就是和最广大的人民群众取得最密切的联系。党的十九大修订的《党章》提醒全党：我们党的最大政治优势是密切联系群众，执政后的最大危险是脱离群众。这是每个共产党员应该永远记取的。

第二个字“线”，即“共产党的路线，就是人民的路线”。群众路线是党的根本工作路线，之所以说它是“根本”，是因为群众路线体现在我们党一切工作、一切系统、一切领域的全过程。从决策、运行、监督、检验都离不开群众路线。我们党的群众路线是以毛泽东为代表的中国共产党人，把马克思主义关于人民群众是历史创造者的理论，与中国具体实际相结合而形成的具有中国特色的工作路线，是世界观和方法论的集中体现。

《缔造者》
纸本水墨 240cm × 192cm 方土（2021 年）

毛泽东善于总结历史经验，创造性提出群众路线的实现途径，他精辟指出：“在我党的一切实际工作中，凡属正确的领导，必须是从群众中来，到群众中去。这就是说，将群众的意见（分散的无系统的意见）集中起来（经过研究，化为集中的系统的意见），又到群众中去宣传解释，化为群众的意见，使群众坚持下去，见之于行动，并在群众行动中考验这些意见是否正确。然后再从群众中集中起来，再到群众中坚持下去。如此无限循环，一次比一次地更正确、更生动、更丰富。这就是马克思主义的认识论。”毛泽东把辩证唯物论与领导方法有机结合起来，从哲理上阐释群众路线，进而又引导各级党组织运用于实践之中，对全党起到了重大的指导作用。

改革开放以来，我们党领导广大群众经过艰苦探索，开创了一系列独创性的政策，深刻改变了国家面貌，提高了人民群众的生活水平。当人们盛赞改革开放总设计师邓小平的时候，邓小平淡然地说：改革开放政策很多都是群众创造出来的，家庭联产承包制，就是小岗发明的，我们起个推广的作用。这几句质朴的语言，正是群众路线的生动写照。邓小平十分关注最广大人民的利益和愿望，提出“三个有利于”作为判断改革和各项工作的标准，把人民拥护不拥护、人民赞成不赞成、人民高兴不高兴、人民答应不答应作为制定方针政策的依据，努力推进改革开放和社会主义现代化建设。

2020年下半年，党和国家着手研究国民经济和社会发展“十四五”规划以及2035年远景目标问题，党中央、国务院领导相继召开企业家、党外人士、专家座谈会，听取各方面的意见和建议。9月17日，正在湖南考察工作的习近平总书记，专题召开了基层代表座谈会，直接听取来自基层的意见。他在认真听取了扶贫干部、农民工、快递小哥、网店店主等人的意见之后，深情地说：“人民对美好生活的向往就是我们的奋斗目标。好的方针政策和发展规划都应该顺应人民意愿、综合人民所思所盼，从群众中来，到群众中去。”这种深入实际，直面群众，问计于民的风范，正是我们党群众路线优良传统的体现。尊重群众的首创精神，把群众中的智慧集中起来，转化为党和国家的方针政策和目标规划，最能反映人民群众的利益和愿望，也必将充分调动群众的积极性，成为亿万人民的自觉行动。

一般来说，人民群众通过正常渠道提一些合理化的建议，或者和风细雨的意见，大多数干部还是能够接受的。然而在特殊环境里也能冷静听取群众的过激言行，并检查和调整党和政府的政策，就不容易了。作为政治家、战略家的毛泽东，虚怀若谷，透过现象看实质，善于分析处理群众的各种不同意见，尤其是妥善解决1941年陕北发生的“雷击”事件，值得每个共产党员尤其是领导干部深思。

1941年6月，陕甘宁边区政府召开县长联席会议，延川代县长李彩云靠在简易会场的立柱上听会。突然电闪雷鸣，雷电顺着立柱的雨水打下来，李县长当场被电击身亡。一个农民说：老天爷不睁眼，咋不打死毛泽东？边区保卫部门把这个农民抓起来，当成现行反革命事件来追查。这件事传到毛泽东那里，引起了他的深思：一个农民为什么说出这样的话来，我们做了什么错事引起群众的反感？他一方面叫专政机关放人，一方面深入调查事情的缘由。原来是征粮过多，负担太重，引起农民不满。毛泽东立即与边区政府商量，降低公粮征收，具体政策也作了调整，同时积极开展军民大生产运动，并实行精兵简政。经过党政军民的共同努力，逐步实现生产自给或半自给，减轻了群众负担，得到了边区人民的拥护。从偶发事件转化为政策调整，进而又以积极的姿态发起军政党团和机关学校的大生产运动和精兵简政，取得良好效果，成为贯彻群众路线的又一范例。

第三个字“本”，即“兵民是胜利之本”。毛泽东革命生涯的辉煌时期是在领导和指挥革命战争中度过的，他对人民群众在战争中的重大作用有深切的体会：“真正的铜墙铁壁是什么？是群众，是千百万真心实意地拥护革命的群众。这是真正的铜墙铁壁，什么力量也打不破的，完全打不破的。”因为中国革命战争的显著特点之一是长期处于敌强我弱的状况。革命力量开始是弱小的，共产党及其领导下的人民军队在敌我力量十分悬殊的艰难环境中拼搏，只有也只能依靠人民群众的大力支援。以我之强，制敌之弱，才能赢得战争的胜利。

民主革命时期，敌对势力掌握着全国政权和经济财政，具有支持战争的雄厚物质力量，而人民军队实行无后方作战，靠的是人民群众的支援。解放战争战略决战阶段的解放区支前工作，可以说是一个成功的范例。辽沈、淮海、平津三大战役，规模之大、时间之长、投入兵力之多，在中国战争史上是空前的，在世

解放战争中，人民群众给了解放军以至关重要的支持。
图为苏北某地人民群众为解放军运送物资，随军集合出发时的情形

界战争史上也是罕见的。正是以三大战役为标志的战略决战，从根本上动摇了国民党反动统治的基础，为夺取全国解放战争的胜利创造了极为有利的条件。三大战役期间，敌强我弱的态势尚未从根本上改变，国民党军的兵力和装备、支持战争的经济力仍占优势，人民解放军展开大规模战争的物质支援，主要靠解放区人民的支前作保证。三大战役中敌我双方投入兵力共计415万人，而解放区支前民工的总数达到539万人，超过了作战双方兵力的总和。支前的担架10万余付，粮食9.5亿斤，再加上大量的弹药和军需品，靠着80多万辆人力车从千里迢迢的解放区运送到前线，保证了战争的胜利。战后陈毅满怀深情地说：淮海战役的胜利，是老区人民用小车推出来的。

人民群众不辞劳苦大力支援前线，并不是自发产生、自然形成的，而是各级党组织和根据地政府做了多方面工作的结果。毛泽东对关心群众生活与动员群众支援革命战争的辩证关系作了十分透彻的阐述："如果我们单单动员人民进行战争，一点别的工作也不做，能不能达到战胜敌人的目的呢？当然不能。我们要胜利，一定还要做很多的工作。领导农民的土地斗争，分土地给农民；提高农民的劳动热情，增加农业生产；保障工人的利益；建立合作社；发展对外贸易；解决群众的穿衣问题，吃饭问题，住房问题，柴米油盐问题，疾病卫生问题，婚姻问题。总之，一切群众的实际生活问题，都是我们应当注意的问题。假如我们对这些注意了，解决了，满足了群众的需要，我们就真正成了群众生活的组织者，群众就会真正围绕在我们的周围，热烈地拥护我们。同志们，那时候，我们号召群众参加革命战争，能够不能够呢？能够的，完全能够的。”群众工作与群众支前是因果关系，没有前因就不会有后果。常听到一些干部埋怨说，我们这里的群众觉悟低，不积极、不主动响应号召、支持政府。他们首先应该反思自己，转变态度，找到差距，自觉地从关心群众做起，才能取得群众的拥护和支持。

新中国成立以后，尽管党情、国情、社情都发生了一系列变化，但万变不离其宗，作为党的生命线和根本工作路线的群众路线，仍然没有变，也不能变。处于执政地位的中国共产党更有条件发挥自己的政治优势和组织能力，发动和依靠人民群众在国内向中南、西南、西北广大地区进军，剿匪反特，对外实施抗美援朝保家卫国，建立并巩固新生的红色政权；发动和依靠群众，增产节约，圆满完成三年国民经济的恢复任务，制止通货膨胀，改善人民生活，保持社会稳定；发动和依靠群众，实施社会主义三大改造，在中国建立起社会主义制度；发动和依靠群众，推进大规模的社会主义现代化建设，尤其是实行改革开放，经过长期的艰苦努力，把积贫积弱、一穷二白的国家跃升到经济总量世界第二、外汇储备世界第一的新台阶；还是发动和依靠群众，战胜了一个又一个自然灾害，取得抗洪、抗震、抗灾的伟大胜利，当新冠肺炎疫情突然来袭的时候，又打了一场抗疫的人民战争，取得了重大的战略成果，赢得世界普遍的赞誉；等等。70多年的经历和实践证明，党和国家的大业，绝对不可能离开人民群众的参与和努力，群众路线不仅是革命时期的优势和法宝，同时也是建设社会主义现代化的优势和法宝。

中国特色社会主义进入新时代，建成社会主义现代化强国的战略目标摆到全党面前，正如习近平总书记所说："实现中华民族伟大复兴的中国梦，必须紧紧依靠群众，充分调动最广大人民的积极性、主动性、创造性。"他在纪念中国人民志愿军抗美援朝出国作战70周年大会上讲话时又强调："要坚持全心全意为人民服务的根本宗旨，为民谋利，为民尽责，为民担当，把人民对美好生活的向往作为始终不渝的奋斗目标，始终保持党同人民群众的血肉联系。"作为百年大党，更应该不忘初心、牢记使命，在新的历史条件下更加自觉坚持群众路线，提高群众工作能力，发挥党密切联系群众的优势，使群众路线的优良传统发扬光大，团结和带领全国各族人民，努力实现"两个一百年"的宏伟蓝图，使中华民族伟大复兴的中国梦早日变成现实。

采访组：中共党史、新中国史、改革开放史、社会主义发展史和中国人民解放军军史是密不可分的。请您讲讲这几门历史学科的联系与区别。习近平总书记在庆祝中国人民解放军建军90周年大会上指出："历史告诉我们，党指挥枪是保持人民军队本质和宗旨的根本保障，这是我们党在血与火的斗争中得出的颠扑不破的真理。"您参加过抗美援朝战争，有60多年的军旅生涯，也是全军第一位被授予少将军衔的政治理论教员，请您结合自身经历，谈一谈对这句话的理解。

邵维正：习近平总书记曾指出："历史是最好的教科书。对我们共产党人来说，中国革命历史是最好的营养剂。”近几年来，他在不同场合多次强调要学习党史、新中国史、改革开放史、社会主义发展史以及中国人民解放军的军史。我们要认真学习，深刻领会，把学习历史尤其是这几门专史作为必修课纳入计划，深钻细研，提高历史自觉，汲取前行力量。

中国共产党创建百年大庆临近的时候，开展全面深入的“四史”教育十分适时、非常必要。中国近现代史分支多，提法也不尽相同。“四史”教育是依据党的十九届四中全会提出的要加强中共党史、新中国史、改革开放史教育；习近平总书记在“不忘初心、牢记使命”主题教育总结大会的讲话中，在党史、新中国史、改革开放史的基础上又增加了社会主义发展史。

党中央和习近平总书记提出的这“四史”有一个共同主题，围绕着180多年中国近现代历史展开，并集中反映了建党100年来中国的革命进程、丰富经验和历史发展规律。总的来讲，这“四史”是一个整体，学好“四史”，确立唯物辩证史观，有利于把握中国革命发展的历史进程，总结历史经验，汲取历史智慧，提升历史思维，更加自觉地反对历史虚无主义，坚持和维护中国共产党的领导，进一步推进中国特色社会主义的宏伟事业。

当然，这四门史学既有共同点，也有不同的侧重面。由于每门历史学科分工不同，有不同的研究对象和重点。

中共党史是一门综合性的学科，是“四史”的核心，涵盖了经济、政治、文化、社会、军事、外交等方面，所以有人把中共党史比喻成“百科全书”。我们学习中国近现代历史，应该重点学好中共党史，因为它在近现代中国各门专史中起着基础和主导的作用。知史爱党，强党兴国。坚持党的领导，中国革命、改革开放、社会主义建设就有了正确方向，中华民族复兴就有了主心骨。这是中国近现代历史的昭示，是学习“四史”的重点。

中国近现代各门专史有着不同的上限和下限。比如，中国革命史不仅要讲中国共产党领导的革命，还要讲各阶级、各时期、各民族的革命斗争，一般是指从1840年鸦片战争到1949年中华人民共和国成立这个阶段的历史，相对来讲比中共党史的上限要早一些。新中国史就很明确，是1949年新中国成立以后的历史。中国改革开放史主要是从1978年以后，党领导的改革开放的历史。中国人民解放军军史，则是从1927年八一建军为上限，历经工农红军、八路军、新四军、人民解放军的称谓，至今也有90多年历史。社会主义发展史则有更广阔的视野、更久远的跨度，从欧洲的空想社会主义，到马克思的科学社会主义，到列宁领导的苏俄社会主义，再到中国特色的社会主义，不仅有几百年的历史，丰富曲折的过程，更有发人深思的经验教训。

怎样才能学好“四史”，我认为主要应把握几点：一是确立正确的历史观，以唯物辩证法作指导，坚持实事求是的原则，把党性与科学性统一起来，坚决反对历史虚无主义的错误倾向，抵制篡改历史事实，批驳对革命斗争的歪曲。二是把握好主流和主线，历史纷繁复杂，革命也不可能是一帆风顺的，要正确处理顺境与逆境、成功与失误的关系，肯定积极主导的方面，强化中华民族近百年从站起来、富起来到强起来的伟大飞跃，坚持革命的大方面和主流，更加坚定“四个自信”。三是在综合学习的基础上抓住重点学，中国革命的征程和经验都十分丰富，不能事无巨细一把抓，要善于突出重点学深悟透，比如中共党史要着重领悟党的性质宗旨、对国家和民族的重大贡献、学习革命精神、优良传统、战略策略等；改革开放史要突出解放思想、创新意识；军史要重点领会党对军队的绝对领导、英勇顽强的战斗作风等。四是采取多种方式和手段学好“四史”，读史书、听辅导、讲故事、媒体网络、电影电视等，以情感人，以理服人，使“四史”学习生动活泼，深入人心。

总之，回顾历史，总结经验，把握规律，指导未来，这是我们学习中共党史、中国革命史、新中国史、改革开放史、人民军队史、社会主义发展史的共同价值导向，应该贯穿于学习历史的始终。不是为学历史而学历史，而是要从中国国情出发，分析中国革命发展的进程、道路，总结经验，汲取教训，深入把握中国革命规律、共产党执政规律、社会主义建设规律、人类社会发展规律，发挥史学的独特优势和功能，不断提高思想认识水平和理论素养。尤其要通过学习“四史”，不忘初心、牢记使命，继承优良传统，弘扬革命精神，更加自觉地担当起新时代的历史使命，继往开来，不断进取，努力建成社会主义现代化强国。

作为一名长期在军队战斗、工作、生活的老战士，对人民军队的发展壮大应该说是比较熟悉的，也是有深厚情感的。中国共产党创建的人民军队自1927年南昌起义伊始，历经十年

南昌起义总指挥部旧址

开国大典中受检阅的中国人民解放军骑兵部队

内战、抗日战争、解放战争以及新中国成立后的抗美援朝战争等，已走过了90多年艰难而又辉煌的征程。在长期的奋斗拼搏中不仅作出了巨大贡献，也积累了宝贵的经验。这支新型人民军队新在哪里？可以列出许多条，而最关键、最根本的还是坚持党对军队的绝对领导。习近平总书记用高度凝练的语言精辟概括为“党指挥枪是保持人民军队本质和宗旨的根本保障，这是我们党在血与火的斗争中得出的颠扑不破的真理”。我军的本质特征就在于坚持中国共产党的绝对领导。从建军至今坚持不懈、一以贯之，作为建军之本、强军之魂，并在实践中总结正反两个方面经验，建立和完善党指挥枪的一系列制度，形成最大的政治优势。

进入新时代，我军又全面贯彻军委主席负责制，增强政治意识、大局意识、核心意识、看齐意识，确保枪杆子永远听党指挥，进一步贯彻落实听党指挥、能打胜仗、作风优良的强军目标，贯彻新时代军事战略方针，密切关注国际国内形势的发展，坚持政治建军、改革强军、科技兴军、人才强军、依法治军。没有一支强大的军队，就不可能有强大的祖国，一定要与国家现代化进程相适应，强化国防与军队现代化建设，增强战斗力，全面提高捍卫国家主权、安全、发展利益的战略能力，永远保持人民军队的本色，发扬英勇顽强、不怕牺牲的优良传统，更好地担当起党和人民赋予的新时代使命任务，努力把人民军队建成世界一流军队。

采访组：当前全党全国正在认真学习领会党的十九届六中全会审议通过的《中共中央关于党的百年奋斗重大成就和历史经验的决议》。作出这个《决议》，是我国政治生活中的一件大事，也受到国际舆论的普遍关注。您作为党史专家，能不能从党史角度谈谈对这个《决议》的认识和感悟?

邵维正：好的，这是一个很有现实意义的话题，既有理论价值，又对学习研究中共党史起着指导作用。

2021年是一个极不平凡的年份，正处于“两个一百年”的交汇点。历史赋予2021年双重的使命，既要回顾和总结第一个百年，又要策划和开创第二个百年。在这样一个关键节点召开党的十九届六中全会，可以说恰逢其时，是一个具有重大历史意义的会议。全会最重要的成果是审议通过了《中共中央关于党的百年奋斗重大成就和历史经验的决议》(以下简称《决议》)。这个《决议》不仅是新时代指导全局的马克思主义纲领性文献，而且也是树立正确党史观、学习研究好中共党史的典范。

中国共产党是一个高度重视总结历史经验又善于总结历史经验的马克思主义政党。我们党在百年征程里，先后作出过三个历史决议。第一个决议形成于1945年4月，党的六届七中全会审议通过了《关于若干历史问题的决议》，在延安整风运动取得重大成果的基础上，总结建党以来24年历史的经验教训，分清路线是非，找准“左”、右倾错误的社会和思想原因，确立毛泽东的核心地位和毛泽东思想作为党的指导思想，使全党达到高度的统一和团结，有力推动了抗日战争和解放战争的顺利进展，夺取了新民主主义革命的伟大胜利。

第二个决议形成于1981年6月，党的十一届六中全会审议通过了《关于建国以来党的若干历史问题的决议》，在实现解放思想、拨乱反正历史转折的基础上，总结了新中国成立以来32年社会主义革命和建设的历史经验，对一些重大历史事件作出了实事求是的评价，充分肯定了毛泽东的历史地位和毛泽东思想的伟大意义，标志着党在指导思想上的拨乱反正胜利完成，使全党的思想认识得到统一，有力推动了改革开放事业深入发展。

第三个决议形成于2021年11月，党的十九届六中全会审议通过了《中共中央关于党的百年奋斗重大成就和历史经验的决议》，在“两个一百年”交汇的重要历史时刻，在前两个历史决议分清是非、廓清迷雾、正本清源的基础上，总结了党百年来从小到大、从弱到强的成长历程，从胜利走向胜利的辉煌业绩，加强自身建设、推进自我革命的伟大实践，进而又总结了党在百年奋斗中“十个坚持”的宝贵历史经验，确立了习近平同志在党中央和全党的核心领导地位，确立了习近平新时代中国特色社会主义思想的指导地位，深刻揭示了过去我们为什么能够成功、未来我们怎样才能继续成功的秘诀和法宝，引导全党深刻认识中国革命和中国特色社会主义建设成就来之不易，珍惜革命前辈用鲜血生命凝结成的宝贵经验，确保我们党始终成为中华民族伟大复兴的坚强领导核心，为开拓第二个百年新征程提供更为坚实的物质基础、更为完善的制度保证、更为磅礴的精神动力。

这三个决议都是在党和国家历史发展的重要关头作出的，都是充分发扬民主、集中全党智慧而形成的，又都是马克思主义基本原理与中国具体实践、与时代特征相结合的产物。三个历史决议相互联系密切，一脉相承，一以贯之，在不同历史时期、不同领域中发挥了不可替代的重大作用。尤其是党的十九届六中全会《决议》跨度更大、视野更广、境界更高，是对我们党百年来伟大成就和历史经验的科学总结，是面向第二个百年坚持和发展中国特色社会主义的政治宣言，是牢记初心使命实现中华民族伟大复兴的行动纲领。

我们党百年间先后在三个历史时期形成了三个历史决议，分别对建党24年、新中国成立32年、建党100年的历史作出概括、总结和评价。把三个历史决议连贯起来，可以说就是中国共产党的极简史，是中共党史的精华所在。

习近平总书记在《关于〈中共中央关于党的百年奋斗重大成就和历史经验的决议〉的说明》中强调："总结党的百年奋斗重大成就和历史经验，要坚持辩证唯物主义和历史唯物主义的方法论，用具体历史的、客观全面的、联系发展的观点来看待党的历史。要坚持正确党史观、树立大历史观，准确把握党的历史发展的主题主线、主流本质，正确对待党在前进道路上经历的失误和曲折，从成功中吸取经验，从失误中吸取教训，不断开辟走向胜利的道路。"这段精辟论述，既是制定《决议》的指导原则，又为学习研究中共党史指明了方向。

《决议》开宗明义指出："中国共产党自一九二一年成立以来，始终把为中国人民谋幸福、为中华民族谋复兴作为自己的初心使命，始终坚持共产主义理想和社会主义信念，团结带领全国各族人民为争取民族独立、人民解放和实现国家富强、人民幸福而不懈奋斗。”这两大历史任务，就是党的初心使命，也是中共党史的主题主线。党的百年历程始终围绕为实现民族独立、人民解放和国家富强、人民幸福的奋斗目标而展开；始终围绕坚持把马克思主义基本原理同中国具体实际相结合，不断探索适合中国国情的革命和建设道路而推进；始终围绕加强党的自身建设，保持和发展党的先进性和纯洁性而努力。

正确分析和把握党的主流本质，就必须运用辩证唯物主义和历史唯物主义的立场、观点和方法，科学判断历史的走向和事物的性质。任何事物都是辩证统一的，学习和研究党史要正确处理历史与现实、宏观与微观、全局与局部、主流与支流、成功与失误、现象与本质等方面的关系，坚决反对历史虚无主义贬低革命成就、抹黑英雄人物，甚至否定共产党领导、诋毁革命领袖的错误倾向。

有一段时间，社会上的部分人对改革开放前与改革开放后两个时期的关系上有一些模糊认识，或者对立起来，或者相互否定，以一种倾向掩盖另一种倾向。这不是正确的态度。我们不能用改革开放后的历史时期否定改革开放前的历史时期，也不能用改革开放前的历史时期否定改革开放后的历史时期。这两种倾向在现实生活中都是存在的，不论哪一种片面的看法都不能反映历史的实际。《决议》在第二部分和第三部分，分别对改革开放前、后两个历史时期作了客观、准确的论述，指出这两个时期在不同历史条件下的承前启后关系，互为条件、互相补充，各自都有各自的作用，使这两个时期得到辩证的历史的统一。

由于前两个决议对建党到改革开放初期的成就作出了科学总结，对重大是非问题作出了科学结论，因此第三个决议着重阐述中国特色社会主义新时代在我国发展进程中新的历史方位，突出概括党的十八大以来的理论创新成果，深入分析新时代面临的形势，面对的风险挑战，从坚持党的全面领导、全面从严治党、经济建设、全面深化改革开放、政治建设、全面依法治国、文化建设、社会建设、生态文明建设、国防和军队建设、维护国家安全、坚持“一国两制”和推进祖国统一、外交工作等13个方面总结了取得的历史性成就、发生的历史性变革，重点总结九年来的原创性理念、变革性实践、突破性进展、标志性成果，中华民族迎来了从站起来、富起来到强起来的伟大历史性飞跃。这就使党史上的主题、主线、主流更加鲜明，亮点更为灿烂，经验更可借鉴。

历史不是抽象的，是由诸多事件和人物组成的。正确认识和科学评价重大事件、重要会议、重要人物，是树立正确党史观的题中应有之义，也是学习研究党史必须把握好的关键问题。党的十九届六中全会《决议》对党史上重大事件、重要会议、重要人物的评价，十分注意与党中央已有的结论相衔接。在此基础上，《决议》回顾党的百年历史，以新的视角对党史上的重大事件、重要会议和重要人物作了叙述和评价，更具有时代感和现实性，充分彰显出睿智和能力，为全党树立正确党史观作出了榜样。

创造历史是一个政党的使命，历史主动是一个政党的觉醒。作为百年大党的中国共产党两个方面兼而有之，实属难能可贵，这既是历史的担当，也是成熟的表现。我们党正是这样自觉地践行大历史观，总结历史，把握规律，以史为鉴，勇毅前行，坚定信心，走向未来，对第二个百年作出前瞻性规划和战略性决策，并在新征程中进一步加强党的自身建设，以新的姿态领导全国各族人民实现第二个百年奋斗目标，迎接中华民族伟大复兴的光明前景。

党领导人民在中华民族伟大复兴旗帜下阔步前进

采访对象：金冲及，1930年12月生，上海人。历任复旦大学团委书记、教务部副主任、教学科学部副主任，文物出版社总编辑，中央文献研究室常务副主任，是中国近代史和中共党史研究专家。第七、八、九届全国政协委员。主编或共同主编《毛泽东传》《周恩来传》《刘少奇传》《朱德传》《陈云传》《李富春传》等，出版专著《二十世纪中国史纲》《中国的1947年》《辛亥革命史稿》等。

采 访 组：陈思　储峰　尹晓徽　李瑞

采访方式：书面采访

采访时间：2020年11月15日

采访组：金主任，您好！中国共产党的诞生是一个“开天辟地的大事变”。毛泽东同志作出如此判断，习近平总书记也强调了这个判断。这个“大事变”是如何发生的，有着怎样的历史条件？

金冲及：“开天辟地”是我们中国人喜爱使用的最高级的形容词。它所包含的意思往往关涉重大的历史演进、格局重构和时代变迁，开辟了一个以往从未有过的新天地，具有总体性、根本性和长期性。

中国古代在君主制度下，没有政党，只有在某些问题上意见相近、有某些共同利益的人群，称为“朋党”。到近代，虽然出现了众多西方式的政党，但并没有真正一切为了人民、一切依靠人民并且有着科学理论指导和严密组织的政党。连辛亥革命时期起过重要进步作用的中国同盟会亦如此。这段历史，大家都比较熟悉了。

只有中国共产党诞生，才在中国第一次出现有着科学理论——马克思主义为指导、能够依靠和发动最广大民众齐心奋

中国共产党第一次全国代表大会会址，上海法租界望志路 106 号（今兴业路 108 号）

斗，并且形成由民众中先进分子为核心的政治力量。如果没有这样一个坚强有力的政党来领导，要实现民族复兴和人民幸福，是根本不可能的。

发生这个“开天辟地的大事变”，当然有着特定的历史条件。毛泽东指出：“外因是变化的条件，内因是变化的根据，外因通过内因而起作用。”近代中国在帝国主义压迫和封建统治下，人民的痛苦实在是太深重了。中国人经过千辛万苦向西方国家寻找救国的真理，都失败了。国家的情况一天天坏下去。巴黎和会上山东问题的悲惨结局，更使许多中国人看清了西方国家的霸权面目。而俄国十月社会主义革命胜利的消息，正在这时逐渐传到中国，在人们面前展现出一幅以前没有见到过的新社会的图

巴黎和会将战前德国在山东的特权转交给日本，严重损害了中国的利益，北洋政府代表（即当时中国政府代表）拒绝在《凡尔赛和约》上签字

景。毛泽东说："这时，也只是在这时，中国人从思想到生活，才出现了一个崭新的时期。中国人找到了马克思列宁主义这个放之四海而皆准的普遍真理，中国的面目就起了变化了。"

采访组：您把"中华民族的伟大复兴"视为"中国近代历史的几个根本问题"之一。我们该如何理解"实现中华民族伟大复兴"这个目标？中国共产党在民族伟大复兴的历史进程中作出了哪些贡献？

金冲及：中华民族伟大复兴是中国近代以来一百多年历史的主题。离开这个主题，中国一个多世纪当中发生的大事都难以说清楚。

国家和民族是一个整体。个人也好，家庭也好，只是它的一个分子。习近平总书记讲得好："国家好、民族好，大家才会好。"这是多少年来中国人从切身经历中体会和认识到的。民族复兴中的"复兴"两个字，并不是哪里都可以这样提的。一个国家和民族，如果长期处在落后状态，它需要的是民族发展，很难说民族复兴；如果是长期以来一直处于先进状态，当然还要继续谋发展，但不会说谋民族复兴。

中国和这两种状态都不同。大家知道，中华民族曾创造过灿烂的古代文明，为人类社会发展作出过重大贡献，并且绵延达几千年。但在近代，中国却大大落后了，甚至沦落到崩溃的边缘。毛泽东说过："中国应当对于人类有较大的贡献。而这种贡献，在过去一个长时期内，则是太少了。这使我们感到惭愧。"

鸦片战争使中国在外来侵略者面前失去了国家领土和主权的完整，开始走上半殖民地半封建的悲惨道路。中日甲午战争的失败，列强在中国划分势力范围，使中国的先进分子悲愤地呼唤"救亡"。孙中山第一个提出了"振兴中华"的口号。当历史跨入20世纪的时刻，世界上的主要帝国主义国家组成八国联军共同向中国开战，这在世界历史上还没有先例。他们武装占领北京达一年之久，逼迫清朝政府签订丧权辱国的《辛丑条约》。这是多么大的耻辱！邓小平在1990年会见外宾时还提到这段历史："我是一个中国人，懂得外国侵略中国的历史。当我听到西方七国首脑会议决定要制裁中国，马上就联想到一九〇〇年八国联军侵略中国的历史。七国中除加拿大外，其他六国再加上沙俄和奥地利就是当年组织联军的八个国家。要懂得些中国历史，这是中国发展的一个精神动力。"

进入20世纪后，日本军国主义者又先后发动"九一八"事变和对华全面侵略战争，企图灭亡中国。1935年，《义勇军进行曲》唱道："中华民族到了最危险的时候……"它发出了我们民族的普遍心声。新中国成立时把它定为国歌，同样因为"这是中国发展的一个精神动力"。

中国各族人民在中国共产党的领导下，经历了革命、建设和改革，始终是在中华民族伟大复兴这面旗帜下阔步前进。

今天的中国，从方方面面都已发生举世瞩目、令人震惊的根本变化。这些变化，都是在中国共产党带领全国各族人民不屈不挠的顽强斗争中所取得的。习近平总书记在党的十九大报告中强

1901 年 9 月，李鸿章和庆亲王奕劻代表清政府与各国列强签订《辛丑条约》

日军向沈阳城内射击，发动“九一八”事变

调："我们比历史上任何时期都更接近、更有信心和能力实现中华民族伟大复兴的目标。"这是对中国现实生活的高度而又准确的概括，同时也是有力地鼓舞全国各族人民继续努力为建成社会主义现代化强国而顽强奋斗的"一个精神动力"。

中华民族的伟大复兴，不仅给中国人民带来历史上从未有过的美好生活，而且必将能对人类作出巨大的贡献。

采访组：您曾在一篇文章中写道"辛亥革命是20世纪中国发生的第一次历史性巨大变化"，这是一个很高的评价。我们应该如何理解？辛亥革命对中国共产党的诞生产生了哪些影响？

金冲及：对今天来说，辛亥革命已经是一百多年前的事了，有些年轻人也许已感到陌生。说辛亥革命是20世纪中国发生的第一次历史性巨大变化，是党的十五大报告中提出来的。这的确是一个很高的而又符合实际的论断。

亲身经历过这场革命的林伯渠老人，在辛亥革命30周年时在延安《解放日报》上曾很有感慨地写道："对于许多未经过帝王之治的青年，辛亥革命的政治意义是常被过低估计的，这并不奇怪，因为他们没有看到推翻几千年因袭下来的专制政体是多么不易的一件事。"他所说的"青年"，今天已经很老，且所存无几了。

辛亥革命同中华民族伟大复兴的伟大事业是分不开的。辛亥革命的巨大历史功绩，在于它不仅以革命的手段推翻了腐朽、专制、卖国的晚清政府，而且一举结束了统治中国几千年的君主专制制度，建立起中国历史上从来不曾有过的共和政体，使反动的

武昌起义成功后，革命军成立湖北军政府

旧统治秩序再也无法死灰复燃，为中国民主革命的最终胜利打开了通道。

辛亥革命也使中国人在思想上得到一次大解放。皇帝以前被称作“天子”，人们从幼小就被灌输“天地君亲师”的观念，仿佛是至尊极高、神圣不可侵犯的。如今，连皇帝都可以被打倒，还有什么陈腐的东西不可以怀疑、不可能打倒呢?“民国”虽然还只是一块招牌，人民并无实际权力可言，但许多人心目中认为自己应当是国家的主人了。拿甲午战争失败时康有为等发动的“公车上书”与“民国”成立后八年多掀起的五四运动比较一下，就可以看到人们在思想深处已发生多么深刻的变化。

当然，辛亥革命也存在严重弱点：它没有科学理论的指导，没有反帝反封建的明确纲领，许多人把推翻清朝看作革命已经成

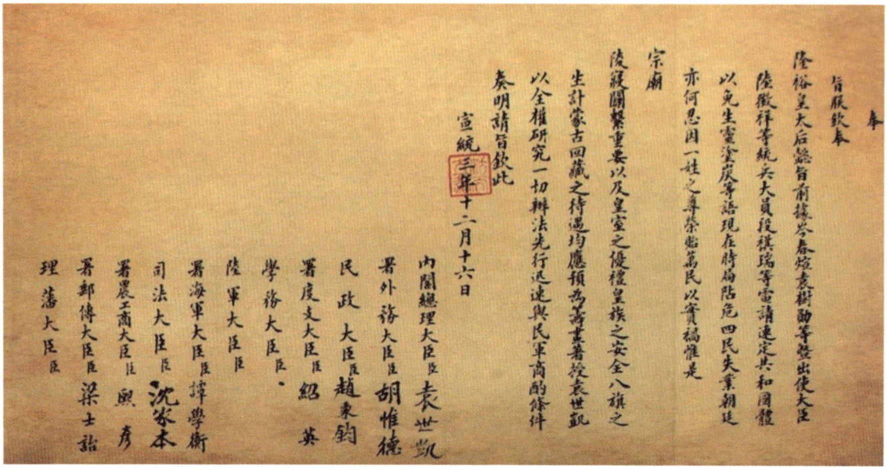
奉
旨覽欽奉
隆裕皇太后懿旨前據岑春煊袁樹勛等暨出使大臣
陸徵祥等統兵大員段祺瑞等電請速定共和國體
以免生靈塗炭等語現在時局阽危四民失業朝廷
亦何忍因一姓之尊榮貽萬民以實禍惟是
宗廟
陵寢關繫重要以及皇室之優禮皇族之安全八旗之
生計蒙古回藏之待遇均應預為籌畫著授袁世凱
以全權研究一切辦法先行迅速與民軍商酌條件
奏明請旨欽此
宣統三年十二月十六日
內閣總理大臣臣袁世凱
署外務大臣臣胡惟德
民政大臣臣趙秉鈞
署度支大臣臣紹英
學務大臣臣
陸軍大臣臣
署海軍大臣臣譚學衡
司法大臣臣沈家本
署農工商大臣臣熙彥
署郵傳大臣臣梁士詒
理藩大臣臣

清帝逊位诏书

功结束，从此步入消极和涣散。辛亥革命能够取得一定成功的重要原因，是在会党和新军中做了一点群众工作，但它并没有依靠和发动广大群众，特别是占中国人口绝大多数的底层劳动群众，因而在帝国主义和军阀势力面前就显得软弱无力，急于寻求妥协和退让；它们又没有形成一个坚强的核心力量来带领人们前进，而是在革命取得一定成果后便各奔前程，因此有“革命军兴，革命党消”的说法。

辛亥革命对中国共产党的诞生产生了哪些影响？我们可以看看事实。中国共产党的领导人中，年长的如林伯渠、董必武、吴玉章、朱德等都曾是孙中山领导的中国同盟会成员，年轻些的毛泽东、周恩来、刘少奇等都曾先后受到过辛亥革命很大影响。他们从辛亥革命中打开眼界，提高了对救国和民主的认识，以后又看到辛亥革命中的弱点，继续探索前进，最后成为中国共产党的

1905年7月30日，孙中山邀约各省有志革命的留学生和日本志士70余人，在东京赤坂桧町三番召开中国同盟会筹备会议

党员和领导人。

路就是这样一步一步走过来的，是一个台阶一个台阶向上攀登的。

采访组：道路决定命运。您在《生死关头》这本书里呈现了中国共产党在一些重大历史关头的道路抉择。请您谈谈道路的重大意义。我们拥有道路自信的根据和由来是什么？

金冲及：理想是预期的目标，道路就是怎样走才能达到预期目标。你如果想从武汉到北京，却选了一直向南走这条道路，那只会越走离北京越远，如果不及时回头，走上正路，那就永远达不到预期的目标，所以说，“道路决定命运”。

但是选择正确的道路实在不容易，必须清醒地辨明自己原来所处的方位，了解前进中会遇到哪些不容易绕开的障碍，把情况弄清楚，做好应对的准备。对从来没有走过的路，更要小心谨慎，边摸索边前进。当走到三岔路口时，面对多种选择，又要不受一时有吸引力的次要因素或假象迷惑而走上歧路。即便有时走错了，也要及时省悟，回转头来，并且从中得到教训，不再犯类似错误。这样，就会越走越聪明，越走越顺畅。用今天的话叫作“摸着石头过河”，最终达到预期的目标。

对中国共产党来说，初心和使命就是为中国人民谋幸福、为中华民族谋复兴。从党的诞生起，就确定了共产主义的理想和目标。隔了短短一年，中共二大分析中国社会情况，就确定中国革命要分两步走，当前的目标是反帝反封建。对中国的实际国情有了新的认识，就比过去大大前进一步，从而迎来第一次大革命的高潮，开创了一个新的局面。这以后，由于对中国革命的复杂情况认识不足和“左”右倾错误思想的干扰，道路走歪了，就先后遭遇大革命失败和第五次反“围剿”斗争失败两次严重挫折，不少人以为中国共产党从此翻不了身了。但中国共产党依靠自己的力量纠正了这些错误，形成以毛泽东同志为核心的中央领导集体，取得抗日战争的胜利，创造性形成“农村包围城市、武装夺取政权”的正确道路，经过惊心动魄的顽强斗争，终于在不太长

中国共产党第二次全国代表大会会址，上海南成都路辅德里 625 号

的时间内取得中国民主革命的完全胜利，建立了中国历史上从未有过的由人民当家作主的中华人民共和国。这自然使中国人民对中国共产党选择并实现的道路充满自信。

新中国的诞生，标志着占世界人口1/4的中国人从此站起来了，成为国家的主人，真正做到“换了人间”。接着，在几年内又建立起社会主义基本制度，在中国大地上展开规模空前的社会主义建设。这以后，由于缺乏经验，急于求成，走了一些弯路，使人们直到今天回想起来仍深感痛心。但中国共产党依靠自己的力量，在人民群众全力支持下，自我吸取沉痛的教训，纠正错误。1978年12月，党中央召开十一届三中全会，以邓小平同志为核心的中央领导集体，作出了把工作重心转移到经济建设上来的战略决策。40多年来，中国的发展和改革取得举世震惊的巨大成就。中国人民正是在实践中亲身经历过，有了丰富的经验和惨痛的教训，才懂得了许多根本道理，因而能充满自信地沿着选定的这条成功道路努力，为实现这个崇高目标而奋斗。

采访组：革命和改革是中国近代史的两个关键词，中国共产党的历史也可以理解为中国共产党领导人民进行革命、建设和改革的历史。如何理解中国共产党领导的革命和改革的历史必然性？两者之间有怎样的联系？它们之间的共同点和不同点又是什么？

金冲及：在近代中国，革命和改革，目的始终是为中国人民谋幸福、为中华民族谋复兴，这是它们始终一贯的共同点。它们又是一个前后相续、无法绕开的发展过程。不同的历史阶段，自然有不同的使命和条件，这也许是它们之间的不同点。

马克思主义告诉我们，必须一切从实际出发。看看近代中国的实际情况，事情就十分清楚：当国家的命运还不掌握在中国人民自己手里的时候，当统治中国的反动势力拒绝一切根本社会变革、帝国主义正在加紧侵略中国并且企图灭亡中国的情况下，进行大规模现代化建设只能是一句空话。如果事情真能用和平的办法来解决，如果这条路还有一点希望能够走通，怎么还会有那么多人奋起革命，不惜抛头颅、洒热血，作出巨大的牺牲呢？千百万人奋不顾身投身革命，绝不是任何人想这样做便能这样做的，而是由深刻的社会原因造成的。

尽管革命要付出巨大代价，但它在一个不长时间内对阻碍社会发展的旧事物所起的扫荡作用，是平时多少年也无法比拟的，从而为以后经济社会的迅速发展开辟了广阔的道路。对此，中华人民共和国成立后的历史进程作出了最有力的说明。

在中国近代历史中，革命和现代化不是对立的。革命的目标是建成一个社会主义现代化强国，而现代化需要革命为它扫清障碍，创造必要的前提。急风暴雨式的革命通常是人民被反动统治“逼上梁山”而作出的万不得已的选择。这是一种正确的选择，舍此没有其他办法可以从根本上改变人们已无法忍受的旧秩序和旧生活。我们决不能以后者而否定前者，也不能以前者而否定后者。

采访组：您的少年时代在国民党统治区度过，对白色恐怖有切身体会，但您却不顾个人安危，在人生的关键时刻选择了马克思主义、加入共产党，参加了国统区的学生运动。您是解放战争时期第二条战线的亲历者、参与者。您能跟我们谈谈这些经历吗?

金冲及：新中国成立前，我是一个青年学生，经历简单，讲讲这段经历，只能作为一个例子，向今天的青年介绍一点当年国民党统治区一部分青年学生思想变化的实际情况。

我出生和成长在上海的租界内，太平洋战争发生后，那里就变成日军占领的沦陷区。抗战胜利时，我14岁，是高中二年级的学生，对国民党当局政府从重庆重回上海，感到的是国土重光，内心充满了兴奋和期望。最初的希望越高，失望带来的愤怒就越

国民党统治时期的上海租界

强烈。现实是无情的，这种希望在短短几个月内就完全破灭了。国民党当局的腐败不堪令人吃惊，他们的接收被称为“劫收”。物价飞涨，民怨沸腾。更令人强烈愤慨的是，国民党当局坚持内战，国民党的特务横行，做了很多坏事。1946年，反对内战的李公朴、闻一多两位教授在昆明先后被特务军警暗杀，震动了全国。我本来是要安心学习的，但对这样的事怎么能无动于衷！我的同班同学、复旦中学地下党支部书记何志禹后来告诉我，他就是看到在我宿舍枕边放着关于李闻惨案的书，才开始接近我，带领我参加了反饥饿反内战的抗议罢课活动。后来我加入党组织，直接同何志禹有关。那个时期，我读了很多进步书籍，自己的思想越来越倾向共产党。

1947年，我进入复旦大学史地系（后来改为历史系）学习。那时我才16岁，去了才两三个月，就发生了浙江大学学生自治会主席于子三（副主席是地下党员谷超豪）被国民党当局逮捕后杀害的惨案，当局还说他是自杀。同学们极为愤慨，宣布罢课，并在校内组织有一半同学参加的抗议游行，我都参加了。接着，又参加了救助每天都有冻死街头的难民的救饥救寒的运动，参加了集结在上海外滩英国总领事馆门外的抗议英方拆毁九龙城事件的示威活动。这些都是一个有爱国心和正义感的青年学生无法不投入的。我还和一些同学组织读书会，逐章逐节学习进步书籍。

对我刺激更大的是发生在1948年1月的同济大学“一·二九”事件。同济同复旦离得很近，是救饥救寒运动的发起者。校方竟无理开除100多名学生。同济同学准备坐火车到南京请愿（那时

国民党统治时期物价飞涨，民众在领救济品

同济地下党的书记是乔石）。复旦去了几百名同学声援。国民党当局竟集结军警阻拦，还有马队和铁甲车，上海市市长吴国桢也去了。相持到下午，军警的马队突然向密集在路上的学生群冲过来，并且用马刀乱砍，伤了好几个人。同学们退到同济大学礼堂举行抗议晚会，军警又冲入礼堂将同学们赶到广场上，分堆坐在水泥地上。那时是严冬的寒夜，每堆学生周围是一圈军警，他们端着上了刺刀的枪。当时我的感觉就像电影中“鬼子进村”那种情景。直到深夜一两点钟，才由武装军警拿着枪将我们押送回校。

这以后不久，复旦大学地下党便把我发展入了党。那时我17岁，开始了政治上的新生命。8、9月间，国民党军警拿着一个30多人的名单到复旦抓人，我也在名单上，但恰好不在学校。国民党特种刑事法庭便以“扰乱治安、危害民国”的罪名对我和其他一些同学宣布通缉。我向来性格温和，连我母亲都吃惊我怎么会被通缉。后来，党组织为了保护我，要我先隐蔽起来，直到上海解放，才根据组织决定回到复旦大学。

采访组：刚才您谈到李公朴、闻一多烈士，他们的战斗精神和杰出贡献令我们深深感佩。写一部中国共产党的历史，不能忽略和缺少为中国革命牺牲、为新中国建设作出重大贡献的党外朋友。他们同中国共产党并肩战斗、亲密合作，这种特殊关系在各国政党史上并不多见。请您谈谈这种关系是如何形成的。

金冲及：你们讲得很对。写一部中国共产党的历史，不能忽略和缺少为中国革命牺牲、为新中国建设作出重大贡献的党外朋友。胡乔木同志曾郑重告诫我们，写党史时决不能忘了他们。

实现中华民族伟大复兴，是中国各族人民共同的梦想，也必须是全国各族人民共同努力才能实现。中国共产党是领导我们事业的核心力量，没有中国共产党，国家就会失去正确的前进方向，就不能凝聚全国人民成为万众一心的历史力量去夺取革命、建设、改革事业的胜利，而会陷于四分五裂、一事无成的境地。如果没有中国共产党和广大党外人士肝胆相照、荣辱与共的紧密合作，也不可能实现这个目标。

这是一个长期不变的方针。毛泽东在延安整风时提出的整顿“三风”，就有一条反对宗派主义，包括党内和党外。他说：“国事是国家的公事，不是一党一派的私事。因此，共产党员只有对党外人士实行民主合作的义务，而无排斥别人，垄断一切的权利。共产党员是为民族、为人民谋利益的政党，它本身决无私利可图。它应该是受人民的监督，而决不应该违背人民的意旨。它的党员应该站在民众之中，而决不应该站在民众之上。”

毛泽东接着以斩钉截铁的语言说道：“共产党的这个同党外人士实行民主合作的原则，是固定不移的，是永远不变的。只要社会上还有党存在，加入党的人总是少数，党外的人总是多数，所以党员总是要和党外的人合作。”

他还说过：“党要听党外人士的意见，党员只是百分之一，我们要听百分之九十九人士的意见。共产党的作用，就是要集中人民的意见，作出决议，并坚持下去。”他还说：“我们没有排斥党外人士的权利，只有同党外人士合作的义务。必须规定许多办

1949 年 5 月，毛泽东在北京香山双清别墅会见党外民主人士柳亚子

法来实现党与非党人士合作。”

这个原则无论在革命、建设、改革各个时期都是如此，是永远不变的。

事实上，在党外人士中也有许多人赞成社会主义、热爱祖国、有知识、有智慧、品德高尚，他们对中华民族作出过重要贡献。像宋庆龄、邹韬奋、茅盾这些很长时间不是共产党员的人不用多说了，我只想举几位我的老师作为例子。

长期担任复旦大学校长也是复旦中学校长的李登辉博士，原是美国耶鲁大学毕业的爱国华侨。回国后，几十年内一直把自己的全部精力和心血献给祖国的教育事业。许多人说：如果没有他，就不会有以后的复旦大学。从五四运动以来，他一直支持学生的爱国运动，有些学生被学校开除后，他把这些学生接收到复旦大学来读书。我在复旦中学读书时，经常看到这位老人扶拐棍在校园里散步。1947年，南京发生学生因参与反饥饿反内战运动而惨遭军警镇压的五二〇事件，同在上海徐汇区的交通大学同学到复旦中学来介绍事件经过，进行鼓动。复旦中学的同学决定罢课抗议，还派代表到老校长家去征求他的意见。代表回来后，我问，校长怎么说？他们告诉我，李校长只说了几句话：国家搞成这个样子，你们学生不出来讲话，谁来讲话？即便没有交大同学来，你们自己也应该这样做。老先生的话给我留下了深刻的印象。70多年了，言犹在耳，我敢说这些大体上是当时的原话。李登辉先生确是一位值得尊敬的爱国老人，令人难忘。

周谷城教授担任过复旦大学史地系主任。反饥饿反内战运动后，国民党撤销了他的系主任职务，但他的政治态度没有一点改变。记得1948年反美扶日运动时，有些人散布一种舆论：你们是学生，应该好好学习，不要去参加这些活动。但是，周先生在一次学生集会上讲话说："你们第一是中国人，第二才是学生。"这话也给我留下很深的印象。上个世纪80年代，我见到他时，他还亲切地对我说："我是看着你长大的。"

周予同教授在1947年曾在复旦大学教过我"中国通史"课程。他也是一位有着强烈正义感的学者。蒋介石发动"四一二"大屠杀时，他和郑振铎、胡愈之等七人，不顾个人安危，给蔡元培、吴稚晖等写信，愤怒地叙述国民党军队对徒手群众肆行大屠杀的经过，并且说："此为昨日午后宝山路所目睹之实况，弟等愿以人格保证，无一字之虚构。"他始终坚持这种正义立场，在1948年给我们上课时说："我血腥故事看得太多了。""他们要独裁就独裁，要专制就专制，何必还要说什么三民主义？"讲后，他还重重地拍了桌子。这是我当时记在日记里的。

革命胜利后，我们又怎能把这些充满爱国心和正义感的党外人士遗忘掉呢？

新中国成立后，无数爱国人士和广大群众对祖国的建设和改革作出的历史性贡献，更不需要多说。改革开放后，党中央对同党外人士的关系，又提出了八个字："肝胆相照，荣辱与共"，是完全正确的。

采访组：习近平总书记说过"改革开放是我们党的历史上一次伟大觉醒"，请您为我们讲一讲这次伟大觉醒的历史经过。

金冲及：实行改革开放，是新中国成立以来党和国家历史上具有深远意义的伟大转折。以1978年12月召开的党的十一届三中全会为新的起点，在40多年里，中国走过了许多发达国家两三百年所走过的路，走出一条中国特色社会主义道路。这在人类历史上是前所未有的奇迹。取得这样的成就极不容易，它是以党和人民的伟大觉醒为先导。

大家很容易想起邓小平在十一届三中全会前所讲的那番话，随后形成了全会主题报告。他说："一个党，一个国家，一个民

人民日报

RENMIN RIBAO

1978年12月24日 星期日

农历戊午年十一月廿五 第11125号

让我们更加紧密地团结在毛泽东思想的旗帜下，团结在以华国锋同志为首的党中央周围，为根本改变我国的落后面貌，把我国建成现代化的伟大社会主义强国而奋勇前进！

中国共产党第十一届中央委员会第三次全体会议公报

中国共产党第十一届中央委员会第三次全体会议公报

（一九七八年十二月二十二日通过）

《人民日报》1978 年 12 月 24 日刊登党的十一届三中全会公报

族，如果一切从本本出发，思想僵化，迷信盛行，那它就不能前进，它的生机就停止了，就要亡党亡国。”“在党内和人民群众中，肯动脑筋、肯想问题的人愈多，对我们的事业就愈有利。”这是极大的思想觉悟，是关系到党和国家前途命运的问题。

这以后，全党和全国人民解放思想，坚持实事求是、一切从实际出发的精神，大胆地迈开步子，探索前进。改革，没有现成的经验可作借鉴，一切只能在实践中探索，对的就坚持，不对的就及时改正，做得不够的就加以补充，遇到新情况新问题就加紧研究。如此一步一步前进。

看看党的历次全国代表大会提出并解决的问题，不难看到中国的改革开放是怎样在探索中一步步前进的。这里只是举几个例子。

党的十三大指出，我国正处在社会主义初级阶段，社会主义初级阶段是很长的历史发展过程，我国的一切工作都要以这个基本国情为出发点，必须坚定不移地执行“一个中心、两个基本点”的基本路线。党的十四大确定建立社会主义市场经济体制，取代过去实行多年的高度集中而忽视市场作用的计划经济体制。党的十五大把坚持公有制为主体、多种所有制经济共同发展作为我国社会主义初级阶段的基本经济制度确定下来，并把非公有制经济确定为社会主义市场经济的重要组成部分，同时提出依法治国，建设社会主义法治国家。党的十六大提出全面建设小康社会和转变经济发展方式的任务。

2017年10月，习近平总书记在党的十九大报告中旗帜鲜明指出：“大会的主题是：不忘初心、牢记使命，高举中国特色社会主义伟大旗帜，决胜全面建成小康社会，夺取新时代中国特色社会主义伟大胜利，为实现中华民族伟大复兴的中国梦不懈奋斗。”并且宣布：“中国特色社会主义进入新时代，我国社会主要矛盾已经转化为人民日益增长的美好生活需要和不平衡不充分的发展之间的矛盾。”中国特色社会主义的事业正以一往无前、不可阻挡的姿态大踏步地向前推进。

事实充分说明，中国的改革一直是在通过确立新的经验、采取新的措施而不断推进和深化的。中国的社会主义制度一直是在通过确立新的体制机制而不断完善和发展的。这也是中国特色社会主义事业能够取得巨大成功和举世瞩目成就的重要的政治和制度保证。

永远铭记毛泽东的历史功勋

采访对象：逄先知，1929 年 10 月生，山东胶州人。1950 年华北人民大学毕业后到毛泽东身边工作，前后 16 年。曾任中共中央文献研究室主任，中国毛泽东诗词研究会会长，全国党史研究会第二、三届副会长，第八届、第九届全国人大常委会委员。参与编辑《毛泽东选集》《毛泽东文集》《毛泽东著作选读》《毛泽东农村调查文集》《邓小平文选》等。共同主编《毛泽东传》《毛泽东年谱》。合著《毛泽东的读书生活》。出版《逄先知文丛》共 4 册。

采 访 组：尹晓徽　储峰　陈思　陈航

采访方式：书面采访

采访时间：2021 年 3 月 12 日

采访组：逄老，您好！从20世纪50年代开始，您为毛泽东管理图书报刊16年，是毛泽东读书生活的亲历者。请您讲讲毛泽东的读书故事，谈谈他读书的特点。

逄先知：毛泽东是伟大的革命家，也是学识渊博的学问家。孜孜不息的读书生活伴随着他的一生，和他的革命生涯紧紧联系在一起。我从1950年冬到1966年夏，为毛泽东管理图书报刊，直接和间接地了解到他读书生活的一些情况，给我留下许多深刻印象。

一是酷爱读书，不知疲倦、效率极高。在我接手工作不久，毛泽东就提出，要把解放前商务印书馆和中华书局出版的所有图书都给他配置起来。这个要求显然难以实现，后来实际上也没有做到，但充分反映了他对书的酷爱，对知识的热爱。当时毛泽东的书总共不到十个书架，经过十几年建设，在我离开时，他的藏书已达几万册，建成了一个门类比较齐全，又具有他个人特点的藏书室。但这仍不能满足毛泽东的需要。他还经常要我们向一些图书馆替他借书。1958年夏，北京图书馆换发新的借书证，我们特地给他办了一个。北图的同志出于对毛泽东的敬重，把他的借书证编为第一号。

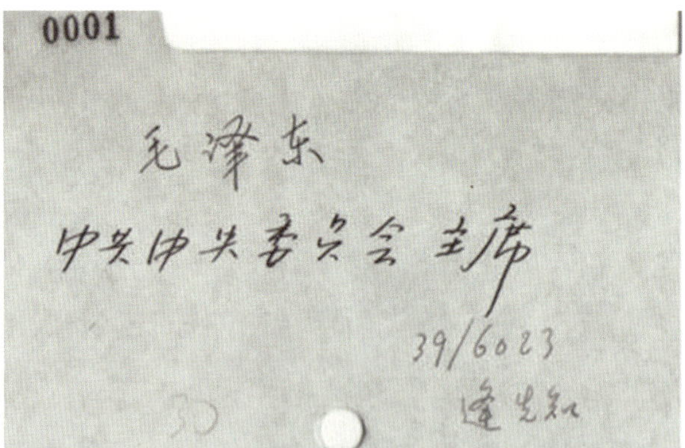

毛泽东的一号借书证

毛泽东跟书籍可以说是形影不离。在他的卧室里，办公室里，游泳池休息室里，北京郊外住过的地方……都放着书。每次外出也带着书，在外地还要借一些书。杭州、上海、广州、武汉、成都、庐山等地的图书馆，都留下了毛泽东借书的记载。他读书忘记睡觉、忘记吃饭，是常有的事。他曾经号召我们的干部，要养成看书的习惯，使看书占领工作之外的时间。他要求别人做的，自己首先做到了。

毛泽东的工作效率很高，读书效率也很高。他有过人的精力和惊人的记忆力，加上深厚的知识基础和丰富的实践经验，所以读得快，记得牢，理解得深。不论是讲话还是著述，引用古典，信手拈来，运用自如。毛泽东给人一个很深的印象，就是不论读书、看文章，还是同别人谈话，都能迅速准确地抓住要点，抓到问题实质。例如《毛泽东选集》第四卷最末几篇评美国白皮书的文章。在1949年8月5日白皮书发表后一个多月的时间内，毛泽东就连续发表《丢掉幻想，准备斗争》等5篇评论文章。他抓住并针对白皮书的一些要害处，揭露美国当时对华政策的帝国主义性质，批评国内一部分人对美国的幻

毛泽东在读书

想，并对中国革命的发生和胜利的原因做了理论上的说明。再举一个小例子。有一次，他要看《拿破仑传》，选了几种翻译过来的本子。跟他一起读的同志一本还没有看完，他三本都看完了，所记得的内容还比别人多得多。

晚年的毛泽东，身体衰老了，视力减退了，但读书学习的渴望丝毫未减，追求知识的欲望不见低落。到1976年，他还要阅读英国人李约瑟著的《中国科学技术史》(一至三卷)。他最后一次读书的时间是1976年9月8日，也就是临终前那一天的5时50分，是在医生抢救的情况下读的，共读了7分钟。这位伟大的革命家兼学问家，几乎是在他的心脏快要停止跳动的时候，才结束他一生中从未间断过的读书生活。

二是博览群书，对知识追求永无止境。毛泽东读书的范围十分广泛，涉及古今中外、各个学科。就哲学来说，不但读马列主义的哲学著作，也读中外哲学思想史、逻辑学、美学、宗教经典等。代表中国几个佛教宗派的经典，以及研究这些经典的著述，他都读过一些。哲学刊物上发表的讲禅宗哲学思想的文章，毛泽东几乎都看。他阅读宗教经典，既作为哲学问题来研究，也当作群众工作问题来看待。他说："我赞成有些共产主义者研究各种教的经典，研究佛教、伊斯兰教、耶稣教等等的经典。因为这是个群众问题，群众有那样多人信教，我们要做群众工作，我们却不懂得宗教，只红不专。"再以科学技术书为例。从各门自然科学、自然科学史，再到某些技术书籍，毛泽东也广泛涉猎，而对生命科学、天文学、物理学、土壤学最有兴趣。毛泽东说，一个人的知识面要宽一些。他经常用这句话教育在他身边工作的同志。1957年他亲笔写信给他的秘书林克，要他“钻到看书看报看刊物中去，广收博览”。

毛泽东有一个习惯，每到一个地方，必先做两方面的调查。一是向人做调查，询问当地的政治、经济、文化、人民生活等现实情况；二是向书本做调查，了解当地的历史情况、地理沿革、文物掌故、风土人情以及古人写的有关当地的诗文。1958年3月，毛泽东首次到成都，主持中央工作会议。一到这个蜀汉古都，立即要来《四川省志》《蜀本纪》《华阳国志》阅读。此后，又要来《都江堰水利述要》等地方志书籍，还在书上批、画、

毛泽东在读书

圈、点。毛泽东生前多次到杭州，工作之余，常常借阅当地的地方志、当地古人的文集和诗集。

毛泽东的读书习惯几乎渗透到他生活的各个方面。或者探讨一个问题，或者参观了一个展览会，或者得悉科学技术上有什么新的重大发展，以至看了一出戏，往往都要查阅有关书籍，进一步研究和学习。1958年7月2日，毛泽东在中南海瀛台参观一机部的机床展览，回到住所，就要我们给他找两本书：《无线电台是怎样工作的》《1616型高速普通车床》，这是他在参观时看到的。1959年1月2日苏联发射了一枚宇宙火箭，6日他就要了几本关于火箭、人造卫星和宇宙飞行的通俗读物。

毛泽东很重视工具书，我们也很注意为他收集这类图书。在他的藏书室里，各种辞书和地图等工具书是相当齐全的。他使用最多的是《辞海》《辞源》《中国地图》《世界地图》《中国历史地图》。1957年，他在北京见到《辞海》的主编之一舒新城时说：现在这部书太老了，比较旧，希望修订一下。新的《辞海》出版后，毛泽东要身边工作的一位同志将它跟旧《辞海》一条一条对照，看看新《辞海》有什么优点，与旧《辞海》有什么不同。“工欲善其事，必先利其器。”好的工具书，确为读书提供了便利条件，有时甚至是不可缺少的条件。毛泽东从长期的读书生活中深深感到编好工具书的重要性。

毛泽东学识渊博，但他总觉得自己的知识不够。他碰到不懂的东西，或者读一些有关的通俗小册子，或者请教专家，或者查工具书。在读书学习上，毛泽东无止境地追求着，一步一步地开拓自己的知识领域。

三是始终坚持不懈、孜孜不倦地阅读和研究马列著作。毛泽东最重视研读马恩列斯的基本著作，有的不知读过多少遍。他从1920年读《共产党宣言》起，从未停止过对马列著作的阅读和研究。1964年3月，他对一个外国代表团说，自己“是在马背上学的马列主义”。长征路上，毛泽东患病躺在担架上时还读马列的书。红军到了毛儿盖，没有东西吃，肚子饿，但他读马列书仍不间断，令人感佩不已！

毛泽东读马列著作的特点是，密切联系实际、有重点地、认真反复地读。为解决中国革命和建设中的实际问题而读，这是毛泽东读马列著作的根本方法。比如，毛泽东尤其喜欢读列宁的著作。这是因为毛泽东要从列宁的著作中寻找关于殖民地半殖民地国家进行民主革命，以及由民主革命向社会主义革命转变的理论。再比如，在党的工作重心转到大规模经济建设上来时，1954年毛泽东又一次阅读《资本论》，以后又多次读《政治经济学批判》《列宁有关政治经济学论文十三篇》等经济学经典著作。1958年的“大跃进”中，出现了一种否定商品生产的极左思潮。为了从理论上解决这个重大问题，毛泽东下功夫研究斯大林的《苏联社会主义经济问题》。据我看到的，经他批注的就有4个本子。他还在第一次郑州会议上做了长篇评论。毛泽东的批注和评论，紧密结合中国当时的实际情况，着重阐述了社会主义条件下发展商品生产的必然性。

毛泽东非常重视用马克思主义基本理论教育干部，大力提倡干部读马列著作，提高理论水平。毛泽东在中共七大号召全党学习《共产党宣言》等5本马列著作；在七届二中全会上又规定党员干部必读的12本马列主义著作。直到1963年，毛泽东又提出高级干部学习30本马列著作的意见。他说，要有计划地进行，在几年内读完几十本马列的书。要有办法引起高中级干部读书。

毛泽东重视阅读马列著作，但更重视在实践中运用和发展马列主义。他反对死读马列的书，生搬马列主义教条，反对抽象地无目的地研究马列主义，反对用静止的孤立的观点对待马列主义，提出“马克思主义中国化”这一极其重要而具有无限生命力的命题。毛泽东对马列主义基本原理的信念是坚定不移的，但又不受马克思主义的一些个别论断所束缚。他善于从中国实际出发，在马克思主义基本原理指导下，大胆提出新的科学论断和理论观点。

四是嗜爱中国古书，批判地汲取和继承中国古代的优秀文化。中国古书，从经史子集到稗官小说，毛泽东几乎无所不读。其中毛泽东对中国史书读得最多。我记得在1952年给他添置了一部大字本的《二十四史》，这就是一些人熟知的毛泽东经常阅读并做了大量圈画和批注的那部《二十四史》。4000万字左右的《二十四史》他通读了，有些部分不止读过一遍。《资治通鉴》《续资治通鉴》《纲鉴易知录》、各朝纪事本末等，也都通读了。毛泽东在1958年时曾说：“读历史的人不一定是守旧的人。”毛泽东更喜欢阅读历史上那些起过进步作用的、对旧势力旧制度具有反叛性格的革新者、改革家和革命家的著作，以及他们的传记。

这从一个侧面反映出毛泽东不断前进，不断创新，不断探索新道路、开拓新世界的精神面貌。

在诗词方面，自《诗经》以下我国历代的诗词曲赋，毛泽东差不多都广泛地阅读过，能全文背诵的不计其数。其中比较喜欢的是《楚辞》、唐诗、宋词和元曲。毛泽东对于古书内容的研究和理解，在许多方面为一般学问家所不及。对于中国古代文化，像他那样熟悉的，不仅在中国共产党领导人中，就是在近代的革命家中都是不多见的。毛泽东通过潜心阅读大量中国史书、古典小说、诗词曲赋等，不仅批判地汲取了丰富的思想营养，也在文风上吸收了他们的优良传统。所以他能够成为一代杰出诗人和语言大师，写出大量具有中国的民族形式和民族气派的马克思主义著作。

根据我长期接触毛泽东读古书的情况和大量的文献资料记载，我认为他读古书有两个显著特点：一个是用历史唯物主义的观点阅读和解释中国古书的内容，我把它称作“古籍新解”；另一个是汲取古书中的精华，有的赋予新的含义，为现实斗争服务，就是“古为今用”。

五是重视读报，把报刊作为了解国内外情况和学术理论动态的重要渠道。毛泽东有时把读报看得比读书更重要、更紧迫。延安时期毛泽东就说过，“一天不读报是缺点，三天不读报是错误”。毛泽东重视读报，我自己是有亲身体会的。大概是1951年，有几次因为没有把当天收到的报纸及时送阅，毛泽东不高兴了，说：“我是要看新闻，不是要看旧闻。”这个严肃的批评一直印在我的脑子里，鞭策着我后来的工作。

全国解放后，毛泽东每年订阅的报刊，包括出版社赠送的有好几十种，不只是哲学和社会科学的，还有文学的、自然科学的。上至天文、下至地理，以至讲琴棋书画之类的报刊文章，都在他喜爱或涉猎之列。1956年他开始考虑适当摆脱一些政务，用更多的时间研究理论问题，特别是从1958年起，我们又给他增订了全国几个主要高等院校出版的综合性的学报或社会科学方面的学报。

毛泽东阅读报刊也是有所侧重的。每天必读的报纸有《人民日报》《光明日报》《文汇报》《大公报》《解放日报》《工人日报》

毛泽东阅读《人民日报》

《中国青年报》《天津日报》等。经常看的杂志主要有《哲学研究》《历史研究》《新建设》《文史哲》《经济研究》《红旗》《学术月刊》《文艺报》《诗刊》《文物》《科学画报》等。他最喜欢读的是有关哲学、历史、中国古典文学的文章。

毛泽东对报刊上有争论的问题尤为关注，有时为了研究一个问题，还召集有关专家和人员共聚一堂，进行自由的、无拘束的交谈和讨论。同阅读书籍一样，毛泽东阅读报刊也常常写批注，表达自己的见解，有的还批给别人看。毛泽东还注意根据报刊文章中的合理意见，纠正工作中的缺点和错误。1958年，全国掀起了除四害（老鼠、麻雀、苍蝇、蚊子）运动。对于应不应该消灭麻雀，科学界有不同的意见，在刊物上展开了对这个问题的讨论。毛泽东要我们把不同观点的文章收集起来送给他。毛泽东看了这些材料后，就在为中共中央起草的关于卫生工作的指示中，改变了消灭麻雀的决定，提出“麻雀不要打了，代之臭虫”。几天后在天津会议上，他重申了这个改变，说：“这两年麻雀遭殃，现在我提议给麻雀恢复‘党籍’。”科学界的意见对毛泽东的这个决定起了重要作用。

毛泽东把报刊作为了解国内外情况和学术理论动态的重要渠道，通过报刊了解国际情况和国际知识，成为作出重要决策的重要参考。一天几万字的《参考资料》是他每日必看的重要刊物，像读书一样圈点批画。毛泽东对国外情况的熟悉，使得一些著名外国记者为之惊讶。1960年，斯特朗在回忆他1946年同毛泽东的谈话时说：“美国发生的事有许多他知道的比我还详细。这使我惊讶”，“他像安排打仗的战略那样仔细地安排知识的占有”。毛泽东对纷繁复杂的国际形势的预见性和敏锐性，同他认真地、一天也不间断地阅读和研究大量相关的报刊书籍是分不开的。

六是提倡既读有字之书，又读无字之书，反对死读书、读死书。读无字的书就是向社会学习，向实际学习，向群众学习。毛泽东重视书本知识，也重视实际知识。他认为，社会和自然界是一个大学校，里边的东西学之不尽，取之不竭。他在1961年曾说过“想骑马跑跑两条大江”。“两条大江”就是指长江和黄河。1964年，年逾古稀的毛泽东真的准备要去实现这一愿望，他打算骑马沿黄河而上，直到黄河源头，对黄河两岸做一次系统的社会调查和自然考察。他还准备组建一个智囊团随行，吸收一些科学家参加。这件事虽没实现，却说明毛泽东追求实际知识、在广阔天地里读无字之书的强烈愿望至老不衰，当年邀同学少年游学的赤子之心犹在。

毛泽东常引用孟子的“尽信书，则不如无书”来强调不要迷信书本，读书不要盲从，要独立思考。他写的大量读书批语中，有很多新颖的见解和精辟的评论。毛泽东认为，读书既要有大胆怀疑和寻根究底的勇气和意志，又要保护一切正确的东西，既要勇敢，也要谨慎。毛泽东的早年同学周世钊，在谈到毛泽东青年时代的读书情况时说，他有“四多”的习惯，就是读得多、想得多、写得多、问得多。这个“四多”正反映了毛泽东酷爱读书又不迷信书本，具有独立思考和追根究底的精神。

采访组：您曾在文章中写到，毛泽东“把自己的一生都奉献给了中国革命和建设事业，为中华民族和中国人民作出了巨大贡献”。请您谈谈毛泽东的历史功绩，以及我们今天如何继承和发展毛泽东思想？

逄先知：习近平总书记在纪念毛泽东同志诞辰120周年座谈会上的讲话中说，毛泽东同志是伟大的马克思主义者，伟大的无产阶级革命家、战略家、理论家，是马克思主义中国化的伟大开拓者，是近代以来中国伟大的爱国者和民族英雄，是党的第一代中央领导集体的核心，是领导中国人民彻底改变自己命运和国家面貌的一代伟人。我认为这个评价是客观准确的。毛泽东所创建的历史功绩改变了中国近代历史发展的方向，改变了中华民族的命运，为中华民族伟大复兴奠定了基础、提供了保障。我们应当永远铭记毛泽东对党、国家、人民和民族所建立的不可磨灭的历史功勋。他的历史功绩可以概括为：创建了一个新中国、建设了一个先进的党、缔造了一支人民的军队、创立了一个科学理论。

创建了一个新中国，就是中华人民共和国。邓小平曾说：“没有毛主席，至少我们中国人民还要在黑暗中摸索更长的时间。”正是以毛泽东为主要代表的中国共产党人团结带领中国人民，经过长期艰苦卓绝的斗争，经历多次挫折和失败，在几次危急时刻力挽狂澜，最终取得新民主主义革命的胜利，创建了新中国。新中国的成立，不仅在中国近现代历史上是一个翻天覆地的大事件，在中国几千年的历史上也是一个划时代的大事

开国大典上，毛泽东宣布中华人民共和国中央人民政府成立

件。它推翻了帝国主义和封建主义的双重压迫和统治，彻底结束了近代以来中华民族的屈辱历史，把一个黑暗的旧中国，变成一个光明的、生机勃勃的新中国。

毛泽东为新中国确立了人民民主专政的国体，建立了一个根本的政治制度——人民代表大会制度，两个基本政治制度——中国共产党领导的多党合作政治协商制度和民族区域自治制度。毛泽东又适时创造性地用和平的方法实现社会主义的三大改造，建立了社会主义的基本经济制度。这些制度是总结历史经验、根据中国实际制定的，对于坚持社会主义道路、保障人民民主权利、保证社会长治久安、维护国家团结统一，起着决定性作用。

把中国建设成为一个文明、民主、富强的社会主义现代化国家，使中国走在世界前列，是毛泽东一生奋斗的目标。为实现这一目标，他在思想上、理论上和实践上进行了艰辛探索。尽管经历了诸多困难，走了不少弯路，终究在他和其他老一代革命家领导下，经过中国人民的艰苦奋斗，在不到30年的时间里，在旧中国一穷二白的基础上，建立了一个独立的比较完整的工业体系和国民经济体系。

毛泽东非常重视发展我国的科学技术，特别是尖端科学技术。当我国处于经济困难时期，在国防尖端技术是上马还是下马的关键时刻，毛泽东一锤定音："要下决心，搞尖端技术。"他说："国防尖端这个东西要切实抓一下，现在世界上没有这个东西，好像就不是一个国家，人家就不理你。"在这个战略思想指导下，我国在尖端科技方面取得了突出成就，填补了许多空白，同时培养了大批科技人才。20世纪80年代，邓小平就曾这样说过："如果六十年代以来中国没有原子弹、氢弹，没有发射卫星，中国就不能叫有重要影响的大国，就没有现在这样的国际地位。"

总体来说，新中国成立后的近30年间，不论在制度建设方面、经济建设方面，还是在科学技术方面所取得的成就和培养的人才，都为后来的发展提供了重要的制度保障、物质基础和

1964 年 10 月 16 日，中国第一颗原子弹爆炸成功

技术力量。

作为中华人民共和国的主要缔造者，毛泽东时刻警惕地捍卫国家的独立、统一、主权和领土完整，绝不允许任何国家侵害中国的安全和尊严。他敢于顶住来自任何霸权主义国家的压力，不管它是多么气势汹汹，彰显了中华民族刚强不屈的骨气。毛泽东为新中国制定的独立自主的和平外交政策和许多重大国际战略，

使新中国赢得了国际尊严，赢得了越来越多的朋友，彻底摆脱了旧中国那种“弱国无外交”的险恶处境。毛泽东在晚年提出三个世界划分的战略思想，团结了广大的亚非拉国家，与此同时，打开中美关系的大门，实现中日邦交正常化，恢复在联合国的合法地位，开创了中国外交的新局面，为我国改革开放和现代化建设事业创造了有利的国际环境。邓小平曾深情地说：“我们能在今天的国际环境中着手进行四个现代化建设，不能不铭记毛泽东同志的功绩。”

建设了一个先进的党，就是中国共产党。毛泽东不仅参与了中国共产党的创建，是党的创始人之一，更主要的是他根据马克思列宁的建党理论，紧密联系中国革命实际，形成了一套完整的中国共产党建党学说。早在抗日战争时期，毛泽东就提出，要把中国共产党建设成为一个全国范围的、广大群众性的、思想上政治上组织上完全巩固的布尔什维克化的党，并称之为“一件伟大的工程”。邓小平曾经作过这样的回忆，他说：“我们回想一下，正是根据毛泽东同志的建党学说，才建立了这样一个好的党。从延安整风以后，无论前方后方的人，真是生气勃勃，生动活泼，心情舒畅，团结一致。毛泽东同志建立的这个党，既能够充分发扬民主，充分发挥下面遵守纪律的自觉性，又能够在这样的基础上建立高度的集中。毛主席、党中央的命令、号召，谁不听哪！谁不是自觉地听哪！没有这样的党的风气，我们能够战胜比我们强得多的敌人吗？我们能够在建国以后，取得一个又一个的胜利吗？”

如果要把毛泽东的建党学说作一个概括，最主要的可以归纳成这样几条：关于党的工人阶级先锋队性质；关于全心全意为人民服务的根本宗旨；关于辩证唯物主义和历史唯物主义的世界观、方法论；关于共产主义的远大理想；关于实事求是的思想路线；关于民主集中制的组织路线；关于从群众中来到群众中去、集中起来坚持下去的工作路线；关于维护团结统一、维护中央领导权威、坚持集体领导的政治原则；关于进行两条战线的斗争，既反右，又反“左”；关于坚持“五湖四海”“德才兼备”“任人唯贤”的用人方针；关于理论联系实际、密切联系群众、批评和自我批评的工作作风；关于正确处理党内矛盾的原则和方法等。最后这一条，又包括：团结—批评—团结的公式；处理历史问题不应着重于一些个别同志的责任，应着重于当时环境的分析，当时错误的内容，当时错误的社会根源、历史根源和思想根源，实行惩前毖后、治病救人的方针，借以达到既要弄清思想又要团结同志这样两个目的，等等。而着重思想建党，则是毛泽东建党学说中最突出最鲜明的一个特点。

中国共产党在全国执政以后，所处的环境和面临的任务发生了根本变化。毛泽东高瞻远瞩，把注意力集中到防止中国共产党腐化变质、脱离群众、做官当老爷、形成一个贵族阶层的情况发生。这是毛泽东在新中国成立后一直十分关注的一件大事。新中国成立前夕，他就及时地提出“两个务必”，并告诫全党防备糖衣炮弹的攻击。他同党内出现的形形色色的官僚主义进行了不懈的斗争。他曾说过这样一句振聋发聩的话：“我们一定要把领导上的老爷式作风、官僚主义作风、命令主义作风，完全消灭得干干净净。”毛泽东多次说过，他最厌恶的是官僚主义，在老百姓面前摆官僚架子。邓小平曾指出：“不要‘做官当老爷’，要反对‘衙门作风’，这是毛泽东同志的一些根本的思想观点。”

毛泽东提出的关于党的建设的一系列重要原则和方针，使我们党从根本上区别于一切其他政党，而成为最先进最有战斗力的党。这些基本原则和方针，至今仍是我们党所遵循的，并在新的历史条件下，有所发展，有所创新。

缔造了一支人民的军队，就是中国人民解放军。毛泽东是中国人民解放军的创建人之一。这支军队开始的时候，是很弱小的，其主要成分是农民，又带有旧式军队的影响。要将这样一支军队改造并建设成用无产阶级思想武装起来的人民军队，其艰巨性是可想而知的。许多老一代革命家对军队的建设都曾作出过这样那样的贡献。但是，作出贡献最大、起着决定作用的是毛泽东。

为建设和培育这支军队，毛泽东耗费了大半生的心血。从三湾改编决定党的支部建在连上，制定三大纪律、六项注意，到古田会议总结建军两年多来的经验并作出决议，明确红军是一个执行革命的政治任务的武装集团，红军肃清了旧式军队的影响，完全建立在马克思列宁主义的基础上，真正成为人民军队。至此，毛泽东的建军路线基本形成。以后，经过抗日战争、人民解放战争，毛泽东的建军思想不断发展。全国解放后，又提出实现军队的革命化、正规化、现代化等。如果把毛泽东关于中国人民解放军的建军思想综合起来，可以归纳为这样几条：坚持党对军队的绝对领导；全心全意为人民服务是军队的唯一宗旨；政治工作是军队的生命线；军队必须执行严格的纪律和发扬勇敢战斗、不怕牺牲、不怕疲劳和连续作战的优良作风；军队要实现革命化、正规化和现代化。

在毛泽东建军思想的指导和培育下，在毛泽东亲自领导和指挥下，中国人民解放军由小到大，由弱到强，经过长期的艰苦卓绝的斗争，战胜了比自己强大得多的国内外敌人，解放了全中国（除台湾等岛屿）。这是一支听党指挥，与人民血肉相连，纪律严明，英勇善战的军队。当年人民解放军解放大上海，官兵不住民宅而露宿街头的事迹，被广为传颂。锦州那个地方出苹果，辽西战役时正是秋天，老百姓家里有很多苹果，我们的战士一个都不去拿。这个消息感动了毛泽东，他说“我们的纪律就建筑在这个自觉性上边”。这只是体现人民解放军性质、代表人民解放军形象的千千万万事例中的两个具体事例。这就是毛泽东思想武装起来的人民军队，这样的军队无敌于天下。

毛泽东深刻指出：没有军队，就没有政权；没有军队，就没有独立；没有军队，就没有自由；没有军队，谁同你讲平等。这里特别要提一下，毛泽东对建设空军和海军的重视和关怀。新中国成立之初，他就提出，我们不但要有一支强大的陆军，还要有一支强大的空军和一支强大的海军。他亲自点将组建这两支队伍。为了在实战中锻炼和提高年轻的空军队伍，毛泽东让他们到抗美援朝战争的最前线，同世界上头号强大的美国空军在战斗中较量，使我国空军的战斗力得到提高，涌现出一批战斗英雄。我国是一个海洋大国，有着一万八千多公里的海岸线。他说：“为了肃清海匪的骚扰，保障海道运输的安全；为了准备力量于适当时机收复台湾，最后统一全部国土；为了准备力量反对帝国主义从海上来的向我国的侵略，我国必须在一个长时期内根据工业建设发展的情况和财政的情况，有计划地逐步地建设一支强大的海军。”1953年2月，他到南方视察，在视察海军舰艇部队时说：“我们国家穷，钢铁少，海防线很长，帝国主义就是欺负我们没有海军。一百多年来，帝国主义侵略我们都是从海上来的，不要忘记这一历史教训。”他提出：“一定要把我国一万八千多公里的海岸线筑成海上长城和海上铁路。”后来，他又从发展远洋航运的需要出发，强调发展海军的重要性。他说：“海军发展值得研究，提出十年搞五十万吨位，这太少，最少搞一百万吨位。我们要和外国做生意，需要远洋船只，还可造军舰、飞机。要修水上铁路（造军舰）。”直到晚年，他仍惦记着海军建设问题。1975年他对海军司令员苏振华说：“管海军靠你，海军要搞好，使敌人怕，我们海军只有这样大。”毛泽东从汲取历史教训的角度，从海洋事业发展的角度，提出发展海军的紧迫性和必要性，这是一个极具前瞻性的战略考虑，对于军队建设和国防建设，对于国家的强大和经济的发展，都有着十分重要的意义。

改革开放时期，中国人民解放军的建设，继承了毛泽东确立的建军基本原则，不仅适应现代战争的需要，又有了很大发展。习近平总书记提出的新时期强军目标“听党指挥、能打胜仗、作风优良”，言简意赅、意义深刻，同样继承了毛泽东的建军基本原则，具有很强的现实针对性和指导意义。

创立了一个科学理论，就是毛泽东思想。上面讲的毛泽东的三大历史功绩同这个问题融为一体、密不可分。新中国是在这个理论指导下创立和发展起来的；中国共产党是在这个理论指导下成熟和壮大起来的；中国人民解放军是在这个理论指导下成长和强大起来的。毛泽东思想是指导中国革命胜利的一面旗帜，是一个博大精深的科学体系，包括政治、军事、经济、文化、统战、外交、党建、哲学等各个领域。《关于建国以来党的若干历史问题的决议》对毛泽东思想的内容归纳了六个方面：一、关于新民主主义革命；二、关于社会主义革命和社会主义建设；三、关于革命军队的建设和军事战略；四、关于政策和策略；五、关于思想政治工作和文化工作；六、关于党的建设。同时，又阐明实事求是、群众路线、独立自主为毛泽东思想的活的灵魂。

毛泽东把产生于欧洲的先进科学理论马克思主义，创造性地运用到中国这个农民占人口绝大多数的经济文化落后的东方大国，紧密结合中国实际，汲取中华文明之精华，创立了毛泽东思想，培育了马克思主义中国化道路上的第一个丰硕成果。它是毛泽东在长期的革命实践中，同党内外各种错误思想和倾向的斗争中，并集中集体智慧，逐步形成、发展和达到完全成熟的。这个理论，生长在中国这片土地上并已深深扎根在这片土地上。它具有独创性、彻底性、深刻性、严密性、实践性等特点，具有很强的说服力，又体现了新鲜活泼的、为中国老百姓所喜闻乐见的中国作风和中国气派。这个理论培养了一代又一代中国共产党人。

这个理论被广大人民群众所掌握，就变成改造和建设中国的巨大物质力量。

对待毛泽东思想的态度，是一个严肃而重大的政治问题，涉及党的指导思想，涉及党的光荣历史，涉及党能否团结一致地领导中国人民继续前进。所以，邓小平力主在《关于建国以来党的若干历史问题的决议》中把毛泽东思想这个问题写好。他说："不写或不坚持毛泽东思想，我们要犯历史性的大错误。"历史决议指出："毛泽东同志的重要著作，有许多是在新民主主义革命时期和社会主义改造时期写的，但仍然是我们必须经常学习的。这不但因为历史不能割断，如果不了解过去，就会妨碍我们对当前问题的了解；而且因为这些著作中包含的许多基本原理、原则和科学方法，是有普遍意义的，现在和今后对我们都具有重要的指导作用。因此，我们必须继续坚持毛泽东思想，认真学习和运用它的立场、观点和方法来研究实践中出现的新情况，解决新问题。"毛泽东思想仍是我们党的指导思想，是我们党、我们这个民族的极珍贵的精神财富。

对毛泽东的历史功过不仅要客观评价，而且对毛泽东思想还要坚持和发展，这也是邓小平讲的。如何继承和发展毛泽东思想，首先要搞清楚中国特色社会主义理论体系同毛泽东思想的关系。毛泽东思想和中国特色社会主义理论体系是马克思主义中国化的两大理论成果，是一脉相承的；后者是对前者的继承和发展，前者是后者的思想来源和理论基础，把两者割裂开来、对立起来是不可能的。中国特色社会主义理论体系，是沿着毛泽东开辟的马克思主义中国化道路，随着时代的变化和实践的发展而向前发展的。否定了毛泽东思想，中国特色社会主义理论体系就成了无源之水、无本之木；否定了毛泽东思想，中国特色社会主义理论体系就不是一个完整的理论体系，或者根本就不是中国特色社会主义理论体系了。

中国特色社会主义理论体系又是在否定毛泽东晚年错误的基础上继承和发展了毛泽东思想的。要把作为科学理论的毛泽东思想，同毛泽东晚年错误区别开来。毛泽东晚年的错误恰恰是背离了毛泽东思想。因此，对毛泽东思想的继承和发展，首先有一个纠正毛泽东晚年错误恢复毛泽东思想的问题，然后在这个基础上继承和发展，这是历史的逻辑的统一。

这里，应当特别指出的是，中国特色社会主义理论体系对毛泽东思想的发展，不是一般的发展，而是具有突破性的发展，它为实现社会主义现代化和中华民族伟大复兴的中国梦开辟了一条新路，这就是中国特色社会主义道路。

采访组：您讲到“中国特色社会主义理论体系是对毛泽东思想的继承和发展”，请您具体谈谈这一理论体系在哪些方面继承和发展了毛泽东思想。

逄先知：中国特色社会主义理论体系在不同层次、不同方面继承和发展了毛泽东思想。

第一个层次，是在世界观和方法论方面继承和发展了毛泽东思想。包括三个方面：实事求是的思想路线；一切为了人民群众、尊重群众首创精神的群众路线；坚持独立自主走自己道路的指导思想。实事求是是毛泽东思想的精髓和哲学基础，也是中国特色社会主义理论的精髓和哲学基础。在这个统一的哲学基础上形成了后者对前者的继承和发展，否则就失去了继承的可能性，自然也就谈不上发展。这是贯穿在毛泽东思想和中国特色社会主义理论体系中的一条红线。

群众路线包括两方面内容，一个是为人民服务的宗旨，一个是从群众中来到群众中去的工作路线。这两个方面都在中国特色社会主义理论体系中有鲜明的体现。一心一意为人民服务，善于尊重群众的首创精神，这是毛泽东的，也是中国共产党人一贯的态度和立场。

把马克思主义普遍原理同中国具体实践相结合，走自己的道路，这个思想最早是毛泽东提出的。中国的民主革命，根据这个思想搞成功了；社会主义改造，根据这个思想也胜利实现了。社会主义改造基本完成后，毛泽东开始探索一条中国式的建设社会主义的道路，提出了许多有价值的思想。由于各种局限，他没有寻找到一条建设社会主义的成功道路，但他的探索精神，他反对一概地照搬外国经验，坚持独立自主走自己道路的思想，是十分可贵的。党的十一届三中全会以后，邓小平在纠正毛泽东探索中的失误的同时，继承了他的探索精神和坚持独立自主走自己的道路这一思想，终于找到一条成功之路——建设有中国特色的社会主义的道路。今天，我们依然在这条成功之路上开拓探索、阔步前行。

实事求是、群众路线、独立自主是毛泽东思想的活的灵魂，也是中国特色社会主义理论的活的灵魂。这是中国特色社会主义理论在世界观、方法论上，对毛泽东思想的继承和发展。

第二个层次，是在建设中国特色社会主义的一系列基本问题方面，对毛泽东思想的继承和发展。

第一，关于社会主义的发展阶段。这是对基本国情的认识问题。毛泽东在20世纪50年代末，提出社会主义社会可能分两个阶段的意见。他把社会主义社会分为不发达的阶段和比较发达的阶段，而后一阶段可能比前一阶段需要更长的时间。在此之后，毛泽东还多次谈到，社会主义社会是一个很长的历史阶段，要有上百年甚至更长的时间。两个阶段的说法是一个极富有远见的重要思想，但是他还没有展开说明。以邓小平同志为核心的党的第二代中央领导集体提出社会主义初级阶段理论，进行系统的阐述，并以初级阶段作为制定一切政策的根本依据，是对社会主义再认识的一个飞跃。社会主义初级阶段理论的提出，对国际共产主义运动也是一个重大的理论贡献。

第二，关于社会主义社会的主要矛盾和根本任务。50年代中期，毛泽东和党中央指出：在社会主义改造基本完成以后，中国国内的主要矛盾是人民对于经济文化发展的日益增长的需要同当前经济文化不能满足人民需要状况之间的矛盾。我们的根本任务是“在新的生产关系下面保护和发展生产力”。毛泽东还说：“革命是为建设扫清道路。革命把生产关系和上层建筑加以改变，把经济制度加以改变……但目的不在于建立一个新的政府、一个新的生产关系，而在于发展生产。”毛泽东领导全党把工作重点转到了经济建设上来。这是在历史转换时期提出的正确思想和正确的战略决策。可惜的是，这个思想和战略决策不久被改变了。十一届三中全会以后，邓小平恢复并发展了毛泽东和党的八大的正确思想和正确战略决策，确认社会主义改造基本完成以后，我国所要解决的主要矛盾，是人民日益增长的物质文化需要同落后的社会生产之间的矛盾。阶级斗争还将在一定范围内长期存在，在某种条件下还可能激化，但它已经不是主要矛盾。邓小平明确指出，整个社会主义历史阶段的根本任务是发展生产力。他把这个问题作为搞清什么是社会主义以及怎样搞社会主义的首要问题。这样，就解决了一个长期困扰我们党、关系我国社会主义命运的重大理论问题和实践问题。

第三，关于社会主义建设的发展战略目标。在中国实现现代化，是中国共产党坚持为之奋斗的社会主义建设的总的战略目标。它集中地反映了中华民族摆脱贫穷落后，建设一个繁荣富强的社会主义国家的意志和理想。毛泽东确定了中国分两步走实现四个现代化的步骤。但他尚未对四个现代化的具体标准是什么有一个明确的设计。邓小平在这个问题上形成了“三步走”的战略步骤和目标。党的十九大综合分析国际国内形势和我国发展条件，又进一步提出从2020年到本世纪中叶分两个阶段来安排，开启了全面建设社会主义现代化国家的新征程。

第四，关于社会主义的发展动力。毛泽东提出：矛盾是社会主义社会发展的动力。“在社会主义社会中，基本的矛盾仍然是生产关系和生产力之间的矛盾，上层建筑和经济基础之间的矛盾。不过社会主义社会的这些矛盾，同旧社会的生产关系和生产力的矛盾、上层建筑和经济基础的矛盾，具有根本不同的性质和情况罢了。”毛泽东发现社会主义社会存在矛盾，以及关于社会主义社会基本矛盾的表述，是对斯大林在长时期中否认社会主义社会存在矛盾的传统理论的突破，是对科学社会主义理论的一大贡献，是今天我国必须进行经济体制改革和其他领域改革的理论依据。

第五，中国与外部世界的关系。这里涉及两个重要问题。首先要解决对国际形势，主要是对战争与和平问题怎样判断，以及实行什么样的国际战略的问题。关于战争与和平，20世纪60年代末，毛泽东曾说：“关于世界大战问题，无非是两种可能：一种是战争引起革命，一种是革命制止战争。”并且认为战争是不可避免的。这是毛泽东在那个年代对国际形势、对战争与和平问题的判断。十一届三中全会以后，邓小平根据20世纪七八十年代国际形势的变化，对战争与和平问题提出新的认识和判断。他指出，和平与发展是当今世界两大主题，由于和平力量有了可喜的发展，世界战争是可以避免的。与此同时，他调整了我国的对外政策，改变了毛泽东针对当时苏联霸权主义的威胁制定的“一条线”的国际战略。这两个转变意义重大，由此我们可以一心一意地搞建设，可以利用和平的国际环境实行对外开放政策。这里应特别提到，毛泽东在晚年，为打开中美、中日关系开辟了道路，为以后我国获得一个较好的国际环境，实行对外开放，起到了重要作用。

其次，要解决怎样看待资本主义的问题。向资本主义发达国家开放，同他们发展经济关系，是我国对外开放的重要方面。毛泽东历来重视学习外国一切好的有用的东西。他说：一切外国的好经验我们都要学，不管是社会主义国家的，还是资本主义国家的。资本主义国家的先进的科学技术和企业管理方法中合乎科学的方面，都要学。他还提出利用外资的问题。但20世纪60年代以后，在这个问题上，他的思想发生了变化。

党的十一届三中全会以后，在邓小平指导下，我们党形成这样一些新的观点：社会主义要发展，必须吸收全人类包括在资本主义条件下形成和积累的一切文明成果。资本主义国家中一切好的东西，只要对发展社会主义社会生产力有利，都要学习、吸收。有些东西，如科学技术、管理办法、经营方法等，并不能说是资本主义的或者为资本主义所特有的，它们既可以为资本主义服务，也可以为社会主义服务，谁用得好，就为谁服务，等等。在这些新思想、新观点的基础上形成了对外开放这个大的格局。这些都是对毛泽东思想的新发展，对科学社会主义的新贡献，是建设有中国特色社会主义理论中最富于创造性的一部分。

第六，四项基本原则。毛泽东1957年提出在我国政治生活中判断言行是非的六条标准，可以看作四项基本原则内容的最早表述。六条标准和四项基本原则产生的历史条件不同，但从根本上说是一致的、一脉相承的。正如邓小平所说，四项基本原则是我们党长期以来所一贯坚持的。四项基本原则被确定为我国的立国之本，构成党的基本路线的一个基本点。不论是六条标准还是四项基本原则，最核心的两条，一是坚持中国共产党的领导，一是坚持社会主义制度。毛泽东和邓小平都是这样说的。

第三个层次，是属于政策方面的。例如统一战线与和平统一祖国，党的建设，国防和军队建设，民族、宗教政策，文化政策，外交政策等，都有继承和发展的问题，就不一一列举了。

总之，中国特色社会主义理论体系对毛泽东思想有继承、有发展、有创新。他们之间有一个相互贯通的、具有内在同一性的东西，那就是马克思主义普遍原理同中国的具体实际相结合。20世纪80年代初，邓小平在谈到对毛泽东功过的评价和毛泽东思想时，说过一段话："从许多方面来说，现在我们还是把毛泽东同志已经提出、但是没有做的事情做起来，把他反对错了的改正过来，把他没有做好的事情做好。今后相当长的时期，还是做这件事。当然，我们也有发展，而且还要继续发展。"

采访组：从新中国成立到毛泽东逝世的27年间，既有社会主义建设的伟大成就和重要探索，又有"大跃进"等失误，甚至发生"文化大革命"这样的全局性错误。我们应该如何公正地、科学地认识这段历史，如何正确评价党的那一代领导人？

逄先知：从新中国成立到毛泽东逝世的27年间，是新中国的一个重要历史阶段。它是中华人民共和国奠基的阶段，把一个黑暗落后、战乱不已的旧中国，变成一个光明的、初步繁荣的、生机勃勃的新中国；又是我们党探索中国社会主义建设道路积累了正反两方面丰富经验的阶段。今天，无论国际国内都发生了巨大变化。我们来看那段历史，对那一代党的领导人进行评价，应该坚持辩证唯物主义和历史唯物主义的观点，放在当时的历史条件下和历史过程中，实事求是地进行考察和研究。不能简单地用今天的政策和做法去衡量那段历史，也不能用今天我们党对建设社会主义的认识水平，去要求前人。他们的探索，包括成功的和不成功的，都为我们党后来的建设事业提供了宝贵财富。

对这一段历史包括毛泽东和毛泽东思想的研究和评价，是一项政治性很强的任务。我们必须抱着对党对人民高度负责的精神，抱着高度的社会责任感，采取十分严肃的科学的态度，用马克思主义的立场、观点、方法去认识和研究。我们党在民主革命时期和社会主义时期先后所作的两个历史决议，集中了全党的智慧，在这方面给我们提供了学习的榜样。正确认识这段历史，应当以两个历史决议的基本精神为指针。当年邓小平力排众议，坚持要作我们党的第二个历史决议，是一个了不起的重大决策。事实证明，邓小平确实看得远、看得准，有历史眼光和战略眼光。这个历史决议对于保障全党的团结和统一，保障国家的改革、发展、稳定，起到了至关重要的作用。邓小平在决议起草一开始就提出三项基本要求：这个决议要确立毛泽东同志的历史地位；要对新中国成立后30年历史进行实事求是的分析，作出公正的评价；要统一全党的认识，引导大家团结一致向前看。几十年来的实践，尤其是苏联解体、东欧剧变的事实，证明了邓小平的远见卓识。苏联解体的一个重要原因，就是对自己历史的否定，对自己领袖人物的否定。这个历史教训太深刻了。

看历史要看主流。在这27年里，毛泽东领导全党和全国人民建设新中国，取得了辉煌而伟大的成就。这一点，我在前面关于毛泽东的历史功绩里已经谈了不少。正是因为有了这个基础，我国经济才能在十一届三中全会以来以更快的速度向前发展。

总体来说，新中国成立后的前30年，在毛泽东和中国共产党的领导下，我国在各个方面所取得的成就是十分显著的，为改革开放后几十年的发展，打下了重要而坚实的基础。改革开放前的30年和改革开放后的几十年，是中华人民共和国连续不断而又有所不同的两个历史时期。前者为后者打下基础，后者是对前者的继承和发展。不能将这两个历史时期割裂开来，更不能对立起来、互相否定。我们应当实事求是地、有分析地看待这两个历史时期的辩证发展关系。

肯定成就的同时，我们并不否认也不回避缺点和失误，特别是“文化大革命”这个全局性的严重错误。这些在历史决议中都讲得清清楚楚。公开地进行自我批评，连领袖犯的错误也不避讳，这是中国共产党有胆识有自信的表现，是我们党的优良传统和自我完善、不断向前发展的法宝。对待缺点和错误，一定要采取严肃的科学态度；对那一代党的主要领导人评价要客观公正，不能任意褒贬。

首先，要实事求是，客观公正。既不缩小，也不夸大，要做具体分析。不能借毛泽东晚年所犯错误否定毛泽东的一生、否定毛泽东思想。就毛泽东本人来说，在这27年里，他的科学思想（即毛泽东思想）在新的历史条件下又有新的发展，给我们留下许多宝贵的财富；同时，他的一些个人思想和实践，在许多方面又背离了他的科学思想体系。否定“文化大革命”，是要否定“文化大革命”的严重“左”的错误，从中吸取深刻教训，而不是也不能把那10年党和国家的全部历史和艰难取得的发展成就否定掉。拿经济建设来说，在那10年当中，在党的领导下，全国人民排除“文化大革命”的种种干扰和破坏，取得了一定的进展。例如，国民生产总值由1966年的1868亿元，增加到1976年的2943.7亿元；粮食年产量平均每年增产100亿斤。氢弹试验成功、卫星上天成功、导弹发射成功，以及以南京长江大桥建成通车为代表的许多重要基础设施建设等，都是在这10年中取

新中国的第一颗人造卫星——东方红1号

得的。当然，如果没有“文化大革命”的严重干扰和破坏，经济建设肯定会有大得多的发展。但我认为，在这方面，邓小平为我们树立了一个很好的榜样。他在“文化大革命”中深受迫害，但“文化大革命”结束后，他主持公道、主持正义，坚持实事求是主持作出这个科学的历史决议，意义是非常深远的。

其次，要对错误进行科学全面的分析。要分析错误产生的原因，搞清为什么会犯错误，在什么条件下、受哪些因素影响犯了错误，从中总结经验教训，并作为一笔财富继承下来，使后来者避免重犯过去的错误，并且作为制定正确政策的鉴戒。关于总结党的历史经验，毛泽东曾说：“不应着重于一些个别同志的责任方面，而应着重于当时环境的分析，当时错误的内容，当时错误的社会根源、历史根源和思想根源。”邓小平1988年9月5日同捷克斯洛伐克总统胡萨克谈话时也说：“每个党、每个国家都有自己的历史，只有采取客观的实事求是的态度来分析和总结，才有好处。”“总结历史，不要着眼于个人功过，而是为了开辟未来。过去的成功是我们的财富，过去的错误也是我们的财富。”邓小平对党的历史上的问题采取的是积极的态度，向前看的态度，不是着眼于追究个人的功过，而是为了开辟未来。这些论述为我们如何客观地、公正地认识这段历史，提供了正确的态度、科学的方法和根本立足点。

最后，还要正确认识错误的性质。这一阶段的失误，是在探索适合中国情况的社会主义建设道路中发生的失误。在中国这个人口众多、经济文化落后的国家建设社会主义，确实是一件前无古人的伟大事业，也是一项极为复杂艰难的任务。对于什么是社会主义、怎样建设社会主义，谁都不可能一下子认识清楚，客观形势也不容许把事情都弄清楚后再起步，只能边干边学。在这个过程中，不可能只有成功没有失败、只有正确没有错误。失败的教训总结了，错误认识了、纠正了，就会转化为正确，走向新的进步。1962年召开七千人大会，毛泽东讲话强调认识客观规律的重要意义，他指出："在社会主义建设上，我们还有很大的盲目性。社会主义经济，对于我们来说，还有许多未被认识的必然王国。""我们对于客观世界的认识，要有一个过程。先是不认识或者不完全认识，经过反复的实践，在实践里面得到成绩，有了胜利，又翻过筋斗，碰了钉子，有了成功和失败的比较，然后才有可能逐步发展成为完全的认识或者比较完全的认识。"我想这个话在1958年是说不出来的，也不会说。这是碰了钉子、摔了筋斗，得到的经验。

这27年走过的道路曲折而复杂，有正确的，也有错误的，还有正确与错误交织在一起的。要用实践是检验真理的唯一标准的观点进行鉴别，对的要继承下来、发扬光大；错的要引以为戒、避免重犯。以毛泽东为核心的党的第一代领导集体为建设社会主义进行了艰苦而有益的探索，不管是成功的还是遭受挫折的，都为后来者提供了极为丰富的经验教训。对两方面加以总结，使我们党对于建设社会主义的自觉性和规律性的认识有了很大的提高，为创立中国特色社会主义理论体系准备了条件。

采访组：2020年是中国人民志愿军抗美援朝出国作战70周年。您曾在文章中写道：这是毛泽东一生中最难作出的决策之一。您能再回顾一下70年前“出兵支援朝鲜”的决策过程吗?

逄先知：70年前，毛泽东和中共中央作出抗美援朝的决策，这是一个需要有战略胆识和宏大气魄的决策，也是一个十分艰难的决策。抗美援朝战争，对爱好和平的中国人民来说，是一场不期而遇的战争。1950年6月6日，中国共产党召开七届三中全会。毛泽东在提交的书面报告里，对国际局势有一个总体判断。他认为，只要全世界共产党能够继续团结一切可能的和平民主力量，并使之获得更大的发展，新的世界战争是能够制止的。根据这个估计，全会确定当前全党的主要任务是为争取国家财政经济状况的基本好转而斗争。全会还决定要在1950年复员一部分军队。接着召开的全国政协一届二次会议，按照七届三中全会确定的恢复经济的方针做了部署。然而，就在会议闭幕的两天后，也就是1950年6月25日，朝鲜战争爆发了。

一个毛泽东不希望发生的事情发生了。美国对朝鲜半岛的事态采取了严重的军事步骤，公然干涉中朝两国内政，不仅派出海军、空军和陆军参战，入侵朝鲜；还命令第七舰队向台湾海峡出动，阻挠中国人民实现祖国统一大业。毛泽东迅速作出反应，表明中国政府的立场。他在6月28日中央人民政府委员会第八次会议上庄严宣告：“全国和全世界人民团结起来，进行充分的准备，打败美帝国主义的任何挑衅！”随后，毛泽东和中共中央决定调几个军到东北，摆在鸭绿江边，加强东北边防，并立即决定组建东北边防军，调往安东（今丹东）、辑安（今集安）、本溪集结。这是一个具有远见的战略决策。只有这样，当美军越过三八线，我们才有可能迅即出兵。否则，毫无准备，将处于十分被动的局面。

进入8月，朝鲜人民军在朝鲜南端洛东江，同美军和南朝鲜军打成胶着状态后，毛泽东已经预见到战争转入持久和美国扩大战争规模的可能性日益增大。这是一个十分重要的判断。他在8月4日召开的中共中央政治局会议上指出，如美帝得胜，就会得意，就会威胁我们。对朝鲜不能不帮，必须帮助，用志愿军的形式，时机当然还要适当选择，我们不能不有所准备。第二天，毛泽东就致电东北军区司令员兼政治委员高岗，要求东北边防军在月内完成一切准备工作，准备9月上旬能作战。

9月5日，毛泽东在中央人民政府委员会第九次会议上，分析了美军的长处和短处，概括起来是"一长三短"。就是说美军在军事上只有一个长处——铁多，却有三个弱点，第一是战线太长，从德国柏林到朝鲜；第二是运输路线太远，隔着大西洋和太平洋；第三是战斗力太弱。尽管如此，毛泽东并没有轻敌大意。他在讲话里提出要防备美国帝国主义乱来，打第三次世界大战的问题。他说："所谓那样干，无非是打第三次世界大战，而且打原子弹，长期地打，要比第一、第二次世界大战打得长。我们中国人民是打惯了仗的，我们的愿望是不要打仗，但你一定要打，就只好让你打。你打你的，我打我的，你打原子弹，我打手榴弹，抓住你的弱点，跟着你打，最后打败你。"这些极而言之的话，真实地反映了毛泽东不惧怕任何敌人和任何困难的革命气势。毛泽东已经做了最坏可能性的准备，在迫不得已的情况下，要同美国这个不可一世的强国直接较量。

危急关头，朝鲜劳动党和政府请求中国出兵支援。但是中国出不出兵，毛泽东有一个“底”，就是美军是不是过三八线。他说，如果过三八线，我们一定过去打。然而美国当局低估了中国人民的力量和反侵略的决心，对中国政府的警告不屑一顾。不仅越过三八线，还将战火从鸭绿江边烧到中国东北，派出战机对中国东北边境城市安东等地进行频繁轰炸和扫射，并且袭扰山东半岛的青岛烟台等地。美国扩大朝鲜战争的嚣张气焰，迫使中国人民为了捍卫来之不易的民族独立，为了维护国家的安全，为了维护和平，必须挺身而出。

尽管毛泽东对出兵已有思想准备，但是要使一个刚从战火中获得新生的人民共和国再次面临血与火的考验，同世界上头号帝国主义强国一决雌雄，下这个决心要有何等的气魄和胆略！就连实力雄厚的苏联，也不愿因为援助朝鲜而冒同美国直接冲突的危险。中国出兵会不会导致同美国直接对峙？美国轰炸重工业基地东北和内地大城市怎么办？这些都是要十分慎重考虑的问题，稍有疏忽都会造成不堪的后果。中央决策层的同志们在出兵的问题上也意见不一，毛泽东还要有充分的理由和耐心去说服他们。出兵朝鲜，这是毛泽东一生中最难作出的决策之一。

10月2日这一天，毛泽东亲笔写了一封给斯大林的长电报，回复斯大林1日要求中国派兵赴朝鲜作战的来电。毛泽东在这个电报里分析了中国出兵支援朝鲜的必要性及可能出现的各种情况；说明中国出兵作战的战略部署和作战方法及国内策应部队的调动情况；同时也向苏联提出为保障作战胜利所必须提供的支援。毛泽东提出的问题都是大问题，他的考虑既全面周到又很慎重。

从10月2日到5日，中央连续开了三天会议。会上充分发扬民主，毛泽东尽管有了自己的主张，仍然认真听取各种不同的意见，让大家把出兵的不利方面和困难方面充分地说出来，然后说服大家。其实，对于打不打的问题，毛泽东也是左思右想，想了很久。他对这件事确实是思之再三，煞费心血的。不是毛泽东好战，是美国已经打到我们的国境线上了，不打怎么办？这是一个艰难的决策，这在中国共产党历史上是少有的。

10月8日，在美军已越过三八线大举北进之后，毛泽东以中国人民革命军事委员会主席名义发布组成中国人民志愿军的命令："为了援助朝鲜人民解放战争，反对美帝国主义及其走狗们的进攻，借以保卫朝鲜人民、中国人民及东方各国人民的利益，着将东北边防军改为中国人民志愿军，迅即向朝鲜境内出动，协同朝鲜同志向侵略者作战并争取光荣的胜利。""任命彭德怀同志为中国人民志愿军司令员兼政治委员。""我中国人民志愿军进入朝鲜境内，必须对朝鲜人民、朝鲜人民军、朝鲜民主政府、朝鲜劳动党（即共产党）、其他民主党派及朝鲜人民的领袖金日成同志表示友爱和尊重，严格地遵守军事纪律和政治纪律，这是保证完成军事任务的一个极重要的政治基础。"同日，毛泽东将这一历史性的决定电告金日成。

也是这一天，周恩来和林彪代表中共中央秘密飞往苏联，同斯大林商谈抗美援朝和苏联给予军事物资支援以及提供空军掩护问题。然而双方谈得并不是很顺利。但中央还是一致认为，即使苏联不出空军支援，在美军越过三八线大举北进的情况下，我们仍然出兵朝鲜不变。当时毛泽东关注和担心的是两点：第一，苏联提供武器装备是用租借办法还是用钱买，这是关系到用于国内建设和一般军费的资金，能否保证从而影响国内经济是否稳定的问题；第二，苏联能否真正做到在两个月或两个半月之内提供空军支援。然而，斯大林的回答是，苏联将指派空军到中国境内驻防，两个月或两个半月后，也不准备进入朝鲜境内作战。斯大林这个决定对中国出兵作战十分不利，但也没有动摇毛泽东的决心。作为最高决策人，毛泽东更加冷静而周密地考虑和布置一切重大问题，使出兵做到万无一失。

从10月1日晚金日成请求中国出兵，到19日晚中国人民志愿军渡过鸭绿江，仅仅18天，但对毛泽东来说却是一个漫长过程。在这个决策过程中，困难一个一个地出现，他要对世界大势作出正确的分析和判断，对敌我友三方的情况和发展趋势进行全面的了解，在复杂多变的情况下要能应付自如迅速作出决断，更重要的是要以充足的理由，耐心地说服自己的战友和同志。下这个决心很不容易啊，不仅要有非凡的胆略和魄力，更要有卓越的洞察力和判断力。历史进程证明了毛泽东是英明正确的。

中国人民志愿军雄赳赳气昂昂地跨过鸭绿江赴朝作战

采访组：中国人民志愿军历经两年零九个月的浴血奋战，赢得了抗美援朝战争的伟大胜利，请您谈谈毛泽东是如何指挥这场震惊世界的战争的，以及让您印象深刻的事情。

逄先知：毛泽东一生指挥过无数次大大小小的战役，统率过百万以上的大军，同时在几个战场上与敌人作战，取得一个又一个胜利。他有着高人一筹的战略指导思想和丰富的战争经验。但是指挥抗美援朝战争，对他来说毕竟是一个新的课题。这是在一个新的战场上——国外战场，同一个新的敌人——具有高度现代化装备的美军军队作战。怎样取得胜利，这需要在实践中积累和总结新的经验。

毛泽东在指导第一次战役中提出的战略和战役的指导思想，

对于志愿军取得第一次战役以及以后几次战役的胜利，意义重大。初战必胜，这对于出国作战的志愿军来说尤其重要。出手第一仗能不能打胜，将决定志愿军入朝后能不能站得住脚。在那些日子里，毛泽东睡眠极少。他每天批阅大量材料，前方的电报以及各方面的情报，一个接着一个，毛泽东根据各方面的情况加以分析，很快作出决断，指导前方作战。毛泽东当时57岁，精力也十分充沛。根据敌情的变化，毛泽东在10月21日凌晨2时30分，致电彭德怀等，正式下达第一次战役的部署。他看出麦克阿瑟在战略判断上犯了一个大错误，就是未料到我志愿军会参战，所以敢于兵分两路前进。他断定，这将是争取第一个胜仗，开始转变朝鲜战局的极好机会。10月25日上午，敌军一个加强营被志愿军第四十军一个团，以拦头、截尾、斩腰的战术，将其大部歼灭，打响了震惊世界的中国人民志愿军抗美援朝战争的第一仗。中国人民一直把这一天作为中国人民志愿军赴朝作战的纪念日。随后志愿军经过13个昼夜艰苦作战，歼敌1.5万余人，重创号称“王牌军”的美军第一骑兵师一个团，狠刹了一下“王牌军”的威风。第一次战役的胜利，把敌人从鸭绿江边赶到清川江，初步稳定了朝鲜战局。

在第一、二、三次战役的战略进攻和第四次战役的积极防御过程中，在中朝军队同以美军为主的“联合国军”的反复较量中，毛泽东对朝鲜战争规律的认识逐步深化。他对抗美援朝战争总的指导方针，概括为“战争准备长期，尽量争取短期”。与此同时，形成了“零敲牛皮糖”的作战方针。

在第二次战役胜利结束后，有些人的头脑里速胜思想有所生长。对朝鲜战局的发展前途应当怎样估量？是速胜，还是持久？这是摆在毛泽东面前需要回答的一个重大方针问题。毛泽东根据两次战役的经验，并听取了彭德怀等人的意见，对朝鲜战局的发展前途问题作出明确的回答："战争仍然要做长期打算，要估计到今后许多困难情况。要懂得不经过严重的斗争不歼灭伪军全部至少是其大部，不再歼灭美英军至少四五万人，朝鲜问题是不能解决的，速胜的观点是有害的。"

在中朝军队连续取得三次战役的胜利后，"联合国军"乘志愿军和人民军尚未充分休整之机，由西向东全线发起大规模进攻。中朝军队开始进行第四次战役。中国人民志愿军已经连续进行了三次战役，打得十分疲劳，大量减员，要完成第四次战役积极防御的作战任务，困难甚大，亟待补充兵力。怎么办？中共中央军委根据毛泽东的意见，于2月7日作出决定，实行轮番作战。这就是将过去从国内部队抽调老兵，补充志愿军的办法，改为以军为单位成建制地由国内调往朝鲜战场，轮番作战。轮番作战是中国人民志愿军在抗美援朝战争中的一个新创举。

这时，彭德怀向毛泽东突出地提出兵员不足和后勤保障问题。毛泽东经过认真思考，向彭德怀提出："朝鲜战争能速胜则速胜，不能速胜则缓胜，不要急于求成。"这一下给了彭德怀一个很大的相机处置的余地。彭德怀感到，抗美援朝战争有了一个机动而又明确的方针。这个方针，同毛泽东在第三次战役结束后不久所作的乐观估计是不同的。毛泽东认真听取彭德怀的陈述，及时调整方针，作出正确决断，这是英明的。

“联合国军”在武器装备方面占有优势，它不仅有技术精良的装甲兵、炮兵，而且有制空权，机动性很强。志愿军对美军一个团左右的兵力曾经多次进行合围，始终不能消灭它，至多消灭一个营。这与国内战争特别是解放战争后期的情况大不相同，那时人民解放军常常是整师整旅地乃至几个师几个旅地消灭敌人。这种反复出现的情况，引起毛泽东的注意。毛泽东在1951年5月26日，给彭德怀的电报中要求，目前打美英军只实行战术的小包围，打小歼灭战，经过打小歼灭战进到打大歼灭战。第二天，毛泽东召见志愿军参谋长解方和第三兵团司令员陈赓时，又说：“每军一次以彻底干脆歼敌一个营为目标。”毛泽东把这个作战方

战斗中的志愿军战士

针叫作“零敲牛皮糖”。到6月3日，在给斯大林的电报里，毛泽东的这个作战方针以及对战局的估量就表述得更为明确了。毛泽东对中国革命战争规律的认识，用了十年的时间。他对抗美援朝战争的特殊规律的认识，用了不到一年的时间。

五次战役的反复较量证明，美国吞并朝鲜、把战火烧到中国大陆的战略图谋已无法实现。骄横的美国侵略者，开始转向谋求停战谈判。毛泽东敏锐地把握住这个机会，及时提出了新的指导方针，这就是“充分准备持久作战和争取和谈，达到结束战争”。在军事上进一步概括出“持久作战、积极防御”的方针。这个方针，对中朝军队在即将到来的长达两年之久的军事斗争和政治斗争交错、边打边谈、又谈又打的局面下，牢牢掌握主动权，具有至关重要的意义。

毛泽东为即将来临的停战谈判做了多方面准备。他懂得，要同美国侵略者进行谈判，使和平的可能性变为现实，没有雄厚的实力作后盾是万万不行的。在战场上稍有疏忽或者示弱，必定要吃亏，必定在谈判中使自己处于不利的地位。因此，如何巩固第五次战役的胜利，逐步提高中国人民志愿军的攻防持续作战的能力，就成为毛泽东首先关注和解决的问题。

停战谈判就要举行了，毛泽东几乎投入了全部精力，来指导谈判的准备工作。他亲自起草朝中方面致“联合国军”总司令李奇微的多封复函，亲自审阅修改有关谈判接洽准备情况的新闻稿，亲自草拟朝中方面关于停战协定的草案，并征询金日成、彭德怀及斯大林的意见。许多具体而细微的准备工作，诸如谈

彭德怀在朝鲜前线

判会议场所、对方代表团宿舍以及我方代表团宿舍的布置，各种用具、设备和食品的准备，以及李克农、乔冠华和我方代表团成员到达谈判地点开城的具体时间等，毛泽东都样样考虑到了。毛泽东指挥战争，最讲究“初战必胜”，“不打无准备之仗”。在谈判桌上同对手交锋，毛泽东也非常注意“初战必胜”。在临战之前，做好充分而周全的准备，不给对手有任何可乘之机和任何可以利用的借口。毛泽东既有指挥千军万马、气吞山河的雄才大略，又有具体、实际、细致入微的工作方法。这是令人钦佩的。

朝鲜谈判是艰难的。美方曾提出“军事分界线划在志愿军和朝鲜人民军阵地后方”，企图不战而攫取1.2万平方公里土地。在这一无理要求遭到拒绝后，就公然以武力相要挟，说：“那就让炸弹、大炮和机关枪去辩论吧。”朝鲜谈判被迫中断，双方从谈判桌上的较量转到了战场上的较量。志愿军是在极其恶劣的气候和后勤给养严重困难的条件下，抗击“联合国军”的夏季攻势和秋季攻势的。10月14日，人民志愿军正在英勇顽强地抗击着美军来势凶猛的秋季攻势，毛泽东发来了一个电报，写道：“志愿军党委亲爱的同志们：……中央对于志愿军全体同志在志愿军党委和彭德怀同志的领导下进行了一个整年的英勇奋斗，取得了很大的胜利，表示欣慰与慰劳。目前的任务，是用一切努力争取最后胜利。目前国内情况很好，全党及全国人民热烈支援你们。国际形势也于我们有利，敌人困难甚多。我们也有困难，有些是很大的困难，但是可能克服的。只要同志们继续努力，并和朝鲜同志始终团结一致，最后胜利是可以取得的。”可以看得出，毛泽东是带着深厚的感情写这封电报的。他代表几万万中国人民给自己最可爱的人——中国人民志愿军送来了温暖和鼓舞，这温暖和鼓舞将转化成为巨大的物质力量。

事实总是与美国当权者的愿望相反。他们的夏季攻势和秋季攻势，都被中朝军队所粉碎。10月23日，毛泽东在庄严的中国人民政治协商会议全体会议上，向美国政府、向全世界郑重声明：“抗美援朝的伟大斗争现在还在继续进行，并且必须继续进行到美国政府愿意和平解决的时候为止。我们不要去侵犯任何国家，我们只是反对帝国主义者对于我国的侵略。”“我们的敌人认为：新生的中华人民共和国面前摆着重重的困难，他们又用侵略战争来反对我们，我们没有可能克服自己的困难，没有可能反击侵略者。出于敌人的意料之外，我们居然能够克服自己的困难，居然能够反击侵略者，并获得伟大的胜利。我们的敌人眼光短浅，他们看不到我们这种国内国际伟大团结的力量，他们看不到由外国帝国主义欺负中国人民的时代，已由中华人民共和国的成立而永远宣告结束了。”

谈判过程中，朝中方面的每一项提案，都要遭到“联合国军”代表的反对。双方在谈判桌前的唇枪舌剑，激烈程度不亚于战场上的刀光剑影。毛泽东在周恩来的有力协助下，稳操军事斗争和政治斗争的主动权。在文斗方面，我方有理。在武斗方面，我方亦有办法依托坚固的阵地，一口一口地吃掉敌人，积少成多，取得胜利。亦文亦武，紧密配合，在一次又一次的反复较量中，迫使“联合国军”就范，达成协议。

1952年底，刚当选美国总统的艾森豪威尔到朝鲜前线视察，其主要目的不是促进和谈而是想从僵局中找到扭转战局的办法。种种迹象表明，美国有可能在1953年初发动大规模攻势，以结束朝鲜战争。当发觉敌人阴谋策划军事进攻时，毛泽东迅即作出强烈而迅速的反应，设想最坏的情况做好最充分的准备，同时表明坚定立场，以有力的舆论配合，揭露敌人的阴谋。在他的指导下，最终使美军登陆作战的冒险归于失败。

12月20日，毛泽东为中共中央起草并正式下达了关于准备一切必要条件坚决粉碎敌人登陆冒险的指示。指示在最后指出：“美帝国主义采用了很多办法和我们斗争，没有一样不遭到失败。现在剩下从我侧后冒险中登陆的一手，它想用这一手来打击我们。只要我们能把它这一手打下去，使它的冒险归于失败，它的最后失败的局面就确定下来了。中央坚决相信我志愿军协同朝鲜人民军是能够粉碎敌人的冒险计划的。”

1953年2月，美国的军事冒险活动又有新的升级，艾森豪威尔宣布取消台湾海峡“中立化”，作出放蒋出笼以配合美军在朝鲜的军事冒险的姿态。他还说服参加“联合国军”的16国代表，支持对中国实行封锁。对此，毛泽东代表中国政府表明了严正立场。他在2月7日全国政协一届四次会议上说：“我们是要和平的。但是，只要美帝国主义一天不放弃它那种蛮横无理的要求和扩大侵略的阴谋，中国人民的决心就是只有同朝鲜人民一起，一直战斗下去。这不是因为我们好战，我们愿意立即停战，剩下的问题待将来去解决。但美帝国主义不愿意这样做，那么好吧，就打下去，美帝国主义愿意打多少年，我们也就准备跟它打多少年，一直打到美帝国主义愿意罢手的时候为止，一直打到中朝人民完全胜利的时候为止。”毛泽东的讲话，向企图铤而走险的美国政府发出了严重警告，既有分量又从容不迫。

在毛泽东的具体而周密的指导下，一场大规模的反登陆作战的准备工作，也在争分夺秒地加紧进行。到1953年4月底，各项准备工作全部完成。在各方面的压力下，美国不得不重新回到谈判桌前寻求摆脱困境的办法。

毛泽东作为国家的最高领导人和军队的最高统帅，越是取得重大胜利，越是保持清醒的头脑。这是十分可贵的。他没有因停战谈判的恢复而放松警惕，始终抓住而又巧妙灵活地使用谈与打、政治斗争和军事斗争这两手，双管齐下，互相配合，针锋相对，毫不放松。

4月中旬，毛泽东向邓华提出谈判期间志愿军行动的指导方针。即“争取停，准备拖。而军队方面则应作拖的打算，只管打，不管谈，不要松动，一切仍按原计划进行”。以打促谈，志愿军提前发起了夏季反击作战。对南朝鲜方面公然破坏协议的行为，果断地作出给其沉重打击的决策。

1953年7月27日，朝鲜停战协定签字，朝鲜战争结束。毛泽东仍然没放松警惕。在朝鲜停战协议签字的两天前，毛泽东就向人民志愿军全体指挥员指示说：“希望全军指战员防止骄傲，在停战协定签字并生效以后，仍应提高警惕，一面自己严格遵守协议，一面防止敌人可能作出破坏的挑衅。”两个月后，毛泽东在中央人民政府委员会第二十四次会议上，对抗美援朝作了总结。他在讲话中最后说道：“帝国主义侵略者应当懂得：现在中国人民已经组织起来了，是惹不得的。如果惹翻了，是不好办的。”

历时近三年的抗美援朝中，发生了很多令人难忘的真实故事，有的悲壮英勇，有的令人欣慰。仅举几个例子。

第二次战役期间，发生了一件让人悲痛的事情。毛泽东的儿子毛岸英在朝鲜战场上英勇牺牲，和千万个志愿军烈士一样，长眠于朝鲜，成为中朝人民友谊的象征。毛岸英是经过毛泽东同意，随志愿军总部入朝作战的，担任志愿军司令部的俄文翻译和机要工作。毛泽东在他身上倾注着深厚的父爱，寄托着厚望。

毛泽东从不把毛岸英看成只属于他自己的，而是属于党、属于人民的，他应当报效祖国。1950年11月25日，三架美B-29型轰炸机从志愿军司令部驻地上空掠过。作了防空准备的人们松了一口气。不料，敌机突然掉转头，向志愿军司令部驻地投下了几十个凝固汽油弹，作战室被吞没在一片火海中，正在屋内值班的毛岸英献出了年轻的生命。彭德怀在当天向中央军委专门做了汇报，短短的电文，竟写了一个钟头。电报到了周恩来手中。周恩来深知这对毛泽东的打击会有多大，不愿在指挥战役的紧张时刻去分他的心，便把电报暂时搁下。直到1951年元旦过后，1月2日，他才把电报送给毛泽东看，并附信说，“毛岸英的牺牲是光荣的。当时因你们都在感冒中，未将此电送阅”。信和电报都不长，毛泽东却看了很久很久。毛泽东强压着悲痛的心情，说了一句话：“唉！战争嘛，总要有伤亡，没有关系。”

彭德怀后来向毛泽东详细汇报了毛岸英牺牲的经过，以内疚的心情做检讨。毛泽东听罢，一时沉默无语。望着内心不安的彭德怀，他宽慰说：“打仗总是要死人的嘛！中国人民志愿军已经献出了那么多指战员的生命。岸英是一个普通的战士，不要因为是我的儿子，就当成一件大事。现在美国在朝鲜战场上使用各种飞机约一千多架，你们千万不能疏忽大意，要采取一切措施保证司令部的安全。”

还有就是举世闻名的上甘岭战役，使美军再次认识到中国人民志愿军强大的攻防能力。1952年5月，朝鲜停战谈判取得了重要进展，只剩下关于战俘安排的问题没有解决。在志愿军全线性战术反击期间，美国为扭转战场上的被动局面，谋取谈判中的有利地位，从10月14日起，在上甘岭地区发动了空前激烈的“金化攻势”。志愿军在长达43天的上甘岭战役中，打得英勇顽强，粉碎了美军的攻势。敌人动用了一切现代化的军事手段，对志愿军阵地轮番攻击。在两座高地和附近地区，敌军投射了190万发炮弹和5000余枚炸弹，投入的总兵力约4万余人。两座高地的土石被炸松一至两米，变成一片焦土。具有高昂士气和富有创造精神的志愿军将士，先在地表阵地与敌人反复争夺，重创敌军。后又转入坑道作战，积蓄力量，发起全线反击，至11月25日，收复全部失地。中部防线稳如泰山，经受住了又一次严峻的考验。美军从此再也没有什么像样的攻势。美国新闻界评论说：“这次战役实际上却变成了朝鲜战争中的‘凡尔登’。”

再就是，当年决策出兵时，人们最大的疑虑之一，就是担心影响经济的恢复，怕被长期的战争拖垮。毛泽东对这场战争给予国内建设可能造成的各种不利影响，作了充分估计，并作了最坏的打算。直到1951年上半年，他还对能否经受得住朝鲜战争长期化、美国企图与我打消耗战的考验，表示过担忧。然而实践证明，在毛泽东和中共中央的正确领导下，抗美援朝战争极大地激发了全国亿万人民的爱国热情和集体主义精神，国内各项建设事业快速发展，实现了“边打、边稳、边建”的战略方针。这是人们原先没有估计到的，也许包括毛泽东在内。中国共产党和全国人民对于赢得这场战争更加充满信心。

抗美援朝战争，是毛泽东一生最为艰难的一次决策，同时又是毛泽东军事艺术、国际战略乃至治国方略中的绝妙之笔。抗美援朝之初，中国人民志愿军能不能打败以美国为首的“联合国军”，爱好和平的人们都捏着一把汗。抗美援朝战争的胜利，打破了美国军队不可战胜的神话，使全世界的人们包括中国的敌人和朋友，对新中国都刮目相看。一个刚刚从战争废墟中走出来的新中国，经济还那么困难，军队装备又很落后，居然能把世界一流强国的、具有现代化装备的美国军队打败，这不是奇迹吗？中国人民志愿军不愧为中华民族最优秀的儿女，他们肩负着祖国人民的重托，不负朝鲜人民和世界一切爱好和平人民的期望，完成了“保卫中国，支援朝鲜”的历史使命。抗美援朝战争的胜利，使我国的经济建设获得了有利的国际和平环境。这对于长期处于战乱的中国人民来说，是极其宝贵的。

采访组：中国共产党已经走过了100年的历程，但依然充满青春活力、朝气蓬勃。请您谈谈我们党成功的奥秘，它有哪些光荣传统和独特优势。

逄先知：有史以来，中国不曾有过这样一个政党，他从只有几十个人的小党，历经磨难，发展成为拥有9000多万党员并早已成熟的马克思主义大党，强有力地领导着一个14亿人口的东方大国，在中国特色社会主义道路上、在实现中华民族伟大复兴的征程上，满怀信心地阔步前进，取得了举世瞩目的成就。

这个历史现象绝不是偶然的，有其深层次的内在原因，是由中国共产党的自身性质及其独特优势所决定的。

第一，中国共产党是有着远大而坚定不移理想的党。习近平总书记指出："人无远虑，必有近忧。全面建成小康社会之后路该怎么走？如何跳出'历史周期率'、实行长期执政？如何实现党和国家长治久安？这些都是需要我们深入思考的重大问题。"中国共产党自成立之日起，就把实现共产主义作为最高理想。实现共产主义需要经历漫长的历史进程，可以划分为若干发展阶段。我们党在各个历史阶段都鲜明提出代表那个阶段最广大人民利益和愿望的具体奋斗纲领。而在实现当前任务时，又不忘心目中最美好的远大理想，不使自己在纷繁复杂的环境中迷失方向，并以这种远大理想团结和激励人们为实现当前任务而奋斗。这样就把实现最高理想同完成每个历史阶段的具体任务紧密联系起来、贯通起来。

中国共产党人掌握了马克思主义这个"望远镜"，使自己胸襟开阔，具有长远战略眼光和科学预见能力。20世纪20年代末30年代初，大革命失败，只剩几块小小的农村革命根据地，处在强敌的包围之中，党内存在着"红旗还能打多久"的悲观情绪。在这危急关头，毛泽东信心百倍地提出"星星之火，可以燎原"的科学论断。抗日战争爆发不久，毛泽东及时提出关于持久战的战略方针，精确揭示了中国抗日战争的发展规律。在中国民主革命即将胜利的历史时刻，毛泽东和党中央对新中国的根本政治制度以及经济、政治、外交等方面应采取的政策作出清晰而明确的规定。在新中国成立后进行社会主义现代化建设的几十年间，党中央在集中精力处理当前各项工作任务的同时，着手规划未来，对之后五年、十年、几十年乃至更长的时期作出基本规划和远景构想。这就使全党和全国人民有着共同的、明确的奋斗目标，使党的政策保持连续性，使当前利益同长远利益结合起来。这在那些政党“走马灯”式地轮流执政的国家是根本做不到的。邓小平在谈到改革问题时曾说：“改革的意义，是为下一个十年和下世纪的前五十年奠定良好的持续发展的基础。”

第二，中国共产党是有着正确理论指导的党。理论是一面旗帜。中国共产党之所以能够取得革命胜利并在革命胜利后长期执政，关键就在于有一个正确的理论指导。这个理论就是马克思主义基本原理同中国具体实际相结合的理论，即中国化的马克思主义。

在马克思主义中国化过程中产生的两大理论成果——毛泽东思想和中国特色社会主义理论体系，一脉相承又与时俱进，是推动中国历史车轮不断向前的思想力量。有了毛泽东思想，才有中国革命的胜利，建立了新中国，中国人民站起来了。有了中国特色社会主义理论体系的指导，中国才实现令世人惊奇的大发展大繁荣，中国从站起来到富起来。党的十八大以来，中国特色社会主义进入新时代，有了习近平新时代中国特色社会主义思想，中国又从富起来到强起来。反观苏联和东欧一些国家的共产党，背弃了马克思主义，采取错误的理论为指导，结果东欧剧变、苏联解体、经济倒退。这是一个鲜明的历史对照。

马克思主义是先进的科学理论，虽然它的某些具体结论随着时间的推移会过时，但它的基本原理、世界观和方法论是不会过时的。在我国，作为指导思想的理论只能是马克思主义。文化可以有多样性，指导思想不能多元化。如果用其他的什么思想、学说去代替马克思主义的指导地位，那就是历史的倒退。

第三，中国共产党是代表全民族根本利益、全心全意为人民服务的党。这是由马克思主义的唯物史观和价值观所决定的，是中国共产党的力量源泉。中国共产党是中国工人阶级的先锋队，同时是中国人民和中华民族的先锋队。早在抗日战争初期，毛泽东就指出："我们共产党是无产阶级的先锋队，同时又是最彻底的民族解放的先锋队。""共产党是为民族、为人民谋利益的政党，它本身决无私利可图。"

把全心全意为人民服务作为根本宗旨，是中国共产党区别于其他一切政党的根本标志，是它最优胜的地方。中国共产党之所以能在极端恶劣的社会条件下生存下来、发展起来、壮大起来，归根结底就在于它深深地扎根在中国人民之中，同人民群众建立了不可分离的血肉联系，为了人民的利益而殚精竭虑地工作着、奋斗着。习近平总书记提出"人民至上"的理念。他说："中国共产党坚持执政为民，人民对美好生活的向往就是我们的奋斗目标。我的执政理念，概括起来就是：为人民服务，担当起该担当的责任。"

为人民服务的根本宗旨，体现在党的理论路线方针政策上，也体现在党的工作作风上。党的政策必须符合群众的愿望、需求、意见和现实情况。这就要求党深入群众、深入基层，放下架子，同群众打成一片，做系统细致而不是浮光掠影、走马观花的调查研究；把从调查中得到的大量材料加以分析研究，形成政策，再在实践中检验政策是否符合实际，是否符合群众的意愿。如此往复循环，政策便逐渐完善起来。这就是我们党历来倡导的从群众中来、到群众中去的群众路线。党的群众路线就是最可靠、最实在、最能反映民意的民主。

改革开放以来，我国社会呈现利益诉求多元化的复杂格局。利益诉求有差别就会产生矛盾，处理不好还会导致冲突。只有中国共产党有威望、有力量、有办法找到全社会意愿和要求的最大公约数，把整个中华民族凝聚成一体。因为我们党始终致力于实现好、维护好、发展好最广大人民的根本利益，特别是广大普通劳动者的根本利益。

第四，中国共产党是集中统一、纪律严明的党。中国共产党之所以有强大的凝聚力和战斗力，能够成为中国人民的坚强领导核心，就在于全党有建立在共同理想信念基础上的团结一致和集中统一。所谓集中统一，就是指党的最高权力在中央，全党都要同中央保持一致，自觉维护中央权威，也就是党的民主集中制所规定的“全党服从中央”这一条。

毛泽东1945年在中共七大预备会议上曾提出：“我们要向中央基准看齐，向大会基准看齐。看齐是原则，有偏差是实际生活，有了偏差，就喊看齐。”70年后，习近平总书记又提出向中央看齐的问题。他说：“经常、主动向党中央看齐，向党的理论和路线方针政策看齐。”相隔70年两次提出这个问题，都是在重要的历史节点，意义重大。

保证党中央的集中统一领导，一靠正确的理论和路线方针政策，二靠严明的纪律。纪律严明是我们党的优良传统和独特优势。在所有纪律中，政治纪律和政治规矩是第一位的。历史证明，严重违反政治纪律和政治规矩，对党的危害极大。按照党的政治纪律和政治规矩，任何党员，不论职位高低、资历深浅，决不容许反对中国共产党的领导，决不容许反对党的大政方针，更不容许拉帮结派，搞宗派主义、山头主义，破坏党的集中统一。

党的团结和统一是党的生命，党的力量所在。毫无疑问，我们讲的集中统一是建立在广泛、充分的民主基础上的集中统一，是在反映绝大多数人民意愿基础上的集中统一。只要中国共产党是团结一致、集中统一的，实行一条正确的路线和方针、政策，我们的国家就是稳固的，谁也推不倒；我们的国家就是不断向前发展的，谁也阻挡不了。

第五，中国共产党是富于独创精神、勇于开创新局面的党。回顾党的历史，中国共产党领导中国人民从胜利走向胜利，是一个在不断探索中开创新局面的过程。1927年大革命失败后，毛泽东敢于闯新路，走出一条农村包围城市的独特的中国革命道路，中国革命因此取得伟大胜利。新中国成立后，中国共产党又创造性地用和平、渐进的方法进行社会主义革命。这与苏联的做法不同。结果，这场如此深刻的社会革命没有引起社会震荡，生产没有下降反而有所发展，适应了当时生产力发展的要求。

以邓小平为核心的党的第二代中央领导集体集中全国人民的意志，提出改革开放的新政策，开辟中国特色社会主义道路，开创了中国社会主义现代化建设的新局面、新时代。以江泽民同志为核心的党的第三代中央领导集体和以胡锦涛同志为总书记的党中央，坚持改革创新，使我国改革开放和社会主义现代化建设取得更大的成就。

党的十八大以来，以习近平同志为核心的党中央把中国特色社会主义事业更加深入地推向前进。习近平总书记提出实现中华民族伟大复兴的中国梦这一伟大理想，使人耳目一新，这正是中国近代以来无数仁人志士所追求的梦想。他提出的“四个全面”战略布局和新发展理念，是我们党治国理政与时俱进的新创造、新概括。党的十八大以来，我国在经济、政治、文化、军事、外交、党建等各个方面，都出现了令人振奋的新气象、新局面。

近百年来，中国共产党带领中国人民每开创一个新局面，生产力就得到进一步发展，人民生活就得到进一步改善，社会进步程度就得到进一步提高。新局面的开创，不是凭空想出来的，是逼出来的，是为了解决前进道路上遇到的实际问题，是运用马克思主义基本原理，从中国实际出发，总结国内外正反两方面经验，凭着自己的智慧和勇气，经过缜密思考作出正确战略抉择赢得的。

第六，中国共产党是勇于自我革命的党。中国共产党有一个突出优点，就是有能力、有魄力、有办法反对和纠正自己的错误和党内一切消极现象。一个政党，就像一个人一样，没有不犯错误的。中国共产党十分郑重地对待、纠正错误，认真作自我批评，两个历史决议就是明证。我们党从错误中吸取教训，深化对革命、建设、改革规律的认识，推进马克思主义中国化，提高领导能力。这是我们党能够保持生机和活力、不断发展壮大的根本原因之一。

党的十八大以来，以习近平同志为核心的党中央从抓作风建设入手，制定并带头执行八项规定，集中解决“四风”问题；以前所未有的力度，保持惩治腐败的高压态势，这都赢得了党心民心。党的十八大以来在反腐倡廉方面的成效，再次彰显了中国共产党自我净化、自我提高的能力和决心。

采访组：中国共产党历来重视意识形态工作，请您介绍一下在这方面的历史经验以及对当前做好意识形态工作的启示。

逄先知：第一，要清醒认识意识形态领域斗争的长期性。斗争不会停止，会长期较量下去，国际上的斗争同国内的斗争又是相呼应的。这是客观事实，不是哪个人主观想出来的，对此要有充分的思想准备。毛泽东早就指出，意识形态领域的斗争是长期的。邓小平也强调指出，反对资产阶级自由化要贯穿于整个现代化的过程中。这些思想都被实践证明了。

第二，在意识形态领域的斗争中要主动出击，打主动仗。旗帜要鲜明，观点要鲜明，“不要含含糊糊，遮遮掩掩”。如果自己都理不直气不壮，腰杆不硬，旗帜不鲜明，谁还会跟你走？斗争一定要讲究方法。主要是摆事实，讲道理，以理服人。不随意上纲上线，不搞大批判式的批评。不论是写文章还是发表讲话，要着眼于绝大多数的中间力量，使他们能接受；集中批评那些攻击诬蔑共产党、党的领袖和社会主义，危害人民政权的极少数人。对于那些公然反党又坚持不改的，必须作出相应处理。意识形态工作，归根到底是争取人心的工作。毛泽东说："人心就是力量。"习近平总书记进一步强调："人心是最大的力量。"一些西方国家在发展中国家搞"颜色革命"，也是先大做舆论工作，影响和争取人心。他们掌握和利用强大的高科技的舆论宣传工具，进行文化和价值观的思想渗透，做到一定程度就发动"颜色革命"。

第三，意识形态问题不是孤立的。它既密切联系政治问题，又密切联系经济基础问题。意识形态领域的斗争，往往发展成为政治斗争，最后会导致政权的争夺。意识形态对经济基础有重要的反作用，但归根到底决定于经济基础，适应经济基础。有什么样的经济基础，就有什么样的上层建筑、什么样的意识形态，并为经济基础服务。这是不以人的意志为转移的客观规律。

有一些混乱的观念，需要予以澄清。

比如，不能把人民民主专政同依法治国对立起来。任何国家都是实行专政的。问题在于是少数人专多数人的政，还是多数人专少数人的政，性质是不同的。我们国家实行的是人民民主专政，就是在占人口绝大多数的人民内部实行广泛的民主，对严重危害国家和人民利益的极少数敌对分子实行专政。它是保障国泰民安不可缺少的武器。所以说，人民民主专政并不亏理，要理直气壮地讲。人民民主专政是我国的国体。依法治国是人民民主专政的内在要求，它为实行人民民主专政提供法律保障。人民的民主受到法律的保护，对危害国家和人民利益的敌对分子，要依法给予制裁。两者相辅相成，并行不悖。

又如，在思想宣传工作中，不要把真左和假左，即不带引号的左和带引号的“左”混淆了。左是革命的，进步的，马克思主义的；“左”，也叫极左，或者过左，是非马克思主义的，甚至是反马克思主义的。不能把左派看成贬义词，不能谁讲马克思主义，讲革命传统，就说谁“左”，甚至压制和攻击；不能谁对错误言论进行批评，谁就被扣上搞“文革大批判”的帽子，遭到围攻。左、“左”不分，容易引起思想混乱。

再如，把邓小平提出的“不争论”扩大化、绝对化，是歪曲了邓小平的思想。邓小平提出的“不争论”，是针对具体问题而说的。在大是大非面前，他非常坚定，一点儿也不含糊。他说，要理直气壮地坚持四项基本原则。针对资产阶级自由化思潮，邓小平旗帜鲜明地指出：“某些人所谓的改革，应该换个名字，叫作自由化，即资本主义化。我们讲的改革与他们不同，这个问题还要继续争论的。”片面强调“不争论”，结果捆住了马克思主义者的手脚，错误言论大行其道。那些对党和党的领袖进行造谣诬蔑的，就要澄清，就要理直气壮地拿事实进行辟谣。凡是这样做了的，都收到了好的效果。

面对当前意识形态领域复杂严峻的情况，首先要同以习近平同志为核心的党中央保持高度一致。习近平总书记关于意识形态问题的重要讲话和批示，有的放矢、观点鲜明、方向明确，很有说服力，使广大党员干部、马克思主义者受到了鼓舞。党的十八大以来，党的意识形态工作已经见到成效，错误的趋势在很大程度上得到扭转，这进一步坚定了马克思主义者的信心。习近平新时代中国特色社会主义思想是马克思主义与中国实际相结合的最新成果，是治党治国治军的指导思想，当然也是进行意识形态领域斗争的指导思想和有力武器。我们要认真学习和大力宣传习近平新时代中国特色社会主义思想，并以此来统一大家的思想。

维护毛泽东思想和毛泽东的历史地位

采访对象：沙健孙，1934 年 2 月生，江苏宜兴人。1950 年参加工作。曾任北京大学副校长、原中共中央党史研究室副主任。教学和研究的重点是中共党史、中国革命史、毛泽东思想。是中共十三届、十四届中央候补委员。撰有《毛泽东思想通论》《中国共产党历史若干重大问题研究（上、下卷）》《二十世纪中国的历史道路——兼评若干社会思潮》等多部著作，发表论文 100 多篇。主持编写马克思主义理论研究和建设工程重点教材《中国近现代史纲要》《马克思恩格斯列宁历史理论经典著作导读》。主编《中国共产党史稿（五卷本）》。

采 访 组：尹晓徽　储峰　陈思　陈航

采访方式：书面采访

采访时间：2020 年 12 月 5 日

采访组：沙教授，您好！习近平总书记在纪念毛泽东同志诞辰120周年座谈会上发表重要讲话，强调我们将永远高举毛泽东思想的旗帜前进。您长期从事中共党史的教学和研究工作，特别是在毛泽东思想研究方面深有造诣，请您谈谈毛泽东思想的创立。

沙健孙：近代以来，为了挽救国家危亡，争取民族独立、人民解放，中国的先进分子曾经历尽千辛万苦寻找真理。由于资本主义的道路走不通，在1917年俄国十月社会主义革命以后，中国的先进分子经过比较、探求，选择了马克思主义。这是一个具有伟大历史意义的事件。毛泽东1949年9月在《唯心历史观的破产》一文中指出："自从中国人学会了马克思列宁主义以后，中国人在精神上就由被动转入主动。从这时起，近代世界历史上那种看不起中国人，看不起中国文化的时代应当完结了。"

1921年7月，在马克思列宁主义和中国工人运动相结合的基础上，诞生了中国共产党。中国革命的面貌由此焕然一新。但是，从那时到1935年1月遵义会议召开的14年间，因为党处在幼年时期，不善于把马克思主义同中国实际全面地、正确地结合起来，中国革命曾经两起两落。这说明，中国革命要胜利，就必须把马克思主义理论创造性地应用于中国的实际。

对于这个思想，毛泽东作出了最深刻的论述。1938年10月，他在党的六届六中全会上提出了使"马克思主义中国化"的任务。1939年10月，他在《〈共产党人〉发刊词》中总结中国共产党成立18年来的斗争经验，明确提出"将马克思列宁主义的理论和中国革命的实践相结合"这一思想原则，并且指出，党的事业的前进与后退、成功与失败，都是同党能否把两者正确地结合起来直接关联着的，而从"不善于"实行这种结合到获得对于这两者的"完全统一的理解"，正是党从幼稚达到成熟的标志。

把马克思列宁主义的理论和中国革命的实践系统地、正确地结合起来，是一项极其复杂的社会工程，也是一个十分艰巨的历史任务。因为马克思主义只是一般地指明社会发展和革命发展的

1938年9月，参加党的六届六中全会的主席团成员合影

方向，至于具体情形、实际情形，那只有在千百万群众起来斗争时，他们的经验才能指示出来。中国的马克思主义者，为了获得对于马克思列宁主义和中国革命的实践之统一的理解，并据此系统地形成中国自己的革命理论，不能不经历一个摸索的过程，一个在斗争中积累经验的过程。

采访组：把马克思主义理论创造性地应用于中国的实际，这里所说的“中国的实际”主要指什么？

沙健孙：首先，是指中国的基本国情。主要是指中国社会的性质，包括社会的经济结构和政治上层建筑，社会的主要矛盾和其他矛盾及其特点，社会的阶级结构和社会各阶级的经济地位、政治态度及其相互关系，等等。在各个不同历史时期，也指当前运动、当前工作的特点及其规律性，敌友我三方的经济、财政、政治、军事、文化、党务各方面的动态，等等。此外，也应当包括中国各地区、各民族的人口、资源、自然环境和风土人情、风俗习惯、宗教信仰等的状况。科学地认识和把握上述情况，是正确地理解和处理中国革命和建设问题的基础和前提条件。

其次，主要是指中国人民革命和建设的实践以及在这种实践基础上积累的经验。理论来源于实践，是实践经验的总结。这里所说的经验，既包括正面的经验即成功的经验，也包括反面的经验即犯错误和遭受挫折、失败的教训。“革命的政党，革命的人民，总是要反复地经过正反两方面的教育，经过比较和对照，才能够锻炼得成熟起来，才有赢得胜利的保证。”

再次，是指中国的历史文化。历史，主要是指中国社会以往的发展过程，以及中国人民在这个过程中所积累的阶级斗争、生产斗争等方面的经验和国家治乱兴衰的经验等。文化，主要是指从事理论创造必须批判地加以继承的优秀文化遗产、必须有选择地加以利用的以往的思想材料。1943年5月，中共中央在《关于共产国际执委主席团提议解散共产国际的决定》中指出：“要使得马克思列宁主义这一革命科学更进一步地和中国革命实践、中国历史、中国文化深相结合起来。”决定强调，“中国共产党人是我们民族一切文化、思想、道德的最优秀传统的继承者，把这一切优秀传统看成和自己血肉相连的东西，而且将继续加以发扬光大。”

采访组：毛泽东曾说，《毛泽东选集》“是血的著作”。我们该如何理解这句话？

沙健孙：马克思主义的中国化，是在党和人民集体奋斗的基础上，依靠正反两方面经验的积累，依靠党的集体智慧，逐步得到解决的。毛泽东讲过：“在民主革命时期，经过胜利、失败，再胜利、再失败，两次比较，我们才认识了中国这个客观世界。在抗日战争前夜和抗日战争时期，我写了一些论文，例如《中国革命战争的战略问题》《论持久战》《新民主主义论》《〈共产党人〉发刊词》，替中央起草过一些关于政策、策略的文件，都是革命经验的总结。那些论文和文件，只有在那个时候才能产生，在以前不可能，因为没有经过大风大浪，没有两次胜利和两次失败的比较，还没有充分的经验，还不能充分认识中国革命的规律。”所以，他才说：“《毛选》什么是我的！这是血的著作。《毛选》里的这些东西，是群众教给我们的，是付出了流血牺牲的代价的。”

肯定毛泽东思想是党的集体智慧的结晶，并不意味着否定毛泽东特别突出的个人作用。作为马克思列宁主义与中国实际相结合的杰出代表，毛泽东是毛泽东思想的主要创立者，毛泽东的科学著作是它的集中概括。毛泽东能够在马克思主义中国化的事业中作出特别突出的贡献，马克思主义中国化的第一次历史性飞跃的理论成果以“毛泽东思想”来命名，这固然与他具有优秀的天

雷锋同志在学习《毛泽东选集》

赋、丰富的阅历、广博的才学、卓越的胆识等有关，但最重要的是由于他一开始就自觉地坚持了正确的思想方向。

第一，对马克思主义具有坚定的信念、刻苦的学习精神、非凡的领悟能力，并注意联系中国实际进行思考。据彭德怀回忆，1933年，毛泽东推荐自己阅读列宁的《社会民主党在民主革命中的两种策略》，说“此书要在大革命时读着，就不会犯错误”；不久，又推荐自己阅读列宁的《共产主义运动中的“左派”幼稚病》，说：“你看了以前送的那一本书，叫做知其一不知其二，你看了《‘左派’幼稚病》，才会知道‘左’与右同样有危害性。”

第二，深入实际斗争，密切联系群众，注重调查研究。对于调查工作，毛泽东倾注了满腔的热情，付出了巨大精力。以农村调查为例。他说，1925年，我做了四个月的农民运动，得知了各阶级的一些情况，可是这种了解是异常肤浅的，一点不深刻。后来，中央要我管理农民运动。我下了一个决心，走了一个月零两天，调查了长沙、湘潭、湘乡、衡山、醴陵五县。不过，在当时我对于农村阶级的结合，仍不是十分了解。到井冈山之后，我作了寻乌调查，才弄清了富农与地主的问题，认为如对地主一点土地也不分，对富农也只给一些坏田，这种办法不行。贫农与雇农的问题，是在兴国调查之后才弄清楚的，那时才使我知道贫农团在分配土地过程中的重要性。所以，从我个人调查农村来说，是经过了六七年时间的。毛泽东认识农村问题是这样，认识其他问题也是这样。在中国即将进入开始全面建设社会主义的时候，毛泽东就集中力量进行过一次调查研究，从1956年2月14日开始，到4月24日结束，前后共43天。他一共听取了国务院34个部门的工作汇报，还有计委关于第二个五年计划的汇报。他听口头汇报时，不断提出问题，发表意见，进行评论。被称为探索适合中国情况的建设社会主义道路的开篇之作的《论十大关系》，就是这次调查的直接成果。为了纠正“大跃进”中发生的主观主义的错误，毛泽东于1961年发出了“大兴调查研究之风”的号召。他恳切地说：“建国以来，特别是最近几年，我们对实际情况不大摸底了，大概是官做大了。我这个人就是官做大了，我从前在江西那样的调查研究，现在做得很少了。”他表示，“我自己的毛病当然要坚决改正”。他同时希望大家都去做调查研究，“把实事求是的精神恢复起来”。正因为深入实际斗争，密切联系人民群众，注重调查研究，毛泽东才能做到从实际出发，在历史的转折关头把握正确的政治方向，在探索中国革命和建设问题的过程中做出理论上的创造。

第三，真切地了解中国历史，批判地继承中国古代文化的优秀遗产。毛泽东把了解中国的历史、文化视为实现马克思主义中国化这项崇高任务不可或缺的工作。他说，我们不但要懂得外国，还要懂得中国；不但要懂得中国的今天，还要懂得中国的昨天和前天。他企图通过研读中国文史古籍达到进一步了解中国社会和中国人民；研究历代兴亡史，总结中国古代社会阶级斗争的经验，研究治国安民的艺术；借助于中国悠久的历史文化，帮助中国人建立起对于自己的民族、对于自身创造能力的信心，增强人们对于中国未来的乐观主义的信念。

正是在中国共产党人和广大人民群众集体奋斗的基础上，主要地依靠着毛泽东和他的战友们的努力，马克思主义这个科学的世界观和彻底的社会革命论才获得了中国特点，获得了在中国借以实现自己的民族形式，获得了新鲜活泼的、为中国老百姓所喜闻乐见的中国作风和中国气派，中国化的马克思主义——毛泽东思想才形成和发展了起来。

采访组：请您谈谈为什么毛泽东思想最终能为全党接受并被确立为党的指导思想?

沙健孙：毛泽东所代表的正确理论，并不是一经形成，就为全党所接受的。如果说，毛泽东思想在土地革命战争时期开始形成，那么恰恰是在这个时期，“左”的错误指导方针曾经多次在党中央占据支配地位，而坚持正确意见的毛泽东却一再受到压制、批判乃至不公正的处理，其中包括受到党内处分，被调离重要的领导岗位等。

党所领导的事业要全部走上正轨，仅仅有少数人的觉悟并不够，还需要有多数人的觉悟。因为党是按照民主集中制的原则组织起来的，个人或少数人提出的正确思想只有被多数人尤其是党的领导层中的多数人所承认和接受，才能成为党的意志，成为党领导人民团结战斗的旗帜。毛泽东的正确理论最终能够为多数人所接受，被确定为党的指导思想，至少是由于具备了两个条件。

第一，靠实践的教育。中国共产党是一个全心全意为人民服务的无产阶级革命政党，党内不存在一个自觉维护某种错误思潮的特殊利益集团。所以，凡是被实践证明是正确的意见，终归是会被全党所接受的；凡是被实践证明是错误的意见，也终归会被全党所摒弃。这正是党具有强大生命力的一种表现。正是因为在实践中受到了正、反两方面经验的教育，中共中央政治局于1935年1月召开的遵义会议，开始确立以毛泽东为主要代表的马克思主义的正确路线在党中央的领导地位，从而在极其危急的情况下挽救了中国共产党、挽救了中国工农红军、挽救了中国革命，成为中国共产党历史上一个生死攸关的转折点。

第二，靠深入的理论工作和党内教育。为了肃清“左”、右倾错误尤其是土地革命战争时期的“左”倾错误的影响，提高广大干部和党员群众执行党的正确路线的自觉性，最重要的就是要加强党内教育尤其是理论教育。在遵义会议之后，毛泽东集中精力去研究党在前两个历史时期的正反两方面经验，写了《论反对日本帝国主义的策略》《中国革命战争的战略问题》《实践论》《矛盾论》等著作。抗日战争时期，他在《〈共产党人〉发刊词》《中国革命和中国共产党》《新民主主义论》等著作中，更对中国革命的基本问题、对中国革命的基本经验，从理论上做了完整的概括和系统的发挥。这些著作，帮助广大党员尤其是党的干部提高了对有中国特点的新民主主义革命理论的认识，增强了识别政治上、思想上的重大是非和抵制“左”倾与右倾错误的能力，对保证中国革命沿着党的正确路线前进起到了极其重要的作用。在1942年，还开展了把发扬马克思列宁主义的学风、反对主观主义作为中心内容的整风运动。这样，1945年召开的党的七大所通过的党章就正式确定了以马克思列宁主义的理论与中国革命的实践之统一的思想——毛泽东思想作为自己一切工作的指针。

采访组：邓小平1978年说过，回想在1927年革命失败以后，如果没有毛泽东同志的卓越领导，中国革命有极大的可能到现在还没有胜利，“我们党就还在黑暗中苦斗”。请您谈谈，中国革命是如何在毛泽东思想的指引下取得胜利的？

沙健孙：毛泽东为中华人民共和国的成立，建立了永远不可磨灭的功勋。近代以来，中国面临着争取民族独立、人民解放和实现国家富强、人民富裕这样两个根本性的历史任务。只有首先经过革命，争得民族独立和人民解放，才能集中力量进行现代化建设，为实现国家富强、人民富裕创造前提，开辟道路。由于压在中国人民头上的反动势力极其强大；由于经济政治发展极不平衡的中国的国情十分复杂，因此，为争取民族独立、人民解放而进行的斗争不能不是一个伟大的，同时又是长时期的、艰苦的、曲折的过程。

中国共产党成立以后，首先集中力量投入工人运动，在此基础上实现了与国民党的合作，参加了北伐战争，掀起了第一次大革命的高潮。但党当时还处在幼年时期，不善于把马克思主义与中国革命实际正确地结合起来，在后期放弃了对革命的领导权，特别是放弃了对武装力量的领导权，这次革命遭到了失败。1927年革命失败后，以毛泽东为代表的中国共产党人通过调查研究中国的国情，总结中国革命正反两方面的经验，逐步把马克思列宁主义与中国实际正确地结合起来。中国革命由此走上了复兴和胜利发展之途。

毛泽东思想是在20世纪20年代后期和30年代前期，即在土地革命战争的前期、中期，在同国际共产主义运动中和中国共产党党内盛行的把马克思主义教条化，把共产国际决议和苏联经验神圣化的错误倾向的斗争中，依据马克思主义的基本原理，对中国长期革命实践中的一系列独创性经验作了理论概括而形成起来的。以毛泽东为代表的中国共产党人所开辟的农村包围城市、武装夺取政权的道路，以及为坚持这条道路所确定的农村环境中建设无产阶级革命政党和新型人民军队的指导思想和具体措施，所制定的人民战争的战略战术原则，所实行的土地革命路线等，不仅不是来源于共产国际的指示，而且是直接违反共产国际的那些脱离中国实际的错误指示的。这表明，中国共产党人已经逐步学会了独立思考中国革命的问题，并在一系列根本性的问题上开始把马克思主义的理论和中国革命的具体实践正确地结合起来了。正因为如此，这条道路的开辟，成了毛泽东思想形成的一个重要标志。

在土地革命战争后期和抗日战争时期，毛泽东思想得到系统总结和多方面展开而达到成熟，并在解放战争时期进一步得到发展。这主要表现在：毛泽东阐明了中国新民主主义革命的性质、特点和发展规律，制定了无产阶级领导的，人民大众（以农民为主体，包括城市小资产阶级、民族资产阶级在内）的，反对帝国主义、封建主义和官僚资本主义的革命这样一条新民主主义革命的总路线和总政策，制定了新民主主义的政治、经济、文化纲领，提出了一个具有独创性的新民主主义的完整的理论体系。他科学地概括了中国革命的基本经验，主要是武装斗争和统一战线的经验，加强了作为无产阶级先锋队的共产党的自身建设，为把长期主要在农村活动、党员中以农民出身的成分为主的党建设成为无产阶级革命政党进一步指明了方向。他还精辟地论证了党在革命斗争中的政策和策略问题。

革命的根本问题是国家政权问题。中国共产党领导中国人民进行反帝反封建的民主革命的根本目的，是为了摧毁代表帝国主义势力和封建地主阶级、官僚买办资产阶级利益、维护半殖民地半封建社会制度的反动政权，创建一个工人阶级领导的、以工农联盟为基础的人民共和国。

正是在中国共产党的领导下，在中国化的马克思主义——毛泽东思想的指引下，在大革命之后，中国人民经过土地革命战争、抗日战争和解放战争，终于推翻了帝国主义、封建主义、官僚资本主义的反动统治，赢得了新民主主义革命的基本胜利，迎来了中华人民共和国的成立。

中华人民共和国成立以后，以毛泽东同志为核心的党中央在领导人民完成民主革命遗留任务和恢复国民经济之后，提出了过渡时期的总路线，基本完成了社会主义改造，确立了社会主义基本制度，从而实现了我国历史上最深刻最伟大的社会变革，为我国今后一切进步和发展奠定了基础。

沐浴着新中国阳光的天安门

采访组：在社会主义改造基本完成、社会主义基本制度确立之后，毛泽东是如何认识全面建设社会主义这个问题的?

沙健孙：新中国的经济建设始于1949年。由于没有管理全国经济的经验，第一个五年计划的建设不得不照抄苏联的办法。“这在当时是完全必要的，同时又是一个缺点，缺乏创造性，缺乏独立自主的能力。这当然不应当是长久之计。”在社会主义改造即将基本完成的时候，毛泽东“当时就想，苏联和中国都是社会主义国家，我们是不是可以搞得快点多点”，“他们走过的弯路，你还想走？过去我们就是鉴于他们的经验教训，少走了一些弯路，现在当然更要引以为戒”。

在全面建设社会主义的时期即将开始之际，毛泽东即认真着手探索适合中国情况的社会主义建设的道路。从1956年到1957年，在《论十大关系》《关于正确处理人民内部矛盾的问题》及其他著作和中共第八次全国代表大会的文件中，提出了一系列的重要观点，标志着这种探索的良好开端。

在经济文化落后的中国，如何建设社会主义，如何巩固和发展社会主义，这是一个需要经过长期的探索、依靠经验的积累才能圆满地回答的历史性课题。在这个过程中，犯这样那样的错误是难以避免的。主要的错误、挫折有两次。一次发生在以“大跃进”为标志的1958年到1960年间，另一次发生在以“文化大革命”为标志的1966年到1976年间。“这两次大错误、大挫折都是由于我们党在独立地寻找中国自己的社会主义道路的过程中发生严重偏差而造成的。”

不过，作为一位伟大的、坚定的探索者，毛泽东十分注意从错误和挫折中进行学习，不断加深对“社会主义和如何建设社会主义”的认识。在系统回答了在一个半殖民地半封建的东方大国，如何实现新民主主义革命和社会主义革命的问题之后，以毛泽东同志为主要代表的中国共产党人“对建设什么样的社会主义、怎样建设社会主义进行了艰辛探索，以创造性的内容为马克思主义宝库增添了新的财富”。

第一，提出全面建设社会主义的任务。1956年9月，在党的八大上，以毛泽东同志为核心的中央领导集体及时分析了我国社会主要矛盾的变化，提出了党与国家工作重心转移的任务。在这之后，毛泽东反复指出：“现在的情况是：革命时期的大规

1956年9月，毛泽东在党的八大上致开幕词

模的急风暴雨式的群级斗争基本结束，但是阶级斗争还没有完全结束。”我们要“团结全国各族人民进行一场新的战争——向自然界开战，发展我们的经济，发展我们的文化，使全体人民比较顺利地走过目前的过渡时期，巩固我们的新制度，建设我们的新国家。”“我们的根本任务已经由解放生产力变为在新的生产关系下保护和发展生产力”了。我们“现在处在转变时期：由阶级斗争到向自然界斗争，由革命到建设，由过去的革命到技术革命和文化革命”。20世纪，上半个世纪搞革命，下半个世纪搞建设。现在的中心任务是搞建设。他把这个“产业革命或者说经济革命”，称作是“第二个革命”。

第二，提出把马克思列宁主义同我国的具体实际进行“第二次结合”的基本原则。1956年4月初，在中共中央书记处会议上讨论《关于无产阶级专政的历史经验》一文时，毛泽东提出：“我认为最重要的教训是独立自主，调查研究，摸清本国国情，把马克思列宁主义的基本原理同我国革命和建设的具体实际结合起来，制定我们的路线、方针、政策。民主革命时期，我们走过一段弯路，吃了大亏之后才成功地实现了这种结合，取得革命的胜利。现在是社会主义革命和建设时期，我们要进行第二次结合，找出在中国进行社会主义革命和建设的正确道路。”考虑到以往经济建设中有过照搬苏联办法的倾向，毛泽东首先指出，现在我们“应当更加强调从中国的国情出发，强调开动脑筋，强调创造性，在结合上下功夫”。

苏共二十大以后，西方敌视社会主义的势力利用赫鲁晓夫的秘密报告攻击共产党和社会主义，叫嚣要“改变共产主义世界的性质”，掀起了一个世界性的反共浪潮。针对这种情况，毛泽东和中共中央又指出，苏联革命和建设中的教训必须认真汲取，但对那些具有普遍意义的基本经验则必须坚持。从基本原理上说，十月革命道路“反映了人类社会发展长途中一个特定阶段内关于革命和建设的普遍规律”。1956年底发表的根据中共中央政治局的讨论所写的《再论无产阶级专政的历史经验》一文，将上述基本原理概括为五条，最重要的是社会主义道路和党的领导两条，指出我们必须“保卫十月革命所开辟的这一条马克思列宁主义的道路”，这“在目前的国际形势下具有特别重大的意义”。

在修改八大政治报告时，毛泽东进一步明确地提出我国社会主义会带有自己的许多特点的思想，强调：“我国是一个东方国家，又是一个大国。因此，我国不但在民主革命的过程中有自己的许多特点，在社会主义改造和社会主义建设的过程中也带有自己的许多特点，而且在将来建成社会主义社会以后还会继续存在自己的许多特点。”

在毛泽东看来，坚持马克思列宁主义的基本原理，与从中国社会主义建设的具体实际出发，两者应当有机地结合在一起。如果否定了马克思列宁主义的基本原理，否定了社会主义的共同性，即否定了社会主义必须具备的基本特征，那搞的就不是社会主义，而是别的什么主义了；如果不从中国实际出发，那社会主义建设是不可能搞好的。

毛泽东提出的关于马克思列宁主义同中国实际的“第二次结

合”的思想，为中国共产党和中国人民探索适合中国国情的社会主义建设道路提供了基本的指导原则，指明了正确的方向。

第三，阐明关于建设社会主义的若干重大理论原则。

一是提出社会主义现代化建设的奋斗目标和发展战略。中国社会主义现代化建设的目标，是实现农业、工业、国防和科学技术“四个现代化”。“四个现代化”是相互关联的，要同时并进，相互促进。而关键在于实现科学技术的现代化。中国的发展所应遵循的是“两步走战略”，即首先建立独立的、比较完整的工业体系和国民经济体系，而后全面实现“四个现代化”。我们要建立独立的经济体系，不仅表现在生产方面，而且表现在社会基础上，包括城乡、工业和农业、生产和生活、积累和消费等。这个提法，比起“独立的、完整的工业体系”来，其内涵更丰富、外延也更宽广了。中国全面实现“四个现代化”，大约需要100年甚至更长的时间。

二是提出社会主义社会基本矛盾的学说。毛泽东指出：“社会总是充满着矛盾。即使社会主义和共产主义社会也是如此，不过矛盾的性质和阶级社会有所不同罢了。”他强调，“既有矛盾，就要求揭露和解决。”在1957年发表的《关于正确处理人民内部矛盾的问题》一文中，毛泽东进一步强调，我们必须运用对立统一规律来观察和研究社会主义社会及其历史发展。不承认社会主义社会还有矛盾，就会“使得他们在社会矛盾面前缩手缩脚，处于被动地位，不懂得在不断地正确处理和解决矛盾的过程中，将会使社会主义社会中的统一和团结日益巩固”。正因为如此，我们“有必要在我国人民中，首先是在干部中，进行解释，引导人们认识社会主义社会中的矛盾，并且懂得采取正确的方法处理这种矛盾”。毛泽东指出：“在社会主义社会中，基本的矛盾仍然是生产关系和生产力之间的矛盾，上层建筑和经济基础之间的矛盾。”“在社会主义时代，矛盾仍然是社会运动发展的动力。”他从中国的实际出发，论述了与此有关的两个重大问题：首先，具体地分析了社会主义社会的基本矛盾。他说：“社会主义生产关系已经建立起来，它是和生产力的发展相适应的；但是，它又还很不完善，这些不完善的方面和生产力的发展又是相矛盾的。”人民民主专政的国家制度和法律，以马克思列宁主义为指导的社会主义意识形态，这些上层建筑，“是和社会主义的经济基础即社会主义的生产关系相适应的；但是，资产阶级意识形态的存在，国家机构中某些官僚主义作风的存在，国家制度中某些环节上的缺陷的存在，又是和社会主义的经济基础相矛盾的”。我们今后必须按照具体的情况，继续解决上述的各种矛盾。其次，根据社会主义社会矛盾的特殊性质，具体地论述了解决矛盾的方法。他说：社会主义社会的矛盾同旧社会的矛盾是根本不相同的。比如，资本主义社会的矛盾表现为剧烈的对抗和冲突，表现为剧烈的阶级斗争，它们不可能由资本主义制度自身得到解决。“社会主义社会的矛盾是另一回事。”“它不是对抗性的矛盾，它可以经过社会主义制度本身，不断地得到解决。”从上面的分析，我们应当得到的基本结论是：一方面，社会主义的生产关系和生产力之间、上层建筑和经济基础之间，基本上是相适应的。我们必须肯定“我们现在的社会制度比较旧时代的社会制度要优胜得多”，必须牢记“只有社会主义能够救中国”这个历史性的真理，因而坚定不移地坚持社会主义的基本制度；另一方面，社会主义的生产关系和生产力之间、上层建筑和经济基础之间，仍然存在着矛盾。我们必须看到“我国的社会主义制度还刚刚建立，还没有完全建成，还不完全巩固”，“还很不完善”，因而“我们的社会主义制度还需要有一个继续建立和巩固的过程”，需要“经过社会主义制度本身”，克服它的某些环节上的缺陷，使之不断地“完善”起来。用今天的话来讲，就是要进行社会主义性质的改革。毛泽东提出的社会主义社会基本矛盾的学说，为进行社会主义性质的改革，提供了理论的依据，奠定了思想的基础。事实上，在提出社会主义社会基本矛盾的学说之后不久，毛泽东就明确地提出了进行改革的任务。他说：“中国的改革和建设靠我们来领导。”“我们国家要有很多诚心为人民服务、诚心为社会主义事业服务、立志改革的人。我们共产党员都应该是这样的人。”他还说：“我们还需要一批党外的志士仁人，他们能够按照社会主义、共产主义的方向，同我们一起来为改革和建设我们的社会而无所畏惧地奋斗。”1958年1月，他进一步提出：“共产党准备大改革。”

三是提出关于社会主义社会发展阶段的理论。1959年底、1960年初，毛泽东在读苏联《政治经济学教科书》的谈话中，提出一个重要的观点：“社会主义这个阶段，又可分为两个阶段，第一个阶段是不发达的社会主义，第二个阶段是比较发达的社会主义。后一阶段可能比前一阶段需要更长的时间。”他说：“在我们这样的国家，完成社会主义建设是一个艰巨的任务，建成社会主义不要讲得过早了。”这就是说，在一个长时期里，中国还处在“不发达的社会主义”阶段，我们必须从这个实际出发。中国的“不发达的社会主义”阶段是要向“比较发达的社会主义”阶段发展的，我们必须认清这个前进的方向。认识中国的社会性质，是为了把马克思列宁主义的基本原理与中国的实际正确地结合起来，找出中国建设社会主义的客观规律，制定出适合中国情况的路线、方针和政策，把中国的社会主义建设事业推向前进。毛泽东提出的这个观点具有重大的理论价值。它是中国共产党人在探索中国社会主义建设道路的过程中取得的重要成果，也是改革开放以来中国共产党人提出的社会主义初级阶段理论的思想渊源。

四是提出正确区分和处理两类矛盾的学说和在政治生活中判断是非的标准。社会主义改造基本完成后，不少人对新的社会制度还不能马上适应，再加上党和政府的一些工作部门存在着主观主义、官僚主义作风，引起一些群众的不满。1956年下半年，一些地区出现了工人罢工、学生罢课、农民退社等情况。与此同时，国际上出现的波兰、匈牙利事件，也在国内引起一些人的思想波动。一些领导干部对此缺乏思想准备，或者束手无策，或者对一些闹事问题不作具体分析，简单化地将其作为敌我矛盾来处理。

1957年2月，毛泽东在扩大的最高国务会议第十一次（扩大）会议上作如何处理人民内部矛盾的讲话，指出：在社会主义制度下，人民的根本利益是一致的，但还存在着敌我矛盾和人民内部矛盾。必须区分社会主义社会两类不同性质的社会矛盾，把正确处理人民内部矛盾作为国家政治生活的主题。

社会主义是广大人民群众的切身事业。建设社会主义，必须依靠广大人民群众的积极性、主动性。毛泽东认为，所谓正确处理人民内部矛盾问题，就是我们党经常说的走群众路线的问题。“如果党群关系搞不好，社会主义制度就不可能建成；社会主义制度建成了，也不可能巩固。”他提醒人们：在一般情况下，人民内部的矛盾不是对抗性的。但是如果处理得不适当，或者失去警觉，麻痹大意，也可能发生对抗。匈牙利事件的教训，值得大家注意。他联系农业合作化问题、工商业者问题、知识分子问题、少数民族问题、少数人闹事问题、与民主党派关系问题等，系统地阐明了正确处理各种人民内部矛盾的方针和方法。他强调，不能用解决敌我矛盾的方法去解决人民内部矛盾，只能用民主的、说服的、教育的、“团结—批评—团结”的方法去解决。调动一切积极因素，并且尽可能地化消极因素为积极因素，这是中国共产党制定的建设社会主义的基本方针。毛泽东提出的两类社会矛盾的学说，为党制定这个基本方针提供了理论根据。

为了帮助广大人民在我国的政治生活中判断人们言论和行动的是非、辨别香花和毒草，毛泽东根据我国宪法的原则、最大多数人的意志和各党派的共同主张，提出了六条标准，即：有利于团结全国各族人民；有利于社会主义改造和社会主义建设；有利于巩固人民民主专政；有利于巩固民主集中制；有利于巩固共产党的领导；有利于社会主义的国际团结和全世界爱好和平人民的国际团结。“这六条标准中，最重要的是社会主义道路和党的领导两条。”他强调，“提出这些标准，是为了帮助人民发展对于各种问题的自由讨论，而不是为了妨碍这种讨论”，因为“大多数人有了明确的标准，就可以使批评和自我批评沿着正确的轨道前进”。这是有利于人民民主建设、有利于我国各项事业的健康发展的。坚持这六条标准，是我国的建设事业沿着正确方向前进的政治保证，实际上也是改革开放以来我们党强调的必须坚持的四项基本原则的早期表述。

第四，制定中国社会主义经济、政治、文化建设等方面的重要指导方针。在经济建设方面，提出走中国工业化的道路，正确处理重工业和农业、轻工业的关系；在国家工业化的过程中实行一系列“两条腿走路”的方针；发展商品经济、利用价值规律，为社会主义建设服务；按照“统筹兼顾，适当安排”的方针，处理好生产与生活等方面的关系；坚持自力更生的方针与发展对外经济关系。在民主政治建设方面，提出社会主义民主政治建设的目标，是“造成一个又有集中又有民主，又有纪律又有自由，又有统一意志、又有个人心情舒畅、生动活泼，那样一种政治局面”；坚持人民民主，尽可能团结一切可以团结的力量；切实保障人民当家作主的各项权利，让人民参与国家和社会事务的管理；逐步地系统地制定完备的法律。国家必须根据需要，逐步地系统地制定完备的法律；处理好中国共产党同各民主党派的关系，坚持长期共存、互相监督的方针，巩固和扩大爱国统一战线。在文化建设方面，提出坚持马克思主义在思想文化领域的指导地位、坚持工人阶级及其政党的领导权；实行百花齐放、百家争鸣的方针；正确处理文化问题上的古今中外的关系；思想政治工作是经济工作和其他一切工作的生命线；建设工人阶级知识分子的宏大队伍，等等。

除此之外，在党的自身建设、军队和国防建设，在国际战略和外交工作等方面，毛泽东也提出过许多重要的思想。

采访组：请您具体谈谈毛泽东在加强党的自身建设方面有哪些突出特点和独创性贡献？

沙健孙：毛泽东指出："领导我们事业的核心力量是中国共产党，指导我们思想的理论基础是马克思列宁主义。"他强调，"中国共产党是全中国人民的领导核心，没有这样一个核心，社会主义事业就不能胜利。"为了加强共产党对社会主义事业的领导，毛泽东十分重视在执政条件下加强党的自身建设，巩固党的执政地位，高度警惕党在执政以后可能产生的种种消极现象，要求采取坚决措施加以防止和纠正。

第一，必须坚持共产主义的远大理想，切实做到两个"务必"。中国共产党作为工人阶级的先锋队，从它成立那天起，就是把实现共产主义作为自己的最终奋斗目标的。只有坚持共产主义的理想、信念，才能具有政治上的坚定性，才能在贯彻执行党的当前阶段的纲领、路线时具有高度的自觉性，才能自觉地抵制资产阶级腐朽思想的侵蚀，保持旺盛的斗志和革命精神。

毛泽东在党的七届二中全会上就及时指出：因为胜利，党内的骄傲情绪，以功臣自居的情绪，停顿起来不求进取的情绪，可能生长。因为胜利，资产阶级也会出来捧场，他们所施放的糖衣炮弹有可能征服我们队伍中的意志薄弱者。我们必须预防这种情况。所以，“务必使同志们继续地保持谦虚、谨慎、不骄、不躁的作风，务必使同志们继续地保持艰苦奋斗的作风”。因为对于共产党人来说，实现共产主义才是自己的最终奋斗目标，夺取政权，只是“万里长征走完了第一步”。

第二，必须端正党的思想路线，坚持和发展社会主义。党要成为全国人民的坚强领导核心，必须端正思想路线，把握坚持和发展社会主义的正确方向。为了找到适合中国情况的建设社会主义的道路，毛泽东指出：必须遵循马克思列宁主义与中国实际的“第二次结合”的原则，解决中国如何集中力量进行社会主义现代化建设的问题，以期领导人民去完成实现国家繁荣富强和人民共同富裕这项新的历史任务。为了正确地实行马克思主义与中国实际的“第二次结合”，广大党员特别是党的干部，要认真学习马克思主义的基本理论。由于调查研究是把马克思主义同中国实际结合起来的不可或缺的中间环节，各级党委都要把调查研究定为经常的工作制度。

第三，必须自觉地运用人民赋予的权力为人民服务。全心全意为人民服务，这是中国共产党的根本宗旨。必须弄清楚：我们的权力是工人阶级给的，是广大农民给的，是占人口百分之九十以上的广大人民群众给的。我们应当代表人民群众来行使这个权力；应当利用这个权力来维护人民群众的利益、为人民服务；应当直接依靠人民群众来行使这个权力。“共产党基本的一条，就是直接依靠广大革命人民群众。”作为执政党，中国共产党面临的最大的危险，就是脱离群众。为此，必须通过加强教育和健全制度，来防止干部脱离群众，防止党和人民政权蜕化变质。干部参加集体生产劳动是保持同群众密切联系的重要途径之一。为了打掉官风，使干部与群众打成一片，必须“肃清一切作风上、工作上、制度上的错误”。每一个党员尤其是党的干部一定要以普通劳动者的姿态出现，平等待人，自觉接受人民群众的监督。“主要监督共产党的是劳动人民和党员群众”，同时还有民主党派。“因为一个党同一个人一样，耳边很需要听到不同的声音”，所以“有了民主党派对我们更为有益”。

第四，必须进一步发扬党内民主，健全民主集中制。处于执政地位的共产党，必须执行一种“群众路线的领导方法”，建立一定的制度来保证群众路线和集体领导的贯彻实施。没有高度的民主，不可能有高度的集中，而没有高度的集中，就不可能建立社会主义经济，无产阶级专政就不可能巩固。发扬民主，首先是党内民主，党才能实行正确的集中。为了实行正确的集中，党在决定重大问题时，不仅需要鼓励党员勇于发表自己的意见，而且应当允许党员保留自己的不同意见。党的干部，有了错误，一定要作自我批评，要让人家讲话，让人批评。如果党内没有高度的民主而只有高度的集中，就容易发生权力过分集中的现象和个人专断的现象。

第五，必须防止形成特权阶层，培养好党的事业的合格接班人。毛泽东在中共七届二中全会上讲到从民主革命能否和平转变到社会主义时发出过这样的警告：如果国家和我们的党腐化下去，无产阶级就有可能“不能掌握住这个国家政权”。对于这种危险，必须提起高度的警觉，并采取切实措施加以防止。20世纪50年代后期以来，毛泽东觉察到西方敌对势力正在对社会主义国家施行“和平演变”的战略，号召共产党人提高警惕，同这种“和平演变”的危险作斗争。毛泽东认为，防止“和平演变”，其重要条件之一，就是要防止在党内和党政干部队伍中形成特权阶层。为了防止形成特权阶层，必须巩固社会主义的经济基础；肃清一切工作上、作风上、制度上的错误，反对给干部特殊化的待遇，以便打掉官风，使干部同群众打成一片；关心并严格要求干部子女；相信和依靠党内外的广大群众，揭发和清除党内的阴暗面，同以权谋私、贪污受贿等一切腐败现象进行坚持不懈的斗争。有鉴于帝国主义把“和平演变”的希望寄托在新中国的第三代、第四代身上，毛泽东认为，为了粉碎他们的图谋，另一个重要条件，就是必须解决好培养党的事业的合格接班人这个问题。怎样培养党的事业的合格接班人？毛泽东说，我看有五条：第一条，要教育干部懂得一些马列主义，懂得多一些更好。第二条，要为大多数人民谋利益，为中国人民大多数谋利益，为世界人民大多数谋利益。第三条，要能够团结大多数人，包括从前反对自己反对错了的人。第四条，有事要跟同志们商量。第五条，自己有了错误，要作自我批评。他还指出，“无产阶级的革命接班人总是要在大风大浪中成长的”。他深信，只要千百万无产阶级的革命接班人在斗争实践中成长起来了，党的先进性就能够得到保持，党的执政地位就能够得到巩固，社会主义事业就会得到健康发展，而西方敌对势力“和平演变”中国的图谋就一定会遭到彻底的破产。

采访组：我们党为什么必须维护毛泽东思想和毛泽东的历史地位?

沙健孙：维护毛泽东和毛泽东思想的历史地位是一个十分重大的原则问题。毛泽东、毛泽东思想在中国共产党的历史上具有崇高的、不可动摇的地位。这种历史地位是在长期的斗争实践中逐步形成的，是以无可置疑的基本事实为依据的，是为广大党员和人民群众所共同确认的。而这种维护，完全是建立在科学评价的基础之上的。

只有科学评价毛泽东、毛泽东思想及其历史地位，正确认识改革开放前和改革开放后两个历史时期的关系，才有助于我们把握中国特色社会主义的理论基础，认清社会主义基本制度与改革开放的内在关联，更加自觉地坚持改革、坚持改革的社会主义方向，巩固和发展中国特色社会主义的伟大事业。

诚然，新中国成立以后，毛泽东领导时期的中国共产党在取得巨大成就的同时，也犯过不少错误。我们必须正视这些错误，切实从中汲取教训，这是毫无疑问的。习近平总书记指出，“对改革开放前的社会主义实践探索，要坚持实事求是的思想路线，分清主流和支流，坚持真理，修正错误，发扬经验，吸取教训，在这个基础上把党和人民事业继续推向前进”。这就是说，在分析和研究党的历史，包括党在历史上经历的曲折和犯过的错误时，要注意：第一，分清主流和支流。要看到在整个党的历史上，错误和挫折只是局部的、暂时的现象，并不是它的本质和主流、主题和主线。即使对党史上某个犯严重错误的时期，也不能简单地否定一切。第二，坚持真理，修正错误，发扬经验，吸取教训。要用历史的观点、实践的观点看待党史上曾经出现过的错误和曲折，着重于分析当时的环境，当时错误的内容，当时错误的社会根源、历史根源和思想根源，研究防止此类错误重犯的办法；而不应当单纯地着眼于个人的功过。第三，在这个基础上把党和人民事业继续推向前进。要反映党和党的领导人依靠广大党员、干部和人民群众发现错误、制止错误、纠正错误的历史过程，帮助人们认识：中国共产党作为一个不谋私利、全心全意为人民服务的工人阶级政党，它不但善于从成功的经验中学习，而且善于从自己的错误中学习。它是具有很强的自我净化和自我发展的能力的。只有这样，我们才不至于在批评错误的时候否定应当维护的正确的东西；才不至于损害党的领导地位和社会主义基本制度；才能对错误本身做出科学的冷静的分析，从中引出应有的历史教训。

如何评价毛泽东及毛泽东思想的历史地位，这“不只是个理论问题，尤其是个政治问题，是国际国内的很大的政治问题”。因为对这个问题的回答，直接关系到怎样看待党和国家奋斗的历史；关系到党的团结，国家的安定；关系到党和国家未来的发展道路。晚清思想家龚自珍说过："灭人之国，必先去其史。"这个论断是历史经验的总结，值得我们认真汲取。

为了统一全党、全国人民在这个重大原则问题上的认识，以便在这个基础上把社会主义事业更好地推向前进，邓小平主持了《中国共产党中央委员会关于建国以来党的若干历史问题的决议》的起草工作。他明确指出，起草这个决议，最核心的一条，就是"确立毛泽东同志的历史地位，坚持和发展毛泽东思想"。1981年6月，中共十一届六中全会通过了这个决议。决议指出："毛泽东同志是伟大的马克思主义者，是伟大的无产阶级革命家、战略家和理论家。他虽然在'文化大革命'中犯了严重错误，但是就他的一生来看，他对中国革命的功绩远远大于他的过失。他的功绩是第一位的，错误是第二位的。他为我们党和中国人民解放军的创立和发展，为中国各族人民解放事业的胜利，为中华人民共和国的缔造和我国社会主义事业的发展，建立了永远不可磨灭的功勋。他为世界被压迫民族的解放和人类进步事业作出了重大的贡献。""毛泽东思想是我们党的宝贵的精神财富，它将长期指导我们的行动。"

维护毛泽东的历史地位、维护毛泽东思想作为党的指导思想的地位，具有巨大的现实意义和深远的历史意义。历史的经验和现实的生活都表明：只有正确地总结过去，才能胜利地开辟未来。坚持实事求是地研究、认识和宣传党史的主题和主线、主流和本质，科学地评价毛泽东的历史地位和毛泽东领导时期党的历史，不仅是我们必须做好的一项严肃的科学工作，而且是我们应当承担的一种重大的政治责任。

科学评价毛泽东和毛泽东思想，必须与历史虚无主义划清界限。习近平总书记指出：历史虚无主义的要害，是从根本上否定马克思主义指导地位和中国走向社会主义的历史必然性，否定中国共产党的领导。要警惕和抵制历史虚无主义的影响，坚决抵制、反对党史问题上存在的错误观点和错误倾向。“苏联为什么解体？苏共为什么垮台？一个重要原因就是意识形态领域的斗争十分激烈，全面否定了苏联历史、苏共历史，否定列宁，否定斯大林，搞历史虚无主义，思想搞乱了……这是前车之鉴啊！”

中国共产党领导人民进行社会主义建设，有改革开放前和改革开放后两个历史时期。习近平总书记指出，这是两个相互联系又有重大区别的时期，但本质上都是我们党领导人民进行社会主义建设的实践探索。中国特色社会主义是在改革开放历史新时期开创的，但也是在新中国已经建立起社会主义基本制度并进行了20多年建设的基础上开创的。改革开放前的社会主义实践探索为改革开放后的社会主义实践探索积累了条件，改革开放后的社会主义实践探索是对前一个时期的坚持、改革、发展。不能用改革开放后的历史时期否定改革开放前的历史时期，也不能用改革开放前的历史时期否定改革开放后的历史时期。习近平总书记的这个重要论断，为实事求是地分析和研究党的历史，反对历史虚无主义，提供了重要的思想武器。

在纪念毛泽东同志诞辰120周年座谈会上的讲话中，习近平总书记满怀深情地讲："毛泽东同志属于中国，也属于世界。毛泽东同志的革命实践和光辉业绩已经载入中华民族史册。他的名字、他的思想、他的风范，将永远鼓舞我们继续前进。"这些话，表达了全党同志和全国广大人民的共同感受，应当成为我们在评价毛泽东、毛泽东思想及其历史地位时的基本遵循。

邓小平对社会主义改革开放的开创性贡献

采访对象：滕文生，1940年10月生，湖南常宁人。1964年毕业于中国人民大学中共党史系，1965年加入中国共产党。先后在《红旗》杂志社、国务院政治研究室、中共中央政策研究室、中共中央书记处研究室、中央整党指导委员会办公室、中央顾问委员会、中央政策研究室、中央文献研究室工作。曾担任中央顾问委员会副秘书长，中央政策研究室副主任、主任，中央文献研究室主任。中共十五届、十六届中央委员，第十一届全国政协常委。还曾担任国际儒学联合会常务副会长、会长。曾多次参与党和国家重要文件、文稿的撰写。个人亦著有书稿、文章、诗词、手书等多部（篇、幅）。

采 访 组：储峰　黄珊　高长武

采访方式：书面采访

采访时间：2021年4月5日

采访组：滕文生同志，您好！我们党召开十一届三中全会至今已40余年了，这次会议作为伟大的历史转折载入史册。当时，您参与了邓小平同志中央工作会议讲话稿的起草工作。请您回顾一下这段历史。

滕文生：1978年12月18—22日召开的党的十一届三中全

会，作为伟大的历史转折点而载入史册。在这次全会前，举行了为期36天的中央工作会议，为全会作了充分的准备工作。12月13日，邓小平在中央工作会议上作了题为《解放思想，实事求是，团结一致向前看》的重要讲话。我当时在国务院政治研究室工作，有幸参与了这篇讲话稿的起草工作。

这里先简要地回顾一下国务院政治研究室的一些情况。1973年，在毛泽东的提议下，邓小平第一次复出，恢复了党和国家的领导职务，他先是代替已经重病在身的周恩来主持国务院日常工作，后又主持中共中央的日常工作。为了工作的需要，1975年6月成立了以胡乔木同志为主任的国务院政治研究室，副主任有吴冷西、胡绳、熊复、于光远、李鑫、邓力群六位同志。我是1975年9月初去国务院政治研究室工作的。粉碎“四人帮”后，邓小平于1977年第二次复出，重新恢复了在党中央的领导职务。他复出后，就着手为结束十年“文化大革命”的内乱局面、进行拨乱反正、开创社会主义事业发展新时期而进行了多方面的准备工作。

邓小平通过在多种场合的讲话、谈话，首先进行思想上政治上的正本清源。他还指示国务院政治研究室写了一系列理论文章，这些文章大都是以“特约评论员”的名义在《人民日报》发表的。1978年5月10日，中共中央党校内部刊物《理论动态》第60期发表《实践是检验真理的唯一标准》一文。5月11日，《光明日报》全文刊登。当日，新华社转发了这篇文章。12日，《人民日报》《解放军报》《解放日报》等全文转载。邓小平、陈云

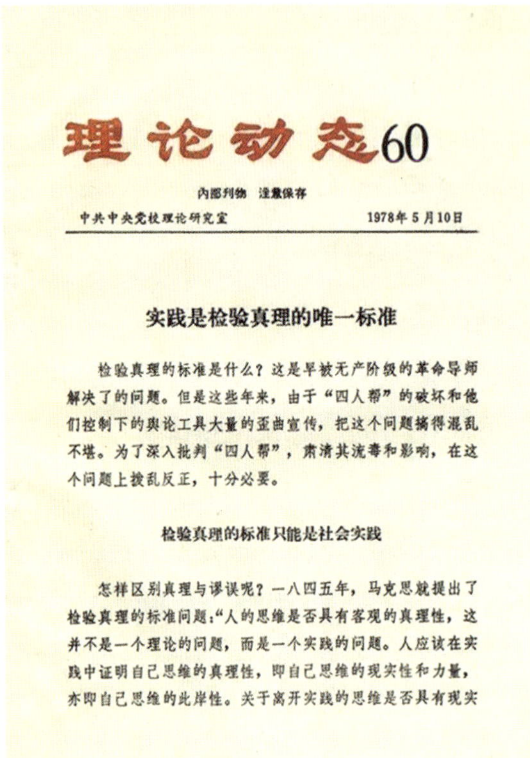

理论动态 60

内部刊物 注意保存

中共中央党校理论研究室 1978年5月10日

实践是检验真理的唯一标准

检验真理的标准是什么？这是早被无产阶级的革命导师解决了的问题。但是这些年来，由于“四人帮”的破坏和他们控制下的舆论工具大量的歪曲宣传，把这个问题搞得混乱不堪。为了深入批判“四人帮”，肃清其流毒和影响，在这个问题上拨乱反正，十分必要。

检验真理的标准只能是社会实践

怎样区别真理与谬误呢？一八四五年，马克思就提出了检验真理的标准问题：“人的思维是否具有客观的真理性，这并不是一个理论的问题，而是一个实践的问题。人应该在实践中证明自己思维的真理性，即自己思维的现实性和力量，亦即自己思维的此岸性。关于离开实践的思维是否具有现实

1978年5月10日，中共中央党校内部刊物《理论动态》第60期发表《实践是检验真理的唯一标准》一文

等对此文当即予以肯定和支持。以上这些都为党的十一届三中全会的召开提供了舆论准备。而中央工作会议，则是直接为十一届三中全会的召开进行思想、政治和组织准备的。

中央工作会议开始前，邓小平就要国务院政治研究室为他起草一篇在工作会议上的讲话稿，中心思想是阐明为什么要把党和国家的工作着重点从“以阶级斗争为纲”转移到社会主义现代化建设上来。中央工作会议讨论的中心议题，也是关于党和国家的

工作着重点的转移问题。工作会议的前一段，邓小平没有参加，因为他于11月5—14日出访泰国、马来西亚、新加坡三国，当他回国后出席中央工作会议时，与会同志对党和国家的工作着重点转移问题已统一了认识，陈云在东北组发言后，会议已开始讨论平反冤假错案，以及从政治上组织上进行拨乱反正的问题。这时，邓小平就要求国务院政治研究室重新为他起草讲话稿，他还亲自草拟了讲话提纲，主要是讲打破僵化、解放思想的问题。

我记得是在1978年12月5日下午，我们重新开始起草这篇讲话稿的。起草工作由于光远布置、林涧青具体主持。全篇讲话分为四个部分：一、解放思想是当前的一个重大政治问题；二、民主是解放思想的重要条件；三、处理遗留问题为的是向前看；四、研究新情况，解决新问题。我参与起草第一部分和第四部分。第一部分主要是论述思想僵化的危害性和解放思想、实事求是的重要性。其中写了这样一段话："一个党，一个国家，一个民族，如果一切从本本出发，思想僵化，迷信盛行，那它就不能前进，它的生机就停止了，就要亡党亡国。"在第四部分中，有一段非常重要的论述，是按照邓小平的提纲上的话写的："在经济政策上，我认为要允许一部分地区、一部分企业、一部分工人农民，由于辛勤努力成绩大而收入先多一些，生活先好起来。一部分人生活先好起来，就必然产生极大的示范力量，影响左邻右舍，带动其他地区、其他单位的人们向他们学习。这样，就会使整个国民经济不断地波浪式地向前发展，使全国各族人民都能比较快地富裕起来。"这一段论述，就是后来中共中央文件中所讲的要允许和鼓励一部分人、一部分地区，通过诚实劳动和合法经营先富起来，先富帮后富，最后实现全体人民共同富裕的“先富”与“共富”的重要改革思想和决策的“雏形”。为什么说它非常重要呢？因为这一经济上的重大决策的作出和施行，从根本上打破了长期妨碍我国社会主义制度优越性的发挥，长期困扰我国经济发展的在生产要素分配上和劳动收入分配上存在的严重平均主义、“吃大锅饭”的僵化局面，从而为党的十一届三中全会以后实行经济改革开辟了前进的新道路。无论是在农村实行的家庭联产承包责任制和统分结合的双层经营体制的改革，还是坚持公有制为主体、多种所有制经济共同发展的改革，还是改变高度集中的计划经济体制、实行计划与市场相结合的社会主义市场经济体制的改革，还是实行对内搞活与对外开放的内外结合的发展格局的改革，都是在这个重大决策的引领和促进下开启的。可以说，这个重大决策的作出对党的十一届三中全会后开始实行的社会主义改革，有启端肇始之功。邓小平的这篇重要讲话，后来被人们称为改革开放的开篇之作，也是十分中肯的。

党的十一届三中全会召开后，中央将邓小平的这篇讲话印发全会。大家一致认为，讲话反映和代表了全党同志的意志与愿望。我们参加起草全会公报的同志，就是按照讲话的解放思想、实事求是、团结一致向前看的主旨精神来起草的。公报明确宣示：实行全党工作中心转变的条件已经具备，要把全党工作的着重点和全国人民的注意力转移到社会主义现代化建设上来。这就标志着党和国家实现了伟大的历史转折，这个历史转折就是由社会主义革命和建设时期，转入了社会主义改革和现代化建设时期，也就是转入了我国社会主义事业发展的新时期。

采访组：党的十一届三中全会以后，邓小平作为我国社会主义改革和现代化建设的总设计师，提出和阐明了诸多重要的改革思想。他对社会主义改革的性质是如何定位的?

滕文生：邓小平阐明了社会主义改革是中国的“第二次革命”。他指出：“改革是中国的第二次革命。这是一件很重要的必须做的事。”革命的目的是为了解放生产力，为生产力的发展开辟道路；改革的目的也是为了进一步解放生产力，为生产力的更好发展开辟道路。所以邓小平说改革也是一种“革命性的变革”，也是一次革命。为什么说它是中国的“第二次革命”呢？这是相较于我们党领导人民已经进行的新民主主义革命、社会主义革命来说的。无论新民主主义革命、社会主义革命还是社会主义改革，都是党领导人民进行的伟大社会革命的组成部分。所谓社会革命，就是由生产力与生产关系、经济基础与上层建筑的社会基本矛盾运动引发的社会变革。这是马克思在1859年1月所写的《〈政治经济学批判〉序言》中最早提出来的一个重要思想和原理。

凡是由社会基本矛盾引发的社会变革，即经济制度、政治制度的变革，都是社会革命。而经济制度、政治制度的社会变革，又分为两种类型：一种类型是根本性的经济、政治制度的变革，如我们已经进行的新民主主义革命、社会主义革命；另一种类型则是一些具体的经济、政治制度的变革，如我们正在进行的社会主义改革。这两种类型的社会变革，虽然都是为了解放生产力，但变革的性质和方式是不同的。前者属于根本制度的变革性质，后者则属于具体制度的变革性质。从变革的方式来说，我们的新民主主义革命是以武装斗争的形式进行的，我们的社会主义革命是以和平改造的方式进行的，但都属于阶级斗争的突变方式；而我们的社会主义改革则是以自我完善和发展的渐变方式进行的。总之，这两类社会革命在革命的性质和方式上，是应该而且必须加以区分的。毛泽东还曾经说过：社会主义建设也是一种革命，在社会主义建设中还要进行技术革命、文化革命，以提高国家的技术水平和人民的文化水平。这也是从社会革命的意义上说的。社会革命除了发生在生产关系、经济基础和上层建筑领域，还会发生在生产力领域，只要是社会制度和社会事物的质变、质的飞跃，都属于社会革命的范畴，发生在生产关系、经济基础和上层建筑领域的社会革命，是带政治性的，有些还是带阶级斗争性质的，而发生在生产力领域的技术革命本身是不具有政治性和阶级性的。这也是应该和必须加以区分的。邓小平在阐明社会主义改革是中国第二次革命时还指出：这是一件很重要的必须做的事，尽管是有风险的事。这就是说，改革的进行过程也不可能是一帆风顺的。

邓小平阐明了社会主义改革是社会主义制度的自我完善和发展。他说：“改革是社会主义制度的自我完善”，“这是一件大事，表明我们已经开始找到了一条建设有中国特色的社会主义的路子”。这就阐明了社会主义改革的性质和必须坚持的改革的正确方向。如前所说，要实现自我完善的社会主义制度，是指社会主义的生产关系、经济基础和上层建筑中存在的那些还不健全不完善以至还存在弊端因而不适应生产力发展要求的具体经济制度、不适应经济基础巩固和发展要求的具体政治制度；而不是指社会主义的基本制度。我国社会主义的基本经济政治制度是好的，是不能有丝毫动摇和改变的。对不完善的具体经济政治制度进行改革，目的正是为了更好地巩固社会主义的基本经济政治制度，使我国社会主义制度从基本制度到具体制度所具有的优越性更加充分地发挥出来，以利于更好地促进生产力的发展和经济社会的进步，更好地促进社会主义经济基础和上层建筑的巩固与发展。

从改革一开始，邓小平就十分强调坚持改革的社会主义性质和方向的重要性。他说：“在改革中坚持社会主义方向，这是一个很重要的问题。我们要实现工业、农业、国防和科技现代化，但在四个现代化前面有‘社会主义’四个字，叫‘社会主义四个现代化’。”为了坚持改革是社会主义制度的自我完善的性质和社会主义发展的正确方向，邓小平强调必须坚持四项基本原则，反对资产阶级自由化。什么叫作资产阶级自由化？我理解，就是党内和社会上的一些人，企图利用改革开放之机，来否定四项基本原则，特别是否定党的领导和社会主义制度，他们口头上也讲“拥护改革”“支持改革”，实际上“醉翁之意不在酒”，是在打着改革的旗号企图篡改改革的性质，企图扭转改革的正确方向，把改革引到搞资本主义的路上去。他们提出的所谓“补课论”，即所谓“补新民主主义课”“补资本主义课”，就把他们的这种政治图谋和盘托出了。这当然是绝对不能容许的。所以，邓小平指出：“某些人所谓的改革，应该换个名字，叫作自由化，即资本主义化。他们‘改革’的中心是资本主义化。我们讲的改革与他们不同，这个问题还要继续争论的。”我记得在起草邓小平1980年8月18日在中共中央政治局扩大会议上关于《党和国家领导制度的改革》的讲话稿前，邓小平在同邓力群同志谈话时，我当面聆听过他关于所谓“补课论”的一段精辟论述。邓小平说：有一个领导干部给我写信，说既然我们现在要搞多种所有制，发展多种经济成分，干脆退回去再搞一段新民主主义。什么再搞一段新民主主义，书生之见！历史还能倒退吗？我们现在搞的多种经济成分是以公有制经济为主体的，因为事实证明所有制的公有化程度搞得过高，不利于调动全社会发展经济的活力，搞点非公有制经济是作为社会主义经济的补充，丝毫不会影响公有制的主体地位；而新民主主义的五种经济成分，当时是以私有制经济为主体的，所以这两个多种经济成分是不同的。再说，什么叫新民主主义？它是相比于旧民主主义革命来说的，旧民主主义革命是以在中国建立资产阶级共和国、实行资本主义制度为前途的，但事实证明此路走不通，所以孙中山领导的旧民主主义革命失败了，这也说明中国民族资产阶级不可能完成反帝反封建的民主革命任务。所以，我们共产党人接着干，而我们搞的新民主主义是以社会主义为前途的，不引导中国进入社会主义社会，还叫什么新民

中央党校（国家行政学院）北校区的邓小平塑像《总设计师》（作者：吴为山）

主主义？我们不但已经进行了社会主义革命，社会主义建设也已搞了多年，还能退回去吗？退回去就不是再搞什么新民主主义了，而实际上是一些人想去搞资本主义，这就是他们提出所谓“补课论”的政治实质。其实，他们想在中国搞资本主义也搞不成一个纯粹的资本主义，很可能是半封建半买办的资本主义，只能使中国再沦为西方资本主义、帝国主义的政治经济附庸。我看这些人提出所谓“补课论”，就是看到我们党这些年犯了“左”的错误，社会主义建设事业发生了挫折，从此对搞社会主义丧失了信心和信念。邓小平在讲这段话时的情景，至今回想起来还历历在目。

由于有邓小平等老一辈无产阶级革命家掌舵，我们的社会主义改革，从一开始就战胜了来自资产阶级自由化的干扰，从而得以沿着正确的方向向前发展。

采访组：邓小平曾指出，我国农村社会主义改革和发展要经历“两个飞跃”。这一重要思想的基本内涵是什么？

滕文生：改革始于农村，既促进了农村经济社会的发展，又为城市改革提供了经验。邓小平一直十分关注农村的改革和发展问题。20世纪80年代中叶，随着以家庭联产承包为主的农业生产责任制改革的推行，农业连续几年大丰收，不仅很快基本上解决了粮食短缺的问题，各地农村还涌现出一大批乡镇工商企业，邓小平高兴地称为“异军突起”，认为这样一来，农业战线的富余劳动力就有了就地转移之所。同时，邓小平从中已预察到随着农村劳动力的社会化分工水平，农业和农村经济的专业化、集约化、规模化和科技水平的提高，农村的改革和发展将会出现新的飞跃。1990年3月3日，他在同江泽民、杨尚昆、李鹏同志谈话时指出："中国社会主义农业的改革和发展，从长远的观点看，要有两个飞跃。第一个飞跃，是废除人民公社，实行家庭联产承包为主的责任制。这是一个很大的前进，要长期坚持不变。第二个飞跃，是适应科学种田和生产社会化的需要，发展适度规模经营，发展集体经济，这是又一个很大的前进。""没有这样一个明确的社会主义的解释，就是资本主义化了。"1992年7月，邓小平在审阅党的十四大报告稿时又指出："关于农业问题，现在还是实行家庭联产承包为主的责任制。我以前提出过，在一定的条件下，走集体化集约化的道路是必要的。""社会主义经济以公有制为主体，农业也一样，最终要以公有制为主体。""农村经济最终还是要实现集体化和集约化。有的地区农民已经提出集约化问题了。""仅靠双手劳动，仅是一家一户的耕作，不向集体化集约化经济发展，农业现代化的实现是不可能的。""我最早提出两个飞跃思想的时候，李先念同志说他都赞成，说这是一个大思想。这个思想一直没有阐发。"

邓小平关于农村改革和发展的"两个飞跃"思想，为农村改革和发展指明了前进的正确方向，是我们必须坚持贯彻执行的。从20世纪90年代到现在，又过去了30年，农村改革和发展的实践，越来越证明邓小平提出和阐明的这一重要思想之高瞻远瞩！党的十八大以来，习近平总书记提出和阐明的精准扶贫和乡村振兴战略，以及农村党组织要带领农民兴办合作社、发展壮大新型集体经济、走共同富裕道路等重要思想，进一步丰富和发展了邓小平的“两个飞跃”思想。

采访组：关于我国社会主义初级阶段的所有制关系、分配方式，以及应该怎样认识和处理计划与市场的关系问题，邓小平提出了哪些重要判断和思想?

滕文生：我们在20世纪50年代的生产资料所有制的社会主义改造中，建立的包括全民所有和集体所有的公有制经济在国民经济中占了绝对统治地位，而没有适当保存并发展一些适合社会需要、有益于国计民生的包括个体和私营的非公有制经济。实践证明，这种“公有制独统”的所有制关系，不利于充分调动全社会发展生产力的积极性，不利于最大限度地增强经济发展的活力。因而在党的十一届三中全会以后，邓小平等老一辈革命家认为适当降低所有制关系上的公有化程度，适当发展一些包括劳动者的个体经济、私营经济和外资经济的非公有制经济，不会影响社会主义生产关系和社会主义制度的巩固，而且会是对社会主义经济的有益补充。邓小平说：“发展一点个体经济……欢迎中外合资合作，甚至欢迎外国独资办工厂”，“只要我们头脑清醒，就不怕。我们有优势，有国营大中型企业，有乡镇企业，更重要的是政权在我们手里……‘三资’企业受到我国整个政治、经济条件的制约，是社会主义经济的有益补充，归根到底是有利于社会主义的。”实行以公有制为主体、多种所有制经济共同发展，是对我国社会主义生产关系中的所有制关系的重要调整和改革。同实行这种所有制关系相适应，在分配关系上则实行按劳分配为主体、按生产要素分配的多种分配方式共存，这样就纠正了在分配上长期存在的平均主义“大锅饭”现象，有利于充分调动劳动者和经营者发展经济的积极性。实行这种分配方式，则是对我国社会主义生产关系中的分配关系进行的重要调整与改革。邓小平在谈到首先要搞好按劳分配这个分配主体时说：“我们一定要坚持按劳分配的社会主义原则。按劳分配就是按劳动的数量和质量进行分配。根据这个原则，评定职工工资级别时，主要是看他的劳动好坏、技术高低、贡献大小。政治态度也要看，但要讲清楚，政治态度好主要应该表现在为社会主义劳动得好，做出的贡献大。处理分配问题如果主要不是看劳动，而是看政治，那就不是按劳分配，而是按政分配了。”改革和发展的实践证明，对社会主义生产关系进行以上这样的调整与改革是必要的和正确的。改革和发展的实践还将继续证明，采用这种所有制的实现形式和这种分配制的实现方式，再加上努力发扬民主，处理好劳动过程中人与人之间的关系，真正实现相互平等，这是最适合于我国社会主义初级阶段生产力发展要求的社会主义生产关系的正确运行制度。

邓小平指出：实行计划经济与市场经济相结合是完善我国社会主义经济体制的必由之路。我们在20世纪50年代通过社会主义改造建立起来的社会主义经济运行体制，是高度集中统一的计划经济体制。这种经济体制，对我国初步实现国家的工业化和建立独立的比较完整的工业体系和国民经济体系，曾经发挥了重要作用和作出了重大贡献。但是，后来的经济社会实践愈来愈说明，由于计划经济体制过分集中统一，而没有同时注重发挥市场对国民经济活动的调节作用，也存在不少弊端。其中最主要的问题和弊端，就是完全按照计划进行的工农业生产的安排，往往与社会需要发生脱节现象，生产出来的工农业产品，不能充分满足人民在生产和生活中的各种需要。这就是人们所概括的长期存在的“短缺经济”现象。为什么只注重计划安排而不同时注重甚至忽视市场调节呢？这同党内在相当一段时间内存在的一种不正确的认识密切相关。党内有不少同志曾经认为，搞计划经济是社会主义的，搞市场经济那是资本主义的东西。为了纠正这种不正确的认识，为改革和完善我国的社会主义经济体制，邓小平首先从思想认识上阐明了应该如何正确看待计划与市场以及它们的相互关系问题。他说：“社会主义同资本主义比较，它的优越性就在于能做到全国一盘棋，集中力量，保证重点。缺点在于市场运用得不好，经济搞得不活。”“我们必须从理论上搞懂，资本主义与社会主义的区分不在于是计划还是市场这样的问题。”“计划多一点还是市场多一点，不是社会主义与资本主义的本质区别。计划经济不等于社会主义，资本主义也有计划；市场经济不等于资本主义，社会主义也有市场。计划和市场都是经济手段。”他还明确指出：“我们是计划经济为主，也结合市场经济，但这是社会主义的市场经济。”“把计划经济和市场经济结合起来，就更能解放生产力，加速经济发展。”这些精辟论述就从理论上纠正了过去的认识失误，讲清了为什么要改革计划经济体制，建立计划经济与市场经济相结合的新的经济体制的基本道理。这就为统一全党的认识，为党的十四大正式确立社会主义市场经济体制奠定了思想理论基础。进行社会主义经济体制上的这种改革，也是同实行公有制为主体、多种所有制经济共同发展和实行按劳分配为主体、多种分配方式并存的社会主义生产关系上的改革相适应和相配合的。

深圳深南大道的邓小平巨幅画像

采访组：在建设社会主义过程中，为什么要实行对外开放？改革与开放二者是怎样的关系？

滕文生：当今世界，存在资本主义与社会主义两种不同社会制度、发达与发展中两种不同发展阶段的国家。中国属于社会主义的发展中国家。新中国成立后，中国经过新民主主义的过渡时期进入社会主义社会。由于近代中国受到帝国主义、封建主义的双重压迫而没有经历资本主义充分发展的阶段，所以新中国是在半殖民地半封建的落后的经济文化基础上开始建设社会主义的，在发展上首先面临的一个紧迫任务，就是要尽快实现国家工业化并在此基础上实现现代化这个本来是在资本主义发展阶段就要完成的任务。这就决定了中国建设社会主义、推动经济社会发展进步的任务，是非常复杂、繁重而艰巨的。到了党的十一届三中全会时，经过多年的斗争和努力，中国与世界各国已基本恢复了正常的外交关系，再加上这时经济全球化的进程已经深入发展，因此对外开放尤其对西方国家实行开放的外部条件已经具备了。在这种情况下，邓小平不仅提出了对内经济搞活必须与对外经济开放相结合的改革思想和重要国策，而且就对外开放的目的、意义以及应该注意的问题，进行了系统的阐述和说明。他说：实现我国的社会主义现代化，“必须有一个正确的开放的对外政策”，“离开了国际的合作是不可能的”。“这个条件过去没有，后来有了，但一段时期没有利用，现在应该利用起来。”“一个对外经济开放，一个对内经济搞活。改革就是搞活，对内搞活也就是对内开放，实际上都叫开放政策。”“归根到底，我们的建设方针还是毛主席过去制定的自力更生为主、争取外援为辅的方针。不管怎样开放，不管外资进来多少，它占的份额还是很小的，影响不了我们社会主义的公有制。”我们要“欢迎中外合资合作”“欢迎外国独资到中国办工厂”，“一个三资企业办起来，工人可以拿到工资，国家可以得到税收，合资合作的企业收入还有一部分归社会主义所有。更重要的是，从这些企业中，我们可以学到一些好的管理经验和先进的技术，用于发展社会主义经济。这样做不会也不可能破坏社会主义经济”。总之，“吸收外国的资金和技术，欢迎中外合资合作，甚至欢迎外国独资到中国办工厂，这些都是对社会主义经济的补充”。对于对外开放，可能会带来一些消极影响，带来一些资本主义的腐朽东西，邓小平从一开始就估计到了，并要求全党同志对此保持清醒的头脑。他说：“开放、搞活，必然带来一些不好的东西，不对付它，就会走到邪路上去。所以，开放、搞活政策延续多久，端正党风的工作就得干多久，纠正不正之风、打击犯罪活动就得干多久，这是一项长期的工作，要贯穿在整个改革过程之中，这样才能保证我们开放、搞活政策的正确执行。”“我在全国科技工作会议上讲执行开放政策时，强调了理想和纪律，这是必要的。”“教育人民坚持四项基本原则，这就为我们事业的健康发展从根本上提供了保证。”这些重要论述，既讲清楚了实行对外开放政策对实现我国社会主义工业化和现代化对社会主义经济发展的益处何在，又讲清楚了如何防范对外开放中带来的外国资本主义的消极腐败的东西，这就为对外开放政策的贯彻执行指明了正确方向。同时这些重要论述，也讲清楚了对外开放是在继续坚持自力更生为主、争取外援为辅的方针下施行的，并且是在同对内搞活社会主义经济紧密结合亦即实现内外经济活动的相互统一、相互促进的基础上施行的，这就为对外开放的健康发展奠定了坚实的思想认识和对策基础。

采访组：邓小平提出政治体制改革必须与经济体制改革相适应并相互配合，这个重要性具体体现在哪些方面？

滕文生：根据上层建筑一定要适应经济基础并为之服务的马

克思主义基本原理，邓小平认为随着经济体制改革的施行，政治体制改革一定要跟上，要与之相适应并为经济体制改革的发展提供政治保证和服务。他说："我们提出改革时，就包括政治体制改革。""不改革政治体制，就不能保障经济体制改革的成果，不能使经济体制改革继续前进。"1980年8月，邓小平《党和国家领导制度的改革》讲话的发表，标志着我国社会主义政治体制改革的进程正式启动了。关于政治体制改革的目的和目标，邓小平指出："进行政治体制改革的目的，总的来讲是要消除官僚主义，发展社会主义民主，调动人民和基层单位的积极性。要通过改革，处理好法治与人治的关系，处理好党和政府的关系。党的领导是不能动摇的，但是要善于领导。"政治体制改革"总的目标是三条：第一，巩固社会主义制度；第二，发展社会主义社会生产力；第三，发扬社会主义民主，调动广大人民的积极性。"邓小平这些论述概括起来就是说，我们进行社会主义政治体制改革总的目的和目标，就是要达到三个促进：促进党的领导的改善，促进社会主义民主政治的建设，促进社会主义制度的巩固，最终为解放和发展我国社会主义社会的生产力开辟更广阔的道路。关于当时进行政治体制改革的内容，根据邓小平的指示，主要是实行党政职能分工，改变过去存在的"以党代政"现象，充分发挥政府部门的作用，改善党的领导的方式方法，废除党的领导职务终身制，实现干部队伍的革命化、知识化、年轻化，以增强干部队伍的工作活力和本领；通过机构改革，克服机构臃肿、人浮于事的现象，克服官僚主义、本位主义、形式主义，以提高工作效率；加强各级党政领导班子建设，坚持和完善民主集中制原则，加强集体领导，克服权力过分集中、个人专断现象；实行管理权力下放，特别是要加强城乡基层在生产发展和经济社会管理上的自主权，以调动基层干部和群众的积极性、主动性、创造性。关于政治体制改革中要注意的问题，邓小平指出：政治体制改革“涉及的人和事都很广泛，很深刻，触及许多人的利益，会遇到很多的障碍，需要审慎从事”，“决策一定要慎重，看到成功的可能性较大以后再下决心”，“在改革中，不能照搬西方的，不能搞自由化。过去我们那种领导体制也有一些好处，决定问题快。如果过分强调搞相互制约的体制，可能也有问题”。这些论述，对政治体制改革的目的、目标以及改革的内容、路径和注意防范的问题，都讲得很清楚，因而也就从思想上政治上保证了我国政治体制的改革沿着正确方向进行和发展。

采访组：在党的十二大开幕词中，邓小平明确提出了“建设有中国特色的社会主义”的重大命题。关于这一命题，邓小平有哪些重要论述？如何理解这些论述？

滕文生：1982年9月1日，邓小平在党的十二大开幕词中，提出了建设中国特色社会主义的重要思想。他说：“无论是革命还是建设，都要学习和借鉴外国经验。但是，照抄照搬别国经验、别国模式，从来不能得到成功。这方面我们有过不少教训。把马克思主义的普遍真理同我国的具体实际结合起来，走自己的路，建设有中国特色的社会主义，这就是我们总结长期历史经验得出的基本结论。”1987年10月25日—11月1日召开的党的十三大作出了我国还处在社会主义初级阶段的重要政治判断。在大会召开前夕，邓小平就指出：“我们党的十三大要阐述中国社会主义是处在一个什么阶段，就是处在初级阶段，是初级阶段的社会主义。社会主义本身是共产主义的初级阶段，而我们是处在社会主义的初级阶段，就是不发达的阶段。一切都从这个实际出发，根据这个实际来制定规划。”这就说清楚了我们从新中国成立开始进入社会主义革命阶段后，就一直是处于社会主义的初级发展阶段，并且这一阶段将长时期存在。根据毛泽东在20世纪50年代讲过的要在中国建成社会主义恐怕需要100年时间的构想，邓小平阐述了从中华人民共和国成立到21世纪中叶的100年间，是我国社会主义的初级阶段，也是建设中国特色社会主义、实现中国特色社会主义现代化的重要历史时期。对这100年的建设和发展，邓小平提出了“三步走”的战略构想，即第一步在20世纪80年代国民生产总值翻一番；第二步是到20世纪末国民生产总值再翻一番，意味着进入小康社会，把中国变成小康的中国；到21世纪中叶，国民生产总值再翻两番，基本实现现代化，使中国达到中等发达国家水平。邓小平还明确要求，建设中国特色社会主义、实现社会主义现代化必须是社会主义物质文明与社会主义精神文明一起抓，必须同时把这两个文明都建设好。他说：“在社会主义国家，一个真正的马克思主义政党在执政以后，一定要致力于发展生产力，并在这个基础上逐步提高人民的生活水平。这就是建设物质文明。”“与此同时，还要建设社会主义的精神文明，最根本的是要使广大人民有共产主义的理想、有道德、有文化、守纪律。国际主义、爱国主义都属于精神文明的范畴。”又说：我们要教育干部和人民保持清醒的头脑，“坚决抵制外来腐朽思想的侵蚀，决不允许资产阶级生活方式在我国泛滥”。1992年10月召开的党的十四大，根据邓小平的这些思想和论述，围绕建立社会主义市场经济体制、建设社会主义的民主和法制、建设社会主义的两大文明，全面阐述了建设中国特色社会主义的重要思想。

总之，我们要建设的中国特色社会主义，它首先是社会主义，而不是别的什么主义；中国特色是“特色”在社会主义之上，而不是“特色”在别的什么主义之上。马克思主义中关于社会主义的基本原理与中国具体实际相结合，就会形成中国特色社会主义。归根到底，中国特色社会主义的“特色”要全面充分地体现在两个文明建设上。中国社会主义物质文明，要体现全体中国人民对提高物质生活水平的愿望和需要；中国社会主义精神文明，则要体现全体中国人民对提高精神生活水平的愿望和需要，这就将中国的两个文明建设同西方资本主义国家的两个文明建设从所具有的本质特色上区分开来了。中国社会主义物质文明是从半殖民地半封建的落后基础上建设起来的，中国社会主义精神文明是在马克思主义指导下在几千年的优秀传统文化基础上建设起来的，这就将中国的两个文明建设同其他社会主义国家的两个文明建设从所形成的具体特色上区分开来了。总体来说，我们的社会主义改革，就是为建设包括两个文明在内的中国特色社会主义开辟道路和提供保障与服务的。邓小平指出："改革促进了生产力的发展，引起了经济生活、社会生活、工作方式和精神状态的一系列深刻变化。""这表明我们已经开始找到了一条建设有中国特色的社会主义路子。"这就是说，我国社会主义改革的实践过程，也就是探索和建设中国特色社会主义的实践过程，二者是相互统一、相互促进的。

采访组：邓小平指出：社会主义改革的根本目的是要实现全体人民共同富裕。达到共同富裕需要经历一个怎样的发展过程?

滕文生：我们实行改革开放，进一步解放和发展生产力，目的是上使国家富强、下使人民富裕。邓小平从改革开放一开始就预料到，要允许和鼓励一部分地区、一部分人先富起来，实行以公有制为主体、多种所有制经济共同发展，实行"社会主义市场经济"等改革措施，全国各个地区的发展差距和城乡社会成员的收入差距，在一段时期内势必拉大，甚至会出现贫富比较悬殊的现象。因此，他对如何通过加快生产力和经济的发展，同时又注意搞好收入分配，逐步实现人民的共同富裕问题，一直在思考和研究。从20世纪80年代至90年代初，他对于共同富裕的构想和如何处理"先富"与"后富"的关系、如何为贫困地区和贫困人群提供支持与帮助，以及在什么时候要把解决共同富裕问题作为党和国家的一个重大课题来研究，先后作出了一系列论述。他说："我们实行改革开放，这是怎样搞社会主义的问题。作为制度来说，没有社会主义这个前提，改革开放就会走向资本主义。”“中国搞资本主义行不通，只有搞社会主义，实现共同富裕，社会才能稳定，才能发展。社会主义的一个含义就是共同富裕。”“共同富裕的构想是这样提出的：一部分地区有条件先发展起来，一部分地区发展慢点，先发展起来的地区带动后发展的地区，最终达到共同富裕。”“这是加速发展、达到共同富裕的捷径。”在谈到实现共同富裕的过程中，要注意防止两极分化问题时，邓小平指出：“我们允许一些地区、一些人先富起来，是为了最终达到共同富裕，所以要防止两极分化。这就叫社会主义。”“如果我们的政策导致两极分化，我们就失败了；如果产生了什么新的资产阶级，那我们就真是走了邪路了。”“坦率地说，我们不会容许产生新的资产阶级。”“共同致富，我们从改革一开始就讲，将来总有一天要成为中心课题。社会主义不是少数人富起来、大多数人穷，不是那个样子。社会主义最大的优越性就是共同富裕，这是体现社会主义本质的一个东西。如果搞两极分化，情况就不同了，民族矛盾、区域间矛盾、阶级矛盾都会发展，相应地中央和地方的矛盾也会发展，就可能出乱子。”“如果富的愈来愈富，穷的愈来愈穷，两极分化就会产生，而社会主义制度就应该而且能够避免两极分化。”“我们讲要防止两极分化，实际上两极分化自然出现。要利用各种手段、各种方法、各种方案来解决这些问题。”在谈到什么时候要把解决共同富裕问题作为党和国家的一个重大甚至“中心课题”来研究解决，以及如何逐步缩小发展差距和贫富差距、实现共同富裕的问题时，邓小平指出：“中国发展到一定的程度后，一定要考虑分配问题。也就是说，要考虑落后地区和发达地区的差距问题。”“如果仅仅是少数人富有，那就会落到资本主义去了。要研究提出分配这个问题和它的意义。”“可以设想，在本世纪末达到小康水平的时候，就要突出地提出和解决这个问题。到那个时候，发达地区要继续发展，并通过多交利税和技术转让等方式大力支持不发达地区。不发达地区又大都是拥有丰富资源的地区，发展潜力是很大的。总之，就全国范围来说，我们一定能够逐步顺利解决沿海同内地贫富差距的问题。”

在邓小平的上述论述中，有几点要特别注意好好领悟和把握。这就是：第一，我们的改革开放是在坚持社会主义制度的前提下进行的，改革也是为了使社会主义制度更加完善和发展。如果离开了社会主义，改革开放就会走到资本主义的路上去了。第二，允许和鼓励一部分地区、一部分人先富起来，是为了通过先富帮未富，最终实现全国人民的共同富裕。这也就是说，一部分地区、一部分人的“先富”，是实现全国人民“共富”过程的起始阶段的目标，是实现“共富”的重大步骤和重要手段，而不是改革的终极目标。第三，是共同富裕还是两极分化，是搞社会主义还是搞资本主义的试金石和分水岭。所以邓小平一再警示我们，如果改革的政策导致了两极分化，产生了新的资产阶级，那改革开放就失效了，就走到邪路上去了。这是我们党和社会主义制度绝对不能容许的。实践已经证明，在中国社会主义初级阶段，实现全体人民的共同富裕是一个渐进的长远任务，同时也是一个紧要的现实任务。“千里之行，始于足下。”要一年过一年地朝着“共富”的目标努力。只要按照邓小平所构想的从一部分人“先富”走向全体人民“共富”的辩证统一的改革发展蓝图坚持不懈地实践下去，就一定能够最终实现全国人民共同富裕的宏伟目标。到那时，我们党的执政地位和社会主义制度，就会建立在新的更加坚实的经济、政治和群众基础之上，就会更加巩固起来。到那时，我们的国家就会在城乡人民共同富裕的物质文化基础上实现中华民族的伟大复兴，就会为世界和全人类的发展进步作出更大的贡献。

采访组：进行社会主义改革必须正确掌握的方法论是什么？

滕文生：这个方法论就是实事求是。实事求是，是我们党的马克思主义的思想政治路线，也是我们党的马克思主义的方法论。我国的新民主主义革命和社会主义革命与建设的历程证明，实事求是的原则和方法，是我们党运用来总结成功与失误正反两方面的历史经验，保证我们的革命和建设不断在开拓中前进的一大法宝。我们的社会主义改革和现代化建设进程，将继续证明这一点。从改革一开始，邓小平就告诫全党要坚持运用实事求是的原则和方法，不断总结改革开放的实践经验。他说：“改革开放是新事物，没有前人的经验，也没有外国的经验”，必须“走一步看一步，走一步就总结一步的经验”。“这种办法不成功，就改一种办法。”凡是实践证明“对的要继续坚持，失误的要纠正，不足的要加点劲”，“新问题出来抓紧解决”。“总之，要及时地、经常地总结经验教训”，要力求“国家的政策和实行这些政策的

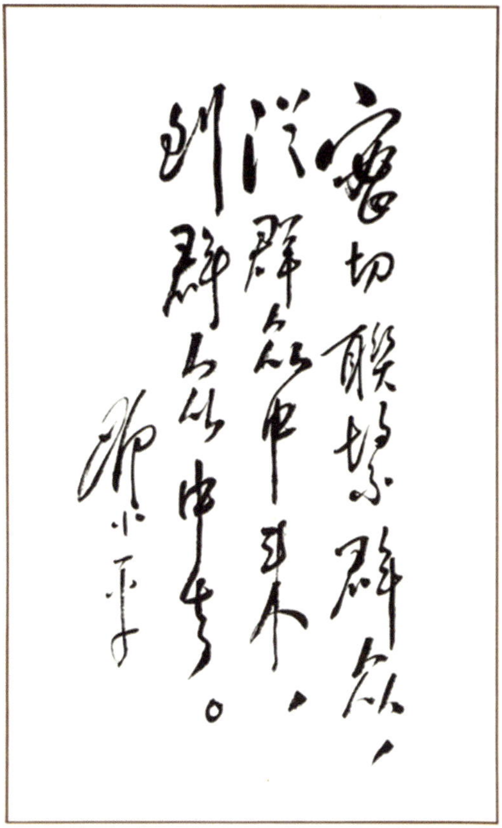

邓小平手书：密切联系群众，从群众中来，到群众中去

步骤、方法合乎自己的实际”。

历史和现实不断说明，在为推动经济社会进步所做的事情、所干的事业进程中，人们提出的各种认识、作出的各种决策、制定的各种政策、采取的各种步骤，往往都会出现这么几种情况：第一，做对了、成功了；第二，做错了、失误了；第三，方向对但做得还不够；第四，遇到了从未遇到过的新情况新问题。

邓小平的上述论述，对改革开放实践的分析和总结，也强调了这几种情况：做对了就坚持，做错了就赶快改，做得不够的就加以补充，遇到新情况新问题就抓紧研究解决。这就全面贯彻并体现了实事求是的原则和方法。我们党的全部历史证明，凡是按照实事求是的原则和方法去做，就会从胜利走向胜利，即使发生了失误、挫折，也会纠正失误、战胜挫折，继续走向新的胜利。改革开放这一新的实践新的事业也一样，只要始终坚持实事求是的原则和方法，就会无往而不胜，直至取得最终成功。

采访组：您如何评价邓小平理论在我国改革开放历史上的地位，以及党的十八大以来对邓小平理论的继承、丰富和发展？

滕文生：邓小平提出和阐述的一系列重要思想，为我国社会主义改革开放奠定了理论基础，这也是他对我国社会主义改革开放和社会主义现代化建设事业作出的开创性的重大历史贡献。

随着社会主义改革开放和现代化建设实践的发展，改革开放的思想理论也在发展。特别是党的十八大以来，在以习近平同志为核心的党中央领导下，不仅继承了邓小平关于改革开放的开创性思想，而且大大丰富和创造性地发展了这些思想。习近平总书记提出和阐明的关于把我国建设成为富强民主文明和谐美丽的社会主义现代化强国的思想，关于"五位一体"总体布局、"四个全面"战略布局的思想，关于市场在资源配置中起决定性作用和更好发挥政府作用的思想，关于创新、协调、绿色、开放、共享新发展理念的思想，关于精准扶贫和乡村振兴的思想，关于构建以国内大循环为主体、国内国际双循环相互促进的新发展格局的思想，关于开展“一带一路”国际合作的思想，关于构建人类命运共同体的思想，关于加强政治巡视和监督的思想，关于坚持以人民为中心的发展思想，关于伟大社会革命和伟大自我革命的思想，等等，不仅标志着我国社会主义改革和现代化建设的思想理论实现了新的飞跃，同时也标志着中国特色社会主义进入了新时代。这也是习近平总书记为我国社会主义改革和现代化建设在思想上理论上政治上作出的创新性的重大历史贡献。

关于“大变局”和中国特色社会主义的十点答问

采访对象：郑必坚，1932 年 5 月生，四川富顺人。历任中共中央书记处研究室室务委员、胡耀邦同志政治助理、中国社会科学院副院长、中共中央宣传部常务副部长、中共中央党校常务副校长，现为国家创新与发展战略研究会会长。中共第十四届、十五届中央委员，中国人民政治协商会议第十届委员会常委。出版了《郑必坚文集》《郑必坚论集》（上、中、下）、《郑必坚自选集》《中国新觉醒》《中流击水：经济全球化大潮与中国之命运》《思考的历程——关于中国和平发展道路的由来、根据、内涵和前景》等专著，是“和平崛起”理论的提出者和倡导者。

采 访 组：牟卫民　林振义　陈思　储峰

采访地点：国家创新与发展战略研究会

采访时间：2020 年 10 月 21 日

采访组：郑校长，您好！习近平总书记在党的十九大报告中指出，中国特色社会主义最本质的特征是中国共产党领导，中国特色社会主义制度的最大优势是中国共产党领导。请谈一谈您对这句话的理解。

郑必坚：我的理解，习近平总书记这两句话，把中国特色社会主义的“本质特征”和“最大优势”这两句最有分量的定性语言，都归结到“中国共产党领导”，确实是讲到根本了。

这是因为，中国的改革开放一开始，邓小平作为改革开放的总设计师就鲜明提出了坚持“四项基本原则”，即坚持社会主义道路，坚持人民民主专政，坚持共产党的领导，坚持马列主义、毛泽东思想。与此同时，邓小平又多次强调“四个坚持”的核心是坚持党的领导，而“中国特色社会主义”就是坚定不移坚持中国共产党领导的社会主义。近半个世纪的历史事实反复证明，中国特色社会主义取得的一切进步和成就，都是在中国共产党领导下取得的。没有中国共产党的领导，就根本谈不到中国特色社会主义，当然更无所谓中国特色社会主义的本质特征和最大优势。

从更长远的历史回溯，马克思提出的科学社会主义从诞生的第一天起，就是无产阶级及其政党领导的运动。这在《共产党宣言》里讲得很明白。在那之后，直到有了中国共产党，而且是到了中国共产党的十一届三中全会之后，才有了“中国特色社会主义”。正是在中国共产党十一届三中全会路线指引下，党根据中国国情和时代特征形成了一整套中国化马克思主义的理论、路线、方针、政策，而且经过实践考验行之有效，邓小平才在1982年9月1日党的十二大开幕词中正式提出了“有中国特色的社会主义”。他这样说：“把马克思主义的普遍真理同中国的具体实际结合起来，走自己的道路，建设有中国特色的社会主义，这就是我们总结长期的历史经验得出的基本结论。”之后，这个提法中的“有”字和“的”字删掉，成为现在的“中国特色社会主义”。

在中国共产党领导下，“中国特色社会主义道路”的明确提出和确立，当然是一件大事。这件事，连同十一届三中全会和十二大之后直到十九大的伟大实践，反复表明正是在中国共产党的领导下，中国人走出了一条中国特色社会主义的光明大道，而且走了40多年，走得很成功，今后还要继续走下去。也正因此，习近平总书记才在党的十八大后总结了这一重要经验，才在党的十九大报告中讲出了那两句讲到根本上的话。

采访组：您曾受中央指派主持中国社会主义初级阶段理论研究和国情调研，请您结合自身经历谈一谈当时主要是从哪几方面进行的，“初级”一词的含义是什么？党的十九大报告指出，我国社会主要矛盾的变化，没有改变我们对我国社会主义所处历史阶段的判断，我国仍处于并将长期处于社会主义初级阶段的基本国情没有变，我国是世界上最大的发展中国家的国际地位没有变，为什么这么说？

郑必坚：如你们所说，习近平总书记在党的十九大报告中郑重指出我国仍处于并将长期处于社会主义初级阶段的基本国情没有变。我体会，习近平总书记和党中央的这个重大判断，是基于清醒坚定的科学态度，是完全正确的，对于中国特色社会主义伟大事业在21世纪的健康发展，实在具有重大深远的战略意义。

我们党是一个用马克思主义武装起来的党，最懂得世界上任何事物都有一个发展的过程。1939年，毛泽东在总结党的历史经验时，并不因为党在北伐战争和土地革命战争中经历过“两次胜利、两次失败”就简单抹杀党所走过的曲折道路，而是指出党那时所犯的错误是党在“幼年时期”和“对于马克思列宁主义的理论和中国革命的实践没有统一的理解”的历史阶段所犯的错误。从“文化大革命”的错误走出来后，我们党还是遵循这样的唯物辩证法来总结历史经验。党的十一届四中全会通过的叶剑英《在庆祝中华人民共和国成立三十周年大会上的讲话》，第一次提出“社会主义制度还处在幼年时期”。后来在党的十一届六中全会全面总结建国以来党的历史经验时，明确提出“我们的社会主义制度还是处于初级的阶段”。党的十二届六中全会进一步把“制度的初级阶段”拓展到“社会的初级阶段”，指出：“我国还处于社会主义的初级阶段。”正是在这样的探索和总结过程中，党的十三大决定把“社会主义初级阶段”作为立论的根据，来阐明党的改革开放路线和方针、政策。

回过头来看，党的十三大在思想上、理论上、政治上的一个重大贡献，就是从国情出发，确认我国正处在社会主义的初级阶段，并且明确指出这是建设有中国特色社会主义的首要问题，是制定和执行正确的路线和政策的根本依据。

让我们来简略地看一看，党的十三大报告是怎样分析国情的。

第一是历史前提。我们所说的社会主义初级阶段，不是泛指任何国家进入社会主义都会经历的起初阶段，而是特指我国这样脱胎于半殖民地半封建社会，在生产力落后、商品经济不发达条件下建设社会主义所必然要经历的特定阶段。

第二是现实状况。虽然到十三大时我国社会主义的基本制度已经建立38年，社会主义革命和建设取得重大成就，但是总体而论，经济文化落后和发展严重不平衡的状况，没有也不可能根本改变。

第三是曲折道路。没有现成经验，加上十一届三中全会以前20年间的一系列“左”倾错误的影响，大大加剧了面临问题的复杂性。

第四是国际比较。把中国放到世界范围去比较，十三大时所讲的战略目标包括工业化和生产的商品化、社会化、现代化等等，不是面对着17、18、19世纪或20世纪前期的资本主义，而是面对着20世纪后期以至21世纪上半叶的资本主义。所以说，挑战是严峻的，这个大背景是绝对不可忽略的。

四个方面，如实地和全面地概括了基本国情。

正因为这样，我们必须在社会主义条件下，用一整个历史阶段，去完成西方国家在资本主义下完成的现代化。从20世纪50年代生产资料所有制的社会主义改造基本完成算起，至少也要上百年，时间短了是不行的。

也正因为这样，才有了这个判断：我国的社会主义社会还处在初级阶段。我们必须从这个实际出发，而不能超越这个阶段。在近代中国的具体历史条件下，如果不承认中国人民可以不经过资本主义充分发展阶段而走上社会主义道路，那就是革命发展问题上的机械论，是右倾错误的重要认识根源；反之，如果以为不经过生产力的巨大发展就可以越过社会主义初级阶段，那就是革命发展问题上的空想论，是“左”倾错误的重要认识根源。

应当说，关于我国社会主义初级阶段的理论，是党的十一届三中全会以来解放思想的重大成果之一，又是当时进一步解放思想的新起点。而这里的一个贯穿各方面的无可回避的根本问题，就是对社会主义的再认识。说得完全一点，就是按照实践标准，按照生产力标准，反复地、不断深入地对社会主义进行再认识，破除一切离开实践、离开生产力而抽象谈论社会主义的错误和空想观念。

当时我参加了十三大报告的起草工作，随后又受中央指派来做这方面的调研工作。我同一些地方、部门和理论界的同志交换意见，都感到应当把深入地多方面地开展系统的调查研究作为基础一环，提到首位。为此还开了一次全国性的调研工作会。这种调查研究工作，简单归纳，可以叫作“抓两头”。一头是对我国国情的再认识，这是主体；另一头是用比较的方法，对当代世界进行再认识，包括对当代社会主义运动历史经验的再认识，对当代资本主义和第三世界发展的再认识，以及对我们的国际环境和所处时代的再认识。

从十三大到现在，30多年过去了。今天我们党在以习近平同志为核心的党中央指引下，对中国社会主义初级阶段基本国情的认识和领导工作的实践，较之30多年前是丰富得多、深刻得多了。

采访组：1984年10月，《中共中央关于经济体制改革的决定》审议通过，提出中国要实行“有计划的商品经济”，首次为“商品经济”正名，意义重大。党的十八届三中全会提出，要让

市场在资源配置中起决定性作用。请您结合参与起草这个《决定》的亲身经历，谈一谈我们党对社会主义经济制度和体制的探索认识过程。

郑必坚：中国社会主义市场经济体制改革的决策和进程，意义重大，影响深远，而又确实是来之不易的。应该讲，我们党在总结“大跃进”和人民公社化运动的经验教训时，就已经开始思考并提出“商品”“价值规律”对于社会主义建设的重要性了。改革开放启动后，我们党又进一步思考和研究了这一问题。先是在拨乱反正中为“商品经济”正名，然后在实践中探索，最后正式确立为我国的经济体制。

邓小平对此作出了极大的贡献。他最早提出了这个问题。党的十一届三中全会提出要让地方、企业和生产队在经营管理上有更多“自主权”，这就发生了“自主权和国家计划的矛盾”，怎么解决这个矛盾？邓小平主张从价值法则、供求关系（产品质量）来调节。对于他决定建立的四个经济特区，他后来也说过“深圳就是社会主义市场经济”。这些话没有收进《邓小平文选》，但《邓小平年谱》里有记载，大家可以去读一读。收进《邓小平文选》的，最早是1979年11月26日的谈话，题目是《社会主义也可以搞市场经济》。他当时同外宾说：“说市场经济只存在于资本主义社会，只有资本主义的市场经济，这肯定是不正确的。社会主义为什么不可以搞市场经济，这个不能说是资本主义。我们是计划经济为主，也结合市场经济，但这是社会主义的市场经济。”

1984年，《中共中央关于经济体制改革的决定》在党的十二届三中全会通过。那是在农村联产承包责任制改革成功之后，邓小平把注意力转到城市，首先就是社会主义市场经济体制的改革问题。在这个决定里，明确提出“商品经济的充分发展，是社会经济发展的不可逾越的阶段，是我国经济现代化的必要条件”。我们在经济体制改革中要建立的是“公有制基础上的有计划的商品经济”。众所周知，邓小平对这个决定评价很高，说“我的印象是写出了一个政治经济学的初稿，是马克思主义基本原理和中国社会主义实践相结合的政治经济学”。

我国经济体制的这一重大改革的启动者是邓小平。从1979年到1992年南方谈话，邓小平讲到这方面问题有10次以上。他在南方谈话中的一句名言，就是“计划经济不等于社会主义，资本主义也有计划；市场经济不等于资本主义，社会主义也有市场。计划和市场都是经济手段”。邓小平的重大论断，第一次打破了束缚我们多年的僵化观念，从而启动了我国经济体制的全面改革。

回顾历史，一个很有意思的情况是，改革开放以来我们党的历次三中全会都聚焦改革。十二届三中全会主题是以城市为重点的经济体制改革，十三届三中全会主题是深化经济体制改革特别是价格改革和企业改革，十四届三中全会主题是建立社会主义市场经济体制，十五届三中全会主题是农业和农村改革，十六届三中全会主题是完善社会主义市场经济体制，十七届三中全会主题是新形势下推进农村改革发展。这6次三中全会，基本上都是专注于某个领域或者某个方面的改革，而且都是以经济体制改革为主。

到了十八届三中全会，推进到全面深化改革，即是以经济体制改革为重点，又以协同推进经济体制、政治体制、文化体制、社会体制、生态文明体制和党的建设制度改革为主要内容的，全面性、系统性、整体性改革，改革涉及的领域之多、范围之广前所未有。与此同时，十八届三中全会还把市场在资源配置中的地位和作用从十四大提出的“基础性作用”，上升到“决定性作用”。可以说，这是自党的十一届三中全会以来党就改革作出最全面最系统部署的一次中央全会。正因为这样，全面改革就成为党的十八届三中全会《决定》的重大历史特点。

总之，按照习近平总书记和党中央的战略布局，2020年全面建成小康社会，2035年基本实现社会主义现代化，再到2050年全面实现现代化，这无疑是近代以来中国历史上前所未有的大变动。

采访组：作为“中国和平崛起”论题的首个提出者，请您结合自身经历介绍一下当时的历史背景，为什么要提出这一论题？从“和平崛起”到“和平发展”，西方社会仍然鼓吹“中国威胁论”，说什么中国会走“国强必霸”的路子，中美很难避免“修昔底德陷阱”，您怎么看这一逻辑？

郑必坚：在讨论构建中国特色哲学社会科学的时候，有位外国朋友问我，“中国和平崛起的发展道路”这个概念是不是你提出的？对此，我从不讳言。因为这是事实，讳言事实没有意义。需要指出的是，“中国和平崛起”和“中国和平崛起的发展道路”

本来就是一个基于时代大变动而来的客观事实，我只是强调指出了这个事实。不仅如此，我还为中国的和平崛起，为中国走出了一条和平崛起的发展道路而感到自豪，因为我是中国人。

当然，“和平崛起”“和平发展”的概念，不是凭空想象的，而是有条件的。条件是什么？条件就是从20世纪70年代后期，美国从越南战争脱身了，苏联在阿富汗战争中也失败了，这样就出现了一个相对稳定的和平局面。所以，当时邓小平就说，“和平与发展”才应当是时代的主题。我感到这个提法很重要，这是我们中国共产党对于时代和世界大势的一个大的判断。之后我进一步思考，世界要和平要发展，这是时代的要求，那么中国呢？中国更需要和平发展。而且不是一般的和平发展，是要加快的和平发展。生产力发展要加快，各方面改革要加快，这也正是我们党的方针。因此，我感到“和平崛起”这个提法，能够如实地表达这种历史要求。

当年的事态，很快就证明了中国的和平崛起。这里有两个重大步骤。一个是中国决定建立社会主义市场经济体制，另一个则是以加入WTO为标志，中国同经济全球化相联系而不是相脱离。正是在这两项大手笔开放措施态势下，中国在加入WTO之后的第一个10年，国民经济就出现了平均年增10.6%的持续高增长，经济总量也因此迅速扩大。

就经济总量来说，8个工业化发达国家在从2000年算起的10年内，一个接一个被中国超过。2000年至2002年，中国超过了意大利，成为世界第六；2005年，中国超过了法国，成为世界第五；2006年，中国超过了英国，成为世界第四；2007年，中国超过了德国，成为世界第三；接着是2010年，中国又超过了日本，成为世界第二（日本曾于1968年超越西德成为世界第二）。这样一段中国“超越史”，难道不可以说就是中国和平崛起史的起步吗？

当然，这里所说“超越”，是仅就经济总量而言，至于人均GDP，则是另一回事。

也正是依据这个10年“超越史”，形成了我的一个提法：“在和平与发展成为时代主题的条件下，在同经济全球化相联系而不是相脱离进程中，独立自主地建设中国特色社会主义。”这是我对中国社会主义现代化历史进程丰富内涵的一个集中概括。在这个问题上，我的思路在进入21世纪后又有发展，现放到第八点答问中来谈。

党的十六大开过后，2002年12月，我卸任中共中央党校常务副校长，作为中国改革开放论坛理事长访问美国，向美国朋友介绍党的十六大。在那里，我直接面对美国一些人士关于中国的两类看法。一类是认为中国作为崛起中的大国将不可避免地挑战美国战略利益，必然会对美国形成威胁。另一类则认为中国将同苏联一样，不可避免地走向崩溃。面对美国朝野如此流行的“中国威胁论”和“中国崩溃论”，当时我即以“中国和平崛起”来应对——以“和平”应对“中国威胁论”，以“崛起”应对“中国崩溃论”。而在说明党的十六大精神特别是中国共产党面向21世纪的发展路线时，我更明确提出：“中国将要走出一条同世界近代以来历史上后兴大国崛起进程所走的道路完全不同的，全新的和平崛起的发展道路。”“我们这条道路，既不同于一战时的德国、二战时的德国和日本的那种通过发动侵略战争来重新瓜分世界的道路；也不同于苏联勃列日涅夫时期，那种依靠军事集团和军备竞赛来同美国争夺世界霸权的道路。”

我同时提出，总体而论，中国还将长期处在社会主义初级阶段即发展中国家阶段，因为中国有14亿～15亿人口，而由此就有两道数学题。一道是“乘法题”：即便是在你们看来也许微不足道的困难问题，乘以14亿～15亿，那是多大呢？另一道是“除法题”：即便是总量似乎巨大的物质财富，除以14亿～15亿，那又有多少呢？

到了2017年，我在北京同“修昔底德陷阱”论的提出者，美国艾利森先生作了一次愉快的交谈。他向我说明，他提出“陷阱论”的本意不是针对中国，而是希望美中之间可以避免那种“陷阱”。我感谢他的好意，同时指出：从当前大国动向来看，归根到底无非三种作为：一是冷战思维；二是局部热战；三是谋求共同发展，互利共赢，构建“利益汇合点和利益共同体”。对于前两种作为，中国人第一反对、第二不怕。那一套没有前途，而且中国人也都成功地应对过。中国的抉择是第三种，即在经济全球化条件下，在努力搞好自身力量建设的基础上，走和平崛起的发展道路，全方位地与世界一切相关国家和地区发展“利益汇合点”，构建不同内容不同层次的“利益共同体”。这里所说“全方位”，即是说，包括中国与美国、中国与欧洲、中国与亚洲其他国家尤其是周边国家、中国与非洲、中国与拉美等，而决不是排他性的。

至于当前大局，一个方面是美国特朗普政府这几年很起劲地掀起一大股反华逆流，另一方面则是包括中国在内的广大发展中国家共同和平崛起势头仍属方兴未艾。

今天尤其应当引为自豪的是，党的十九大以来，在习近平新时代中国特色社会主义思想的伟大旗帜下，凝聚全体中华儿女的力量，并同世界各国人民一道，在共同抗疫的艰苦而又伟大的斗争中，在推动构建利益共同体基础上的人类命运共同体中，携手建设更加美好的世界。

采访组：我们了解到您任会长的国创会，从2010年5月创建以来，做了很多有意义的大事，您和国创会可谓始终与时俱进。当年您是邓小平1992年南方谈话的整理执笔人，又是《邓小平文选》第三卷编辑工作主要负责人，您还参与了一系列中央重要文件的起草工作，您能谈谈当年亲历的一些难忘的事情吗？

郑必坚：说到邓小平的1992年南方谈话，我以亲身经历而实实在在地感悟到的是：伟大的理论，根源于艰难战斗和深刻反思。

南方谈话之所以能够产生，最根本的是由于面对中国国内大局和国际大局这两个大局在20世纪最后20年的大变动，尤其是面对20世纪80年代末90年代初国际国内政治风波，邓小平以大无畏的战斗精神和严肃的科学态度，亲身南下，经过实地考察和深刻反思而形成和确立起来的。在这里，没有什么一帆风顺，没有什么轻而易举，更没有什么一蹴而就。一句话，是在大变动大风波中应运而生的。

南方谈话，从根本上澄清了关系中国社会主义事业前途命运的一系列重大政治是非、思想是非和理论是非，并从而武装了全党和全国人民。结果是，打破了西方七国联手对我国的经济制裁，扭转了一时阴霾满天的国际环境，强有力地推进了中国改革开放和社会主义现代化建设，启动了中国新一轮举世瞩目的大发展。

南方谈话之后不久，在1993年伏暑盛夏时节，邓小平不去北戴河休假，全身心投入《邓小平文选》第三卷即最后一卷的编审工作。我们记忆犹新：他亲自审定每一篇文稿，而且抓得那样紧、那样细，终于完成了一部具有现实和长远重大战略意义的经典著作，并且郑重地把它作为“政治交代”献给党，献给祖国和人民。当时邓小平高兴地说：“算完成了一件事”，“这是我的政治交代”。他还在审稿过程中这样说：“这本书有针对性，教育人民，现在正用得着。”“不管对现在还是对未来，我讲的东西都不是从小角度讲的，而是从大局讲的。”在向他请示用哪一篇作为《邓小平文选》第三卷的终卷篇时，他明确回答：“编到南方谈话为止，这样好，段落比较清楚。”

1993年，江泽民同志指出：《邓小平文选》第三卷的出版，为我们进一步用建设有中国特色社会主义理论武装全党，教育干部和人民，统一思想，坚定信念，积极全面正确地执行党的基本路线，提供了最好的教材和最有力的武器。并且号召全党在改革开放和社会主义现代化建设新形势下努力学习《邓小平文选》第三卷。随即在全党范围首先是县级以上领导干部中，形成了具有相当广度和深度的对邓小平建设有中国特色社会主义理论的学习研究热潮。

20世纪90年代开始，党中央在抓紧领导学习邓小平理论热潮的同时，卓有成效地推进改革开放和社会主义现代化建设，并且先后形成了"三个代表"重要思想、科学发展观，丰富和发展了中国特色社会主义理论体系。进入新时代，以习近平同志为核心的党中央进一步在一系列重大理论和战略基础上创立了习近平新时代中国特色社会主义思想，标志着中国特色社会主义理论体系同中国改革开放和社会主义现代化事业，面对新的考验，迈上新的高度。

历史的回顾，现实的发展，反复有力地表明：我们党在新时期启动大变动、新觉醒拥有这样的精神动力和智力支持，实在是党之大幸，国之大幸，中华民族之大幸。

说到这里，请允许我重复地说，继南方谈话之后，在邓小平直接指导下编《邓小平文选》第三卷的又一次亲身经历，使我更加深切地感受到，像邓小平这样一位代表了时代的伟大人物，以89岁高龄，在伏暑盛夏时节，放弃休假而亲身投入编审工作，而且抓得那样紧、那样细，终于完成了一部具有重大现实和长远战略意义的理论著作，把它作为"政治交代"郑重献给党，献给祖国和人民。这种精神，这种情景，实在令人敬佩和感动！

采访组：作为《关于建国以来党的若干历史问题的决议》这一重要文件的参与起草者，请您结合自身经历谈一谈我们党当时是怎么评价新中国成立32年来中国共产党的功过是非的？这说明我们党具备了哪些优良品质？新时代我们又该如何继续坚持和发展马克思主义？

郑必坚：既然你们首先提到党的历史问题决议，就让我们从这里谈起吧。

党的关于党内若干历史问题决议有两个。一个是全国解放前，1945年4月党的六届七中全会通过的《关于若干历史问题的决议》；另一个是全国解放后，1981年6月党的十一届六中全会通过的《关于建国以来党的若干历史问题的决议》。我参与起草工作的是后一个，即新中国成立以来的历史问题决议。

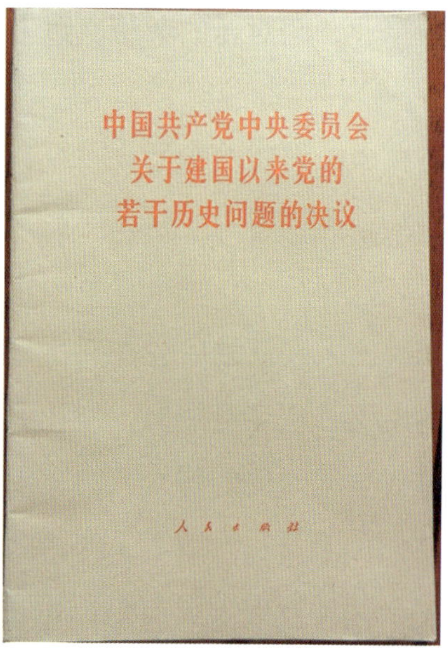

《中国共产党中央委员会关于建国以来党的若干历史问题的决议》书影

对这两个历史问题决议，我的突出体会有两条。第一条，是我们党对于自身所犯错误，采取何等严肃负责的态度。请看，两个党的历史问题决议都是在重大历史关头，以中央全会决议的郑重形式，系统地总结党在过去一段时期的重大失误和应当由此吸取的经验教训。前一个决议是总结从陈独秀到李立三、王明的三次路线错误，同时申明对犯错误的同志采取“惩前毖后、治病救人”的方针。后一个决议，则是在充分肯定毛泽东和毛泽东思想，坚定不移地继续高举毛泽东思想伟大红旗的同时，总结新中国成立以来特别是在“文化大革命”问题上的错误及其教训。应当说，这两个总结历史的重要决议，实在可以说是中国共产党在如何对待自身错误的问题上，继延安整风之后的又一创造性重大举措，对全党起了深刻的教育作用。

第二条突出体会，是这两个历史问题决议的中心思想乃是一以贯之的“马克思主义中国化”，并且经过正反两个方面历史经验的总结提炼，形成了一系列重大结论。尤其是新中国成立以来的历史问题决议，第一次明确提出了“具有中国共产党人特色的立场、观点、方法”即实事求是、群众路线、独立自主。这样一条重大结论，实在发人深省。

你们还提问，从“历史决议”可以看到“我们党具备了哪些优良品质”呢？我认为，从以上引述的历史决议所说“具有中国共产党人特色的立场、观点、方法”即实事求是、群众路线、独立自主，应当可以体会的到了。

说到这里，我还需要强调补充一点体会。我认为，“具有中国共产党人特色的立场、观点和方法”这个重大命题，连同“实事求是”“群众路线”“独立自主”这三个基本方面，实在关键紧要。可以毫不夸大地说，没有“中国共产党人特色的立场、观点和方法”，就没有毛泽东思想关于新民主主义的理论、路线、战略和策略；没有“中国共产党人特色的立场、观点和方法”，也不会有中国特色社会主义的理论、路线、战略和制度。“中国共产党人特色的立场、观点和方法”，正是贯穿于马克思主义中国化这两大成果的“活的灵魂”。

今天强调这一点，有什么意义呢？我们都说，中国特色社会主义进入了新时代，我们离实现中华民族伟大复兴的中国梦越来越近了。这是正确的判断。与此同时，我们还要有另一个清醒的判断，那就是我们应当记得1992年邓小平视察南方最后一站，在上海火车站对上海两位负责同志所作的关于上海面临“最后的机会”的提示。今天，我们难道不可以放开一点来体会，对于整个中华民族伟大复兴而言，改革开放新时期不也可以叫作“最后的机会”吗？

回溯改革开放以来的历史，能够称得上“最后”级别的机会有三次。第一次是“文化大革命”结束后，我们如果不抓住拨乱反正这个“最后的机会”，果断摈弃“以阶级斗争为纲”，实现全党工作重点战略转移，就不会有改革开放和现代化的大发展。第二次是东欧剧变后，我们如果不抓住继续改革开放这个“最后的机遇”，建立社会主义市场经济体制，全面参与WTO，就不会有今天中国的世界第二大经济体地位。第三次则是在今天面对世界范围逆经济全球化潮流的情况下，我们如果不抓住新一轮经济全球化和中国经济的结构性转型这个“最后的机会”，同心同德，齐心协力，贯彻落实党的十九大提出的理论、路线、战略和各方面举措，就难以真正实现全面建成社会主义现代化强国的宏伟目标。

因此，面对今天"最后的机遇"，面对新的种种可以预料和难以预料的巨大困难和挑战，我们格外强调要坚持"中国共产党人特色的立场、观点和方法"，紧密团结在以习近平同志为核心的党中央周围，以习近平新时代中国特色社会主义思想为行动指南，创造性地开展工作，真正干出一个新时代的中国特色社会主义。

至于你们问到"新时代我们又该如何继续坚持和发展马克思主义"，这个问题可以同下面第七个问题结合起来，再作讨论。

采访组：您曾经说过这样一句话，"对待马克思主义的正确态度是什么？集中起来就是一句话：老祖宗不能丢，又要说老祖宗没有说过的符合中国实际和现代特征的新话。这就是解放思想、实事求是，这就是邓小平所揭示的马克思主义的精髓，这就是我们党永葆蓬勃生机和活力的法宝"。您是"特色论""国情论"的全面论证者，能具体谈谈在您的学术思想里，是如何坚持将马克思主义与中国国情相结合的吗？

郑必坚：关于"老祖宗不能丢，又要说老祖宗没有说过的符合中国实际和时代特征的新话"，这实际上是邓小平多次讲过的话。我的印象，最早的一次，应该是邓小平在中顾委第三次全会上的讲话。他是这样说的："这次经济体制改革的文件好，就是解释了什么是社会主义，有些是我们老祖宗没有说过的话，有些新话。我看讲清楚了。过去我们不可能写出这样的文件，没有前几年的实践不可能写出这样的文件。写出来，也很不容易通过，会被看作‘异端’。我们用自己的实践回答了新情况下出现的一些新问题。不是说四个坚持吗？这是真正坚持社会主义，否则是‘四人帮’的‘宁要社会主义的草，不要资本主义的苗’。”他还说：“前天中央委员会通过这个决定的时候我讲了几句话，我说我的印象是写出了一个政治经济学的初稿，是马克思主义基本原理和中国社会主义实践相结合的政治经济学，我是这么个评价。这两天国内外对这个决定反应很强烈，都说是有历史意义的。”

就我所知，这就是“不丢老祖宗又讲新话”的缘起。

当时我是参加十二届三中全会关于经济体制改革决定起草工作的，听到邓小平对这个决定稿的评价的传达，受到巨大启示和鼓舞。

那么我们还可以再来看看，从党的十二大到十九大，这八次党代表大会，又是怎样“讲新话”的呢？

党的十二大，明确提出建设有中国特色的社会主义的重大命题和小康战略目标，改革开放由此全面展开，社会主义现代化建设出现新局面。这是十二大的“新话”。

党的十三大，第一次系统阐述了社会主义初级阶段的理论，并指出我国目前正处在并将长期处在社会主义初级阶段，提出了党在社会主义初级阶段的基本路线，这就是领导和团结各族人民以经济建设为中心，坚持四项基本原则，坚持改革开放，自力更生、艰苦创业，为把我国建设成为富强民主文明的社会主义现代化国家而奋斗。这是十三大的“新话”。

党的十四大，提出抓住机遇加快发展的决策和战略部署，确立社会主义市场经济体制的改革目标。还提出要用邓小平建设有中国特色社会主义理论武装全党，以及党在社会主义初级阶段的基本路线。这是十四大的“新话”。

党的十五大，把邓小平理论作为党的指导思想写入党章，并提出了党在社会主义初级阶段的基本纲领，进一步阐明了建设有中国特色社会主义的经济政治文化的基本特征和基本要求；把依法治国确定为治国的基本方略，并把坚持公有制为主体、多种所有制经济共同发展，及坚持按劳分配为主体、多种分配方式并存确定为我国在社会主义初级阶段的基本经济制度和分配制度；还提出了新的三步走发展战略。这是十五大的“新话”。

党的十六大，提出在21世纪头20年全面建设惠及十几亿人口的更高水平的小康社会，尔后到21世纪中期基本实现现代化，把中国建设成富强民主文明的社会主义国家。还提出了建设中国特色社会主义必须坚持的十条基本经验。大会通过的党章把“三个代表”重要思想确立为党的指导思想。这是十六大的“新话”。

党的十七大，在新的历史起点上，从思想上、政治上、组织上对实现全面建设小康社会的宏伟目标作出全面部署并提出更高要求，阐述了科学发展观的要义、核心、基本要求和根本方法，强调要深入贯彻落实科学发展观。这是十七大的“新话”。

党的十八大，确立了为全面建成小康社会而进行全面深化改革开放的目标，包括坚持走中国特色社会主义政治发展道路和推进政治体制改革，同时对全面提高党的建设科学化水平提出了明确要求，确定科学发展观为党的指导思想。这是十八大的"新话"。

党的十九大，主题是：不忘初心、牢记使命，高举中国特色社会主义伟大旗帜，决胜全面建成小康社会，夺取新时代中国特色社会主义伟大胜利，为实现中华民族伟大复兴的中国梦不懈奋斗。这一主题，明确回答了我们党在新时代举什么旗、走什么路、以什么样的精神状态、担负什么样的历史使命、实现什么样的奋斗目标的重大问题。十九大把十八大以来党的创新理论概括为"习近平新时代中国特色社会主义思想"，并作为党的指导思想写进党章。这是十九大的"新话"。

当然，这里以如此简约的方式列举历次党大会的"新话"，很难准确，更难免挂一漏万，但总体精神没有错。而且由此还可以大致领会，我们党的这八次大会是怎样一以贯之而又都有"新话"，并从而把"马克思主义中国化"一步一步地向前推进的。

采访组：作为我国"特色论""国情论"的全面论证者，请您谈一谈中国特色社会主义的特色主要体现在哪里？如果有一天中国模式成为一种普遍模式，那时中国特色社会主义还会具有特色吗？

郑必坚：你们提出的"中国特色社会主义的特色主要体现在哪里"，可是一个大题目，是一个涵盖我们已经走过的40年，同时涵盖从现在起到21世纪中叶的30年，总共至少70年的大题目。至于70年以后，更长远的事情，我们现在只能存而不论。

说到这个70年，我们中国特色社会主义的特色，我认为主要体现在两大问题上，一是所处“阶段”，二是所走“道路”。

“阶段”问题，我们党已经明确地系统地作出了回答，这就是我们现在处在并将长期处在社会主义初级阶段。习近平总书记在省部级主要领导干部学习贯彻党的十九届五中全会精神专题研讨班开班式上指出，今天我们所处的新发展阶段是社会主义初级阶段中的一个阶段，同时是其中经过几十年积累、站到了新的起点上的一个阶段。新发展阶段是我们党带领人民迎来从站起来、富起来到强起来历史性跨越的新阶段。他还强调，社会主义初级阶段不是一个静态、一成不变、停滞不前的阶段，也不是一个自发、被动、不用费多大气力自然而然就可以跨过的阶段，而是一个动态、积极有为、始终洋溢着蓬勃生机活力的过程，是一个阶梯式递进、不断发展进步、日益接近质的飞跃、量的积累和发展变化的过程。全面建设社会主义现代化国家、基本实现社会主义现代化，既是社会主义初级阶段我国发展的要求，也是我国社会主义从初级阶段向更高阶段迈进的要求。

现在来说“道路”，这当然也是一个根本性问题。中华民族和中国人民能有今天，我们党和人民的事业能有今天，离不开一条中国特色社会主义的全新战略道路，这就是在改革开放中走和平发展道路。今天当全世界把关注的目光更加聚焦中国，当各方面人们从各自角度出发议论中国快速发展对当今世界是威胁还是机遇，而且“中国威胁论”和“中国崩溃论”均有一定市场的情况下，中国共产党和中国政府一以贯之地以鲜明立场和态度向全世界郑重宣告：中国坚定地在改革开放中走和平发展道路。这是党的十一届三中全会以来历届中央领导集体对国际社会关注中国走向的回应，更是中国人民对实现自身发展目标的自觉和自信。这种自觉和自信，来源于对当代中国发展目标和条件的认知，来源于对当代世界发展大势的把握，也来源于中华文明的深厚渊源。

具体来说，中国的和平发展道路具有以下五个相互联系的基本点。

一是中国和平发展道路的根本立意。既是泛指需要由几代人、十几代人、几十代人的持续努力才能完成的整个中国特色社会主义建设进程所要走的道路，更是特指从20世纪70年代末实行改革开放为开端，到2035年基本实现现代化，再到本世纪中叶，在基本实现现代化的基础上，再奋斗十五年，把我国建成富强民主文明和谐美丽的社会主义现代化强国，实现从不发达国家到中等发达国家的历史性飞跃为标志，这样一个带有和平崛起鲜明特征的发展阶段所要走的根本道路。

二是中国和平发展道路的根本目标。就实现社会主义现代化这个阶段来说，就是要在这70年时间内解决中国人的生存权、发展权问题；就是要在致力于办好我们自己事情的基础上承担力所能及的国际义务。这两大方面，就够我们几代中国人殚精竭虑去奋斗的了。我们根本没有时间、没有精力也绝不需要去威胁任何国家、任何人。当然，在这以后中国发展起来了，仍然要始终沿着和平发展道路走下去，这也是列入“一百年不动摇”范畴的。

三是中国和平发展道路的根本途径。就是要在同经济全球化相联系而不是相脱离的进程中，在同国际社会实现互利共赢的进程中，独立自主地建设中国特色社会主义。而所谓独立自主，就是把中国发展自觉地放在主要依靠自己力量的基点上。包括这样几个“依靠”：依靠自身的体制创新和文化创新，依靠自身的产业结构调整和增长方式转变，依靠自身国民素质的提高和科技的进步，依靠自身努力解决发展中的难题。

四是中国和平发展道路的根本布局。乃是对内方针与对外方针相统一，对内和谐与对外和平相统一。就是说，中国坚持走和平发展道路，既是外交，也是内政；既是对外宣示与承诺，也是自我约束与规范。当然毫无疑问，中国这样大的国家，加强国防是天经地义。道理显而易见，如果没有强大国防，不但中国自己很危险，而且这种情况本身就会成为整个亚太地区乃至世界大局严重动荡的重要因素。中国从1840年鸦片战争算起，七至八代人直到今天的处境和心态，是深重的危机感，是争取生存权、发展权不受侵害，是谋求一要国家主权和领土完整、二要发展和现代化，而不是什么扩张，更不是什么侵略。直到20世纪50年代，毛泽东还在党的八大预备会议上这样说，中国如果不能把自己建设成伟大的社会主义国家，那就要从地球上被开除球籍！这就是毛泽东的救亡图存和振兴发展的深刻观念。时至今日，我们也许还是应当说，如果我们不能在21世纪上半叶实现工业化，进而实现现代化，我们迟早还是要面临被开除球籍的危险。

五是中国和平发展道路最深刻的根本内涵。就是要在21世纪上半叶，在不断弘扬自主创新精神同当代世界各种文明相交汇中，用文明的理念、文明的方式、文明的手段、文明的形象来实现中华民族的伟大复兴。还应当这样讲，21世纪上半叶中国和平发展道路最深刻的根本内涵，就是在中国共产党坚强领导下，在当代中国发展了的中国化马克思主义引导下，在创造性地继承和发展自己民族优秀文明传统的同时，积极借鉴和吸收当代世界各种文明的有益成果，在自主创新中实现包括物质文明、政治文明、精神文明、社会文明、生态文明等在内的中华文明的伟大复兴。

说到这里，我来再作一个归结。

纵观改革开放40多年，“中国特色”体现和展开于我们党领导的社会主义现代化建设之一切领域、一切方面，并从而取得层出不穷的创造和成功。我们说中国特色社会主义道路是具有巨大优越性的，说到底就是因为，我们在这条道路上所创造的各方面事业的一系列中国特色是具有强大生命力的。这里包括，中国特色自主创新道路、中国特色新型工业化道路、中国特色农业现代化道路、中国特色城镇化道路、中国特色社会主义政治发展道路、中国特色社会主义精神文明道路。此外，还有实践中已经提出并正在继续探索的其他一系列重要方面，包括中国特色社会主义和谐社会、中国特色节约型社会、中国特色环境友好型社会、中国特色学习型社会，等等。

你们还提出另一个问题：如果有一天中国模式成为一种“普遍模式”，那时中国特色社会主义还会具有特色吗？我的答复是：

"中国特色社会主义"的根本前提是中国共产党的领导，而我们党对自身的一个重要定性就是"中国人民和中华民族的先锋队"；党对我国社会主义的定性，则是"中国特色社会主义"。这两大定性，我认为都是不会改变的。

至于"中国模式"能否"有一天"成为"普遍模式"，我认为这不是今天需要讨论的问题。需知国情各异乃是一个长期又长期的客观存在。世界近代以来某些国家不顾国情而照搬外国模式的做法是有的，但可以说没有一个能够成功。我们党历来赞成的，是五彩缤纷的"百花园"。

至于国与国之间这样那样具体经验的相互借鉴和吸收，倒是通常都有而且有益的事，但这同把某一国的模式当成"普遍模式"，不是一回事儿。

采访组：习近平总书记在2018年6月中央外事工作会议上提出了一个重大论断，即"当前中国处于近代以来最好的发展时期，世界处于百年未有之变局"。请您谈谈这个"大变局"变在哪里？这期间，我们最应该注意哪些问题，抓住哪些机遇？这个"大变局"和李鸿章同治十一年曾上书所言的"此三千余年一大变局也"有什么不同？

郑必坚：就让我们从当前这次新冠肺炎疫情之后引发的大变动说起吧。正如习近平总书记精辟指出的："这次新冠肺炎疫情来势汹汹，对各国都是一次大考"，"这次新冠肺炎疫情防控，是对治理体系和治理能力的一次大考"。当然，现在的问题是，新的大变局还在启动和发展之中。当前我们只能边应对、边观察，逐步得出更加完全的大考结论。

回过头来看，这次新冠肺炎疫情，中国先遭难，但是随即出乎举世预料，中国在应对疫情和转向复苏这两大方面，打了举世瞩目的两大胜仗。而且还秉承“人类命运共同体”的崇高理念挺身而出，同世界共命运。这当然是事实，是天下大势的光明面，而且是有强大生命力的天下大势光明面。

但我们同时清醒看到，世界面前有两条路线，两种命运。除了刚刚说到的光明面——中国成功和人类命运共同体的开局势头良好之外，还有另一条路线另一种命运，那就是以美国为代表的霸权主义、民粹主义和反华狂热。美国的作为，非但不是加强同中国的合作，反而是甩锅，是搅乱，是把矛头指向中国，并从而要使正在共同抗疫的世界陷于分裂！对此，我们中国人不怕，但是如果真是被美国搅乱了世界，问题就严重了。

面对这种局面，我想再展开一点，多说几句。综观20世纪最后20年和进入21世纪以来当代中国和当代世界的发展大势、发展主流，如果用一句话来概括，就是六个字——“大变动、新觉醒”。说完全一点，就是“以中国和平发展为主题的中国大变动、新觉醒”和“以世界和平和发展为主题的世界大变动、新觉醒”。这样两方面的“大变动、新觉醒”，乃是一个前所未有的伟大进程。而这个进程，可以说，中国从1978年中共十一届三中全会之后，世界从20世纪70年代越南战争结束之后，就开始启动了。从那时到现在，只有40多年，中国和世界都发生了新的巨大变动。

说到这里，我想提出一个重要情节。2013年11月12日党的十八届三中全会第二次全体会议上，习近平总书记在讲话中这样说：“邓小平同志说：‘我们要赶上时代，这是改革要达到的目的’。我们不仅要赶上时代，而且要勇于引领时代潮流、走在时代前列。”2018年12月18日，他又在庆祝改革开放40周年大会上的讲话中强调指出：“中国特色社会主义道路是当代中国大踏步赶上时代、引领时代发展的康庄大道，必须毫不动摇走下去。”在这里，习近平总书记对邓小平提出的有名论断加以补充，把“赶上时代”与“引领时代”结合起来，恰如其分地反映了我国国势的跨世纪发展，正好应当作为我国进入21世纪第二个10年之后的“改革要达到的目的”。也正是基于这样的认识，在2019年10月24日“读懂中国”国际会议第四届会议上，我在题为《改革开放再出发》的开幕讲演中说：“中国共产党坚持马克思主义中国化，因而又总是能够在发扬光大中华民族文明传统的同时，敏锐把握时代发展，赶上时代以至引领时代。”事到如今，尽管新冠肺炎疫情还在肆虐，但我坚定确信，作为“改革要达到的目的”，中国共产党“赶上时代与引领时代相结合”，肯定能够在曲折前行中愈益发扬光大。一方面，这将大有利于在国际范围致力构建“人类命运共同体”；另一方面，这同时又将大有利于国内改革开放和各方面建设事业向更高水平的新跃升。

请看吧，“一带一路”和海陆并举的“丝绸之路”还要发展，经济的、贸易的、金融的、科技的、教育的合作为相关各国所欢迎，“利益汇合点”“利益共同体”及“经济发展与安全发展相结合”基础上的“人类命运共同体”正势不可当地成为主流。历史将证明，在“人类命运共同体”的重大导向之下，在“赶上时代与引领时代”作为“改革目的”的实际推动之下，中国与国际社会协同致力，那就意味着“大变动、新觉醒”的势头能够保持，亚太和世界和平和发展前景向好。

展望前景，中国当然还要毫不动摇地集中精力办好自己的事。从20世纪改革开放起步到本世纪中叶全面建成社会主义现代化强国，总共70多年。这70多年，又可以分为前35年和后35年。前35年，中国共产党和中国人民干成了一番大事业，顺利实

中央党校（国家行政学院）北校区的大型组雕《旗帜》（鲁迅艺术学院师生等集体创作，李象群领衔）

现了第一步脱贫和第二步进入小康。后35年，则是从全面小康到全面建成社会主义现代化强国，到实现中华文明和中华民族伟大复兴。

此时此刻，人们记忆犹新，习近平总书记2013年在西柏坡所说："当年党中央离开西柏坡时，毛泽东同志说是'进京赶考'。60多年过去了，我们取得了巨大进步，中国人民站起来了，富起来了，但我们面临的挑战和问题依然严峻复杂，应该说，党面临的'赶考'远未结束。"习近平总书记还说过："从实现'两个一百年'目标到实现中华民族伟大复兴的中国梦，我们正在征程中。'考试'仍在继续，所有领导干部和全体党员要继续把人民对我们党的'考试'、把我们党正在经受和将要经受各种考验的'考试'考好，努力交出优异的答卷。"

事情就是这样，接着"赶考"——迎接新的"大考"。

至于你们所提的另一个问题——我们现在面临的"大变局"，同清末李鸿章上书所言"三千余年一大变局"有何不同？我的回答是：李鸿章的那个"大变局"，乃是殖民帝国主义强加到中国人民头上的，使中国在清末大衰败中沦为半殖民地的"三千余年未有"的悲惨"大变局"。而今天，中国面临的且正在大力推进的"大变局"，则是中国共产党领导下的中国特色社会主义，正为中华民族伟大复兴而奋进的"大变局"。

采访组：中央党校的发展史也可以说是中国共产党成长的一个缩影。在您担任中央党校常务副校长5年期间，中央党校确立

了以培养干部的“理论基础、世界眼光、战略思维、党性修养”为主要任务的，面向21世纪的党校教育新布局。进入新时代，组建了中央党校（国家行政学院），可否请您谈谈，对党校工作有什么体会和展望。

郑必坚：我是1997年从中央宣传部岗位上因到龄退下来，转到中央党校工作的，到党校算是超期服役。干到2002年退下来，到今天已经又过去18年了。

时间隔得久了，退下来以后的情况不甚了了。但在我的印象中，党的十八大以来，我们党校的工作确有新的大起色、大进步，关键就在于指导思想和方针政策的新的大起色、大进步。比如说《中共中央关于加强和改进新形势下党校工作的意见》就是一个极好文件，而习近平总书记所作的《坚持党校姓党根本工作原则，切实做好新形势下党校工作》的重要讲话，从立党兴党强党的历史高度和战略高度，围绕坚持党校姓党，精辟阐述了新形势下党校工作的重大意义、根本原则、主要任务和基本要求，深刻回答了事关党校事业长远发展的一系列重大问题，更是党校发展历史上的重要里程碑，而且对做好党和国家全局工作也具有重要指导意义。

2018年，中央党校（国家行政学院）组建。我认为这是以习近平同志为核心的党中央为全面加强党对干部培训工作的集中统一领导而作出的重大战略决策，也是深化党和国家机构改革的重要组成部分，标志着党校（行政学院）事业发展进入了一个新的阶段。不久前，中共中央印发了《中国共产党党校（行政学

中央党校（国家行政学院）校名石和主楼

院）工作条例》。中央政治局在审议《条例》时明确指出，做好新时代党校（行政学院）工作，关键在于坚持党校姓党、从严治校、质量立校。要坚持以习近平新时代中国特色社会主义思想为指导，坚持党的理论教育和党性教育主业主课定位，以培养造就忠诚干净担当的高素质专业化干部队伍为主要目标，为新时代坚持和发展中国特色社会主义服务。这又体现了党中央对党校（行政学院）工作的新要求，为新时代党校（行政学院）事业发展进一步指明了方向。

中国奇迹是马克思主义中国化的奇迹

采访对象： 郑科扬，1931 年 7 月生，四川江油人。1972 年 6 月调中央组织部，先后任研究室处长、室主任，中组部副秘书长。1988 年 9 月调中央办公厅工作，研究员。1989 年 9 月后，历任中央政策研究室副主任、全国党建研究会常务副会长。

采 访 组： 黄珊　尹晓徽　储峰　陈思

采访地点： 北京协和医院

采访时间： 2020 年 8 月 29 日

采访组：郑会长，您好！中国共产党百年奋斗，取得了辉煌成就、创造了人间奇迹，同时党自身也保持了旺盛的生命力。您认为其中的关键是什么？最重要的原因是什么？

郑科扬： 中国共产党为什么能团结带领全国各族人民取得伟大成就、创造人间奇迹？为什么能使科学社会主义在中国焕发出强大生机活力？这里的原因很多，可以有多角度的观察和思考。我认为其中特别重要而且长期起作用的一条，就是几代中国共产党人始终如一地坚持推进马克思主义中国化，党的指导思想不断实现与时俱进。这一点，世界上所有的马克思主义政党，没有一个能比得过。

第一，中国奇迹是马克思主义中国化的奇迹。回顾党的百年历程，我们党坚持把马克思主义基本原理同中国具体实际相结合，先后走出了符合不同时期中国国情、人民需要和时代要求的好道路。我们党领导中国人民推动中国社会历史不断发展进步，实现三次伟大历史性飞跃，取得具有划时代意义的重大理论创新成果和实践创新成果，都是这样得到的。

马克思主义中国化，首创者是毛泽东。20世纪上半叶，我们党从中国处于半殖民地半封建社会的国情出发，把马克思主义基本原理同中国具体实际相结合，开创了中国特色的民主革命道路，完成了新民主主义革命。20世纪50年代初以后，我们党把马克思主义基本原理与新中国的具体实际相结合，完成了中国特色社会主义革命，开启了中国特色社会主义建设的艰辛探索。上述历史进程中产生了马克思主义中国化的第一个理论成果——毛泽东思想。在毛泽东思想指引下，实现了中华民族从“东亚病夫”到顶天立地站起来的伟大飞跃，赢得了中国社会发展的历史性跨越。

20世纪70年代以来，和平与发展成了时代主题，我们党把马克思主义基本原理同中国处于社会主义初级阶段的这个最大实际结合起来，首创了以改革开放为主要特征的社会主义的自我完善和发展。在这个过程中产生了中国特色社会主义理论体系，在科学理论指导下成功创造出了科学社会主义在当代中国蓬勃发展的奇迹，中华民族实现了从站起来到富起来的历史飞跃。

党的十八大以来，中国特色社会主义进入新时代，在新的伟大斗争中产生了马克思主义中国化的最新成果——习近平新时代中国特色社会主义思想。党的十八大以来，党和国家各项事业发展更加强劲有力，党和国家各方面发生了深层次、根本性的变革，取得了全方位、开创性的成就，中华民族迎来了从富起来到强起来的伟大飞跃。其中的根本原因，就在于有习近平新时代中国特色社会主义思想的科学指引。总之，一百年来中国革命、改革、建设所创造的人间奇迹和党自身建设的成就，有力地证明了党在坚持马克思主义中国化的历史进程中，出色地回答了把中国建设成为社会主义现代化强国，实现中华民族伟大复兴中国梦面临的时代之问、人民之问、实践之问。

第二，全面深入地、一以贯之地推进马克思主义中国化是中国共产党最了不起的地方。马克思主义中国化，如何“化”出奇迹？首先，“化”出运用马克思主义基本原理、运用科学世界观和方法论解决中国现实问题的理论认识，即中国化的马克思主义理论，包括毛泽东思想、邓小平理论、“三个代表”重要思想、科学发展观，还包括把中国特色社会主义理论体系全面推进到新境界的习近平新时代中国特色社会主义思想。再以中国化的马克思主义理论为指导，“化”成治国理政、治党管党的各项决策部署和具体方针政策。到这里，还不等于就能创造奇迹了。还要把治党治国的理论路线方针政策及各项部署，“化”成全党全国人民改造世界的共识与行动，让科学真理的力量充分发挥出来。所以说，这个“化”是全面的“化”，是深刻的“化”，是理论与实践相结合的“化”。马克思主义中国化绝非易事，这个过程中有矛盾困难、挑战斗争，甚至有危机险境。但是中国共产党坚持下来了，而且是几代人坚持不懈，经历各种风险考验，成功应对各种挑战，把马克思主义中国化“化”成今天的中国奇迹。这在世界上是令人称赞的。直到现在为止，全世界还没有哪个国家的共产党能够做到。

第三，中国共产党为什么能出色地做到马克思主义中国化？那就是用马克思主义态度对待马克思主义，用科学的态度对待科学。马克思主义中国化绝对不是要“化”掉马克思主义，而是把

中央党校（国家行政学院）北校区的马克思、恩格斯雕像《战友》（作者：曾成钢）

马克思主义基本原理运用于中国实际，正确判断和解决中国社会不同历史时期发展阶段的矛盾和问题。对马克思主义及其中国化的理论成果，我们必须真学、真信、真用，自觉坚持真理、修正错误，坚决抵制和反对非马克思主义、反马克思主义思想的干扰和渗透。

同时，我们也绝不能把科学真理教条化、碎片化。实践在发展，认识在发展，真理也要发展。马克思主义中国化不是一次或几次能完成的，而是一个不断解放思想、实事求是、与时俱进的无止境进程。要把这个过程，作为贯彻“实践、认识、再实践、再认识”这条认识路线的过程。马克思主义真理来自人民群众的社会实践，其真理力量也只有回到人民群众的实践中才能展现出来。因此，推进马克思主义中国化就要坚持走群众路线，一切为了人民，坚定地相信群众、依靠群众、向群众学习，同时团结群众、组织群众、引导和带领群众为实现自身利益不懈奋斗。改革开放的中国智慧、中国方案、中国力量、中国精神，就是这样得来的。

采访组：对马克思主义的信仰，对社会主义和共产主义的信念，是共产党人的政治灵魂，是共产党人经受住任何考验的精神支柱。习近平总书记将信念坚定作为好干部第一位的标准。请您谈谈，如何看待共产党员的理想信念?

郑科扬：在一个政党的全部行为中，具有决定意义的始终是政治行为，是坚定的政治理想和政治信念。我们党是成熟的马克思主义武装的工人阶级先锋队，从来不隐瞒自己的政治主张，也没有改变过自己的政治理想和政治信念。中国共产党一经成立，就把实现共产主义作为党的最高理想和最终目标，义无反顾肩负起为人民谋幸福、为民族谋复兴的历史使命。历经艰难曲折，共产党人的初心使命从未改变，党始终把坚定共产主义理想信念，作为政治上对党员最基本的要求。

回顾100年的光辉历程，我们党之所以能从几十个人的小组发展到有9000多万党员的大党；能够战胜前进道路上的无数艰难险阻，夺取一个又一个胜利；能有一代又一代人前仆后继，顽强奋斗，共产主义理想信念起了巨大的动员、鼓舞、感召和凝聚作用。共产主义理想是我们的精神支柱，是我们事业前进的动力，也是每个共产党员根本的政治信念。

如果理想信念不坚定，不相信马克思主义，不相信中国特色社会主义，政治上不合格，经不起风浪，这样的干部能耐再大，也不是我们党需要的干部。理想信念滑坡甚至丢失，危害是巨大的。习近平总书记在全国党校工作会议上曾对此有过一针见血的论述："世界社会主义实践的曲折历程告诉我们。马克思主义政党一旦放弃马克思主义信仰、社会主义和共产主义信念，就会土崩瓦解。共产党人如果没有信仰、没有理想，或信仰、理想不坚定，精神上就会'缺钙'，就会得'软骨病'，就必然导致政治上变质、经济上贪婪、道德上堕落、生活上腐化。"所以，共产党员增强党性，最重要的是增强政治上的坚定性，坚定共产主义理想信念、马克思主义信仰，毫不动摇地走社会主义道路。

应当看到，我们大多数党员干部理想信念是坚定的，政治上是可靠的。但我们的队伍中理想信念淡漠、动摇的现象，也是客观存在的。具体表现为：有的对共产主义心存怀疑，认为那是虚无缥缈的幻想；有的精神空虚，从封建迷信中找寄托；有的是非观念淡薄，在原则问题上故意模糊立场、耍滑头；有的甚至向往西方社会制度和价值观念；等等。这些动摇和怀疑都是党性不纯的表现，需要从理论和实践的结合上作出正确的回答。

第一，要充分认识社会主义发展的长期性、艰巨性和复杂性。从整个人类历史发展来看，任何一种新的社会制度代替旧的社会制度，都会经历无数次的反复和斗争，经历一个长期的曲折发展的过程。在世界范围内，封建社会代替奴隶社会用了上千年时间，资本主义社会代替封建社会用了几百年时间。建设社会主义是人类历史上最彻底的革命，要同传统观念和传统制度实行最彻底的决裂，在发展过程中出现某些暂时挫折，不值得大惊小怪。世界社会主义运动在前进中会有艰难险阻，但社会主义必然代替资本主义这个历史总趋势，是任何力量也改变不了的。一个真正的共产党人，决不能动摇共产主义的理想信念。

第二，要正确看待中国社会主义的历史。中国走上社会主义道路不是偶然的。社会主义使中国结束了近代被人宰割的历史，开始了中华民族伟大复兴的历史新时期。社会主义在中国的发展，是成功的、不断前进的。当然，我国的社会主义制度建立不长，尤其又是在经济文化落后的东方大国建立起社会主义制度，没有现成的经验能够借鉴，肯定会有许多不完善的地方。正因为如此，我们才要坚持改革开放，以更好地发展和完善社会主义制度。但决不能因此而否定社会主义道路，改变社会主义方向。东欧剧变看起来突然，实际上“冰冻三尺，非一日之寒”。其中一个重要原因，就在于从全盘否定斯大林开始，发展到全盘否定苏共执政几十年的历史，听任反共势力肆意攻击、丑化共产党和社会主义，而不去组织反击，结果在党内外造成了极大的思想混乱，为敌对势力的“和平演变”打开了一个缺口。这是一个很值得重视的教训。

第三，共产党员为共产主义奋斗终身，必须付诸实践。理想信念不是一句空洞的口号。列宁曾经说过：“我们必须竭尽全力并密切注意使党性不仅仅停留在口头上，而且要见诸行动。”那种只讲个人眼前实惠、没有崇高理想信念的人，不是合格的共产党员；那种只空谈理想却不肯为社会主义建设奋斗的人，也不是合格的共产党员。习近平总书记讲：“革命战争年代，检验一个干部理想信念坚定不坚定，就看他能不能为党和人民事业舍生忘死，能不能冲锋号一响立即冲上去，这样的检验很直接。和平建设时期，生死考验有，但毕竟不多，检验一个干部理想信念是否坚定，确实比较难，X光、CT、核磁共振成像也没有办法。”那怎么检验呢？习近平总书记又讲：“那就主要看干部是否能在重大政治考验面前有政治定力，是否能树立牢固的宗旨意识，是否能对工作极端负责，是否能做到吃苦在前、享乐在后，是否能在急难险重任务面前勇挑重担，是否能经得起权力、金钱、美色的诱惑。”共产党员要坚定共产主义理想和信念，就要在这些考验中经受锻炼。而这样的检验不是一下子、经历一两件事、听几句口号就能解决的，要看长期表现，甚至看一辈子。

采访组：习近平总书记在党史学习教育动员大会上的讲话中再次强调，要旗帜鲜明反对历史虚无主义，加强思想引导和理论辨析，澄清对党史上一些重大历史问题的模糊认识和片面理解，更好正本清源、固本培元。请您谈谈对这个问题的认识，以及我们应该如何正确对待党的百年历史。

郑科扬：谈到历史虚无主义，首先我们要了解一个大背景。这就是，在我们党和人民更加充满信心地推进中国特色社会主义事业的时候，存在着各种各样的思想，企图影响我们选择的正确道路，甚至企图阻挠中国的发展和崛起。历史虚无主义就是这些错误思潮中极为危险的一种。搞清楚这一点，我们才能看清历史虚无主义的本质，旗帜鲜明地反对这种错误思潮。历史虚无主义的核心是歪曲中国共产党、中国人民和中华民族英勇奋斗的历史，为推销资本主义那套价值观和社会制度服务。古人说，“灭人之国，必先去其史。”习近平总书记对此也做过非常精辟的总结。他说，国内外敌对势力往往就是拿中国革命史、新中国历史来做文章，竭尽攻击、丑化、污蔑之能事，根本目的就是要搞乱人心，煽动推翻中国共产党的领导和我国社会主义制度。

历史是我们走向未来、创造新生活的一面镜子。为了人民彻底解放、国家繁荣富强、民族全面振兴，中国共产党带领人民坚持不懈地顽强探索，终于找到了建设中国特色社会主义的伟大道路。这其中宝贵的经验很多。客观、全面、真实地了解历史，我们就会在前进的征途上变得更聪明。对待历史上的人和事，我们只能放在当时的历史环境、条件和面临的社会矛盾中去认识，不能用几十年以后经过实践探索获得的认识，去要求五六十年前的历史伟人。他们遗留下来的正确东西要继承，他们犯过的错误要引以为戒。这才是实事求是对待历史和历史人物的态度，这样也才能正确理解今天。习近平总书记讲得好，他说“革命领袖是人不是神。尽管他们拥有很高的理论水平、丰富的斗争经验、卓越的领导才能，但这并不意味着他们的认识和行动可以不受时代条件限制。不能因为他们伟大就把他们像神那样顶礼膜拜，不容许提出并纠正他们的失误和错误；也不能因为他们有失误和错误就全盘否定，抹杀他们的历史功绩，陷入虚无主义的泥潭”。

对那些歪曲历史、抹黑历史伟人的宣传，对由此动摇人们信仰马克思主义和社会主义道路的错误东西，要摆事实、讲道理，消除误解与困惑。在说明问题时，不是只说明历史真实，还要帮助人们树立正确党史观，掌握认识历史的根本方法。只有这样才能达到学习历史的目的，才能正确认识和科学评价党的历史，而不至于上当受骗。

采访组：经过党和人民的不懈奋斗，全面建设社会主义现代化国家新征程已经顺利开启，社会主义中国以更加雄伟的身姿屹立于世界东方。但您刚才提到了，并且事实也清楚地表明，一些人不希望社会主义中国强大起来，企图利用意识形态或者所谓

“民主”“自由”“人权”等价值观来加深对立、造成混乱，以实现他们的自身利益。这需要我们保持高度的警惕。

郑科扬：建设中国特色社会主义是一项史无前例的创新和一场深刻的变革，必然会有困难、有阻力、有干扰，而且越是在历史转折时期、在国际力量对比发生重大变化时期，阻力和干扰也往往越多，思想战线上的斗争包括意识形态上的斗争也往往越激烈。我们必须时刻保持头脑清醒，提高政治上的敏锐性和鉴别力。历史和现实证明，搞垮一个执政党，颠覆一个政权，搞乱一个国家和社会，敌对势力总要先做意识形态的工作。在西方反共反华反社会主义势力看来，用这种办法推销他们的意识形态和社会制度、实现他们的国家利益，比用枪炮和武力入侵更隐蔽、付出的代价更小。他们在有些国家用这个办法尝到了甜头。但是在中国，他们这套办法未能得逞。一个极其重要的原因，就是我们党一直高度重视意识形态领域工作，包括意识形态领域的斗争在经济、政治、文化、社会领域中的特点和动向，牢牢掌握着斗争的主动权。一段时间以来，除了刚才提到的历史虚无主义，我感到还有两种错误思潮值得我们重视。

一个是新自由主义思潮。其核心是主张经济领域全盘推行私有化，崇拜否定国家宏观调控的自由竞争。任何国家的执政党都必须领导好经济社会发展，否则是站不住脚的。关键问题在于怎样才能实现又好又快、持续健康的发展，保证发展的成果惠及全体人民。这就要从国情和民意出发，建立并不断完善能够保证这种发展的基本经济制度、政治制度。这才不至于使关于发展的许诺变成空谈，甚至是欺骗。改革开放40多年来，我国在探索中不断开创中国特色社会主义建设新局面，经济社会总体实现了又好又快的发展，创造了比资本主义制度下发展得更好的成绩，这一点在本轮疫情对全球经济的冲击下表现得更为突出。这说明公有制为主体、多种所有制经济共同发展，按劳分配为主体、多种分配方式并存等基本经济制度，既体现了社会主义制度优越性，又同我国社会主义初级阶段生产力发展水平相适应，是中国人民的伟大创造。我们绝不能走“兴公灭私”的老路，也绝不能走“兴私灭公”的邪路。再搞“公”“私”之间的水火不容，是有害的、行不通。在整个社会主义初级阶段，都要坚持和完善中国特色社会主义基本经济制度，既要充分发挥市场在资源配置中的决定性作用，又要更好地发挥政府作用，不断改进增长方式、提高发展的质量。

还有一个是民主社会主义或者社会民主主义思潮。其核心是照搬西方资本主义的民主观和政治上层建筑模式。中国经济社会发展要走自己的路，中国民主政治发展也必须走自己的路，这是密不可分的。民主是作为一种政治上层建筑而存在的，具体运行不可能有世界一律的规则。习近平总书记2014年在全国人民代表大会成立60周年大会上，用“八个能否”来评价一个国家政治制度是不是民主的、有效的，可以说是掷地有声、一语中的。判断一种民主制度好不好，最根本的是看它对经济社会发展起促进作用还是破坏作用；看它保障了谁的权益，是少数人还是广大人民群众。中国特色社会主义民主政治是好的，是适应经济基础的，否则何来经济快速发展奇迹和社会长期稳定奇迹呢？西方国家说西方的民主好，那尽可以自己搞，接受实践检验，由人民来选择。向别国强行推销自己的制度，本身就违反民主原则。我们可以借鉴其他国家民主发展的一些好的具体制度或者某些思路，但绝不能简单照搬。

总之，要警惕以上三种思潮及其伪装和变种，要看清它们的本质和险恶用心。我们与这些错误思潮的斗争，本质上是社会主义同资本主义的制度及价值体系的较量。邓小平在1986年就指出，“自由化本身就是资产阶级的，没有什么无产阶级的、社会主义的自由化，自由化本身就是对我们现行政策、现行制度的对抗，或者叫反对，或者叫修改。实际情况是，搞自由化就是要把我们引导到资本主义道路上去”。这是非常正确的。在思想战线上，必须旗帜鲜明地揭露和批判这些错误思潮、分清原则是非，理直气壮地坚持正确的观点，用马克思主义的科学真理与之抗争，用正确的思想去克服错误的思想。

采访组：共同富裕是社会主义的本质特征，也是社会主义制度优越性的体现。在一个14亿人口的大国实现全体人民共同富裕，是一项前无古人的伟大事业。而我国脱贫攻坚战取得全面胜利，标志着我们党在团结带领人民实现共同富裕的道路上迈出了坚实的一大步。也请您谈谈这个问题。

郑科扬：盼富，求富，是人类在社会发展进程中的普遍追求。然而，何为富？为谁富？怎样致富？在封建社会中，统治阶级极少数权贵和富人，凭借他们占有的生产资料和掌控的政治权力，榨取人民的血汗，占有绝大多数社会财富。即使出现某种“盛世”，社会财富总量增加，广大劳动群众仍无法摆脱在饥寒交迫中为生存而苦斗的境地。人类社会发展到资本主义社会，虽然生产力快速发展、物质财富快速增长，但劳动人民贫困化和社会贫富两极分化的程度却不断加深。马克思指出：“在一极是财富的积累，同时在另一极，即在把自己的产品作为资本来生产的阶级方面，是贫困、劳动折磨、受奴役、无知、粗野和道德堕落的积累。”在揭露、批判资本主义制度弊端的基础上，马克思、恩格斯认为，在未来社会“生产将以所有的人富裕为目的”。这个未来社会就是共产主义社会。

共产主义社会是全体社会成员共同占有生产资料、共同管理社会并共同享受社会发展成果的联合体。在这样的社会里，生产力高度发展，物质财富极大丰富，人们的精神境界极大提高，没有人对人的剥削和压迫，没有脑力劳动和体力劳动、城市和乡村的差别，没有旧式分工的束缚，每个人都能自由而全面地发展。这样的社会从根本社会制度上除掉了穷根。中国共产党人是以最终实现共产主义为奋斗目标的彻底革命论者，同时也是坚定的革命发展阶段论者。我们党深知，实现每个人自由而全面的发展、所有社会成员共同富裕的共产主义社会，必须经过若干发展阶段，经过若干代人接力奉献，才能完全实现。中国共产党以马克思主义为指导，遵循人类社会发展基本规律，首先完成新民主主义革命，然后进行社会主义革命，再经过社会主义建设，为最终实现共产主义而不懈努力，同时也走出了一条具有中国特色的共同富裕之路。

社会主义必须而且能够消灭贫穷，消除两极分化，实现全体人民共同富裕，确保社会成员得到公平正义。这首先要靠发展，靠生产力大发展，靠经济社会又好又快的发展。我们党领导人民经过长期探索，深刻认识到只有从国情出发，通过改革开放，激发各方面的活力，在不断解放和发展生产力的基础上，才能逐步消灭贫穷，保证人民走向共同富裕、共享改革发展成果，才能巩固和发展历史上从未有过的新型社会制度。进入改革开放历史新时期，西方曾以为，我们搞家庭联产承包、鼓励发展非公有制经济、鼓励先富带后富是要走他们的路，说这是“红色资本主义”。但恰恰相反，社会主义的基本东西从未改变，中国共产党的初心和使命也从未改变。邓小平指出：“社会主义最大的优越性就是共同富裕，这是体现社会主义本质的一个东西。”他在1992年初视察南方发表谈话后，还多次谈到中国发展到一定程度后，一定要考虑分配问题、地区差距问题，指出分配不公会导致两极分化，提出“我们的政策应该是既不能鼓励懒人，又不能造成打‘内仗’”，要利用各种手段、各种方法、各种方案来解决这些问题。重温这些话，可以体会到一个马克思主义者政治上的坚定性和敏锐性。共同富裕是社会主义的本质要求，是人民群众的共同期盼。我们推动经济社会发展，归根结底是要实现全体人民的共同富裕。

党的十八大以来，以习近平同志为核心的党中央采取一系列重大举措，大力消除贫困、改善民生、促进实现共同富裕。比如，组织实施了人类历史上规模最大、力度最强的脱贫攻坚战。在中国共产党百年华诞之际，取得了脱贫攻坚战全面胜利，完成了又一个载入史册的伟大壮举。习近平总书记指出，“脱贫摘帽不是终点，而是新生活、新奋斗的起点”。所以，还要实现巩固拓展脱贫攻坚成果同乡村振兴有效衔接，持续推进脱贫地区发展和群众生活改善。还比如，在保障和改善民生上，党中央坚持实施就业优先政策，哪怕受到疫情冲击，就业形势依然保持稳定；坚持经济增长的同时实现居民收入同步增长，收入分配状况显著改善，人均可支配收入不断提高，城乡居民收入差距继续缩小；等等。在区域协调发展上，实施京津冀协同发展、长江经济带发展、粤港澳大湾区建设、长江三角洲区域一体化发展等区域协同发展战略，促进发达地区和欠发达地区、东中西部和东北地区共同发展。这些消除贫困、改善民生的非凡成就充分表明，中国共产党带领人民实现共同富裕，绝不仅仅是一种美好的理念和愿景，更是取得了巨大成效的扎实行动。

促进全体人民共同富裕是一项长期而艰巨的任务。党的十九大提出，到2035年“全体人民共同富裕迈出坚实步伐”，到本世纪中叶“全体人民共同富裕基本实现，我国人民将享有更加幸福安康的生活”。党的十九届五中全会向着更远的目标谋划共同富裕，《中华人民共和国国民经济和社会发展第十四个五年规划和二〇三五年远景目标纲要》作出了具体部署，提出“人的全面发展、全体人民共同富裕取得更为明显的实质性进展”的远景目标。习近平总书记也明确指出，“促进全体人民共同富裕是一项长期任务，但随着我国全面建成小康社会、开启全面建设社会主义现代化国家新征程，我们必须把促进全体人民共同富裕摆在更加重要的位置，脚踏实地，久久为功，向着这个目标更加积极有为地进行努力”。这些都是中国共产党对人民的庄严承诺，也指明了新征程上推进共同富裕的前进方向。

从榜样中汲取奋进力量

采访对象： 张全景，1931年12月生，山东德州人。曾任中共中央组织部部长，中共中央党的建设工作领导小组副组长，全国党建研究会会长等职。第八、九届全国政协常委。主编有《干部人事工作概述》《干部人事制度改革丛书》《中国吏部研究》等著作。文章有《苏联亡党亡国的惨痛教训》《恩格斯晚年放弃了无产阶级革命学说吗？》《中国共产党人历来重视学习马恩著作》《毛泽东是认识世界和改造世界的历史巨人》等，在社会上产生较大反响。

采 访 组： 李军辉　储峰　陈思　尹晓徽

采访地点： 北京张全景家中

采访时间： 2020年7月31日

采访组：张部长，您好！学习掌握马克思主义理论是我们党的看家本领，您2007年曾在中央党校《理论动态》发表文章“中国共产党人历来重视学习马恩著作——从《法兰西阶级斗争》在中国的传播与出版说起”。您当时写这篇文章的初衷是什么？

张全景： 我们党是用马克思主义的科学理论武装起来的，这是我们党的一个根本优势。我们所说的马克思主义科学理论，讲完整就是马克思主义及其中国化成果，当然包括马克思主义经典著作。我写这篇文章，主要是因为当时社会上有一种观点，认为中国共产党的许多领导人是不学习马恩著作的，特别是没有读过恩格斯晚年的著作，学习的主要是列宁主义和斯大林的相关论述，甚至把马克思主义和列宁主义割裂开来、对立起来。这种观点是错误和荒谬的。

事实上，马恩著作在中国的出版与传播，根本上来自我们党学习宣传马克思主义理论的需要。党成立之前，国内已有一批思想先进的知识分子（像梁启超、赵必振等）将马恩著作翻译或者介绍到中国，李大钊、陈独秀、毛泽东、周恩来、恽代英等一批初步具有共产主义思想的知识分子则开始组织共产主义小组，宣传和研究马克思主义。北京大学马克思学说研究会曾在1920年春油印过《共产党宣言》《资本论》等的德文译本。毛泽东回忆说，他1920年夏在北大图书馆工作时读了《共产党宣言》，应该是这个版本。

在马恩著作最初的翻译上，当然最值得称道的是陈望道翻译的《共产党宣言》正式出版。1919年冬，陈望道开始根据英、日文版着手翻译《共产党宣言》。他翻译很投入，习近平总书记多次讲述他翻译《共产党宣言》时“蘸着墨汁吃粽子，还说味道很甜”的故事。《共产党宣言》第一个中文全译本于1920年8月在上海出版，第一版只印了1000册，销售一空，9月又重版了1000册，依然有很多人买不到。出版时还有一个插曲，由于当时的排版错误，第一版书名被误印为“共党产宣言”，直到第二版印刷的时候才改为“共产党宣言”。书名上面还用小字标注着

《共产党宣言》第一个中文全译本，1920 年 8 月第一版

《共产党宣言》第一个中文全译本，1920 年 9 月第二版

“社会主义研究小丛书第一种”字样，下面标注“马格斯、安格尔斯合著”“陈望道译”等字样。

中国共产党成立后，马恩著作的出版日益增多。1921 年 9 月，党中央在上海成立自己的出版社——人民出版社，开始重印《共产党宣言》，截至1926年5月，就印行了17版。革命成功后，毛泽东、周恩来还多次过问《共产党宣言》最早全译文找到没有。1975年1月，在全国四届人大一次会议上，周恩来问起陈望道《共产党宣言》最早的译本找到没有，陈望道遗憾地摇了摇头。周恩来感叹道：“这是马列‘老祖宗’在我们中国的第一本经典著作，找不到它，是中国共产党人的心病啊！”幸运的是，这一年在山东广饶县革命文物征集活动中，一位名叫刘世厚的老党员将一本《共产党宣言》捐了出来，而这本《共产党宣言》正是周恩来要找的首译版。

当年的人民出版社，由时任党中央宣传主任的李达亲自主持，并兼任编辑、校对和发行工作。那时的计划是以“马克思全书”的形式出版马恩著作，让党员和进步知识分子对马克思主义的基本内容及其产生和发展的全貌有一个基本了解。但由于反动势力的迫害和物质条件的限制，这个计划未能完全实现。到1923年11月，我们党又在上海成立了第二个出版发行机构——上海书店，专门出版经销马克思主义著作等革命书刊，印行党的对外宣传刊物。上海书店还在各地建立发行机构，为建党初期马克思主义的传播作出了贡献。

大革命失败后，革命转入低潮。但中国共产党人和进步文化工作者尽一切可能，在严酷的斗争环境中翻译出版马恩著作，传播马克思主义。马克思的《资本论》(第一卷)、恩格斯的《反杜林论》第一个全译本和《拿破仑第三政变记》，就是在那时的白色恐怖环境中翻译出版的。这三部马恩著作的出版，不论在当时还是后来，都产生了很大影响。中央苏区和各革命根据地也千方百计印行马列著作，宣传马克思主义。瑞金就曾用木板印刷《共产党宣言》。苏区干部为了学习和掌握革命理论，有的一字一句地抄写马列著作，这为马克思主义在中国的传播谱写了光辉的一页。

长征胜利到达陕北后，鉴于党内错误路线造成的流血教训，党中央特别强调要认真学习马克思列宁主义。为满足学习需要，党中央在延安创立了出版机构——解放社，出版马恩著作。1938年5月又成立了马列学院，由张闻天任院长。马列学院内设编译部，集中了一批人才，在张闻天亲自组织领导下，开始有计划地编译出版马恩列斯著作和党内文献。除了《法兰西阶级斗争》《哥达纲领批判》《社会主义从空想到科学的发展》《拿破仑第三政变记》《德国的革命和反革命》《共产党宣言》外，还有《法兰西内战》《政治经济学论丛》《马恩通信选集》《〈资本论〉提纲》《思想方法论》《马克思主义与文艺》等。同时还出版了列宁、斯大林的一批著作。据了解，延安时期在解放区翻译出版的马恩著作有30多种，翻译的内容也比以前广泛得多。此外，这一时期，以生活书店、读书出版社和新知书店为代表的进步出版界，在国统区和敌占区极其艰难的条件下，一方面翻印了解放社出版的马恩著作，另一方面又翻译出版了一些新的译本。1938年，郭大力、王亚南翻译的《资本论》第一个中文全译本于上海出版。虽是秘密出版发行，但还是有很多人争相购买。当时印刷了差不多3000册，尽管遭到限制和阻挠，但仍有相当大的数量运到了大后方和根据地，后又几经重印。《资本论》的出版，对于宣传革命理论，启发人民觉悟，推动革命事业的发展，起了重要的作用。

解放战争时期，马恩著作的翻译出版仍在继续，且随着解放区的日益扩大，发行量也迅速增加。新中国成立后，1955年中央编译局开始翻译《马克思恩格斯全集》，到1974年39卷本的中文版《马克思恩格斯全集》全部出齐。从1977年开始，中央编译局又将马恩早期著作、读书笔记和手稿，特别是马克思大量的经济学手稿，作为《马克思恩格斯全集》的补卷出版，到1983年11册补卷也全部出齐。这样，马克思恩格斯撰写的大量著作和书信基本上已译成中文。在此期间，还出版了《马克思恩格斯选集》(1—4卷)、《资本论》等专著。改革开放新时期，中央编译局总结数十年来编译和研究马克思主义经典著作的丰富经验，吸收国内外研究马克思主义的最新成果，经党中央批准，开始重新编译出版《马克思恩格斯全集》中文第二版，力求使译文更准确，考证更严谨，资料更翔实，语言更流畅。

采访组：出版马恩著作的中文版是基础。那么，我们中国共产党人是如何重视学习马恩著作的呢?

张全景：我们党有个优良传统，只要有机会就组织党员领导干部学习，尤其重视对马恩著作的学习。建党初期和战争年代，不管遇到什么情况，广大党员特别是领导干部都坚持学习马恩列斯著作和进步书刊。即便在白色恐怖下，仍冒着生命危险，千方百计、如饥似渴地学习，有些被捕的同志在敌人的监狱中还坚持学习。特别是延安时期，我们党抓住这个相对稳定的有利时机，在全党大兴学习之风，形成学习马克思主义的高潮，当时出版了“马恩丛书”12种和《列宁选集》。整风运动中，党中央专门成立“总学委”，由毛泽东负总责。各系统、各部门也建立了学习组织，主要负责同志亲自领导。中央高级干部曾划为10个学习组，毛泽东亲自担任第一组组长。各单位和同志之间还开展了学习竞赛。大家晚上在窑洞里或认真读书，或专心听讲，或热烈讨论，学习气氛十分浓厚。据延安时期参加翻译“马恩丛书”的同志回忆，当年中央领导同志学习马恩著作的热情很高，有时译稿在送出版社之前，就被毛泽东要去阅读，陈云、李富春等领导同志也经常提前借阅。那时马恩著作较少，大家就相互传阅，第一个看完送第二个看，再送第三个看，你传我送，现在还能在那时出版的一些马恩著作的扉页上，看到某某同志送某某同志学习的字样。有参加过延安整风的老同志回忆说，当时大家很注意学习，凡是延安出版的马恩列斯著作可以说无一不读，而且是争先恐后地读。

抗日战争后期，面对革命形势的新发展，毛主席再次号召全

整风运动覆盖了各大根据地，图为连队指导员在给战士们上课

党加强马克思列宁主义理论学习。1945年党的七大上，他要求广大干部认真学习《共产党宣言》《社会主义从空想到科学的发展》《社会民主党在民主革命中的两种策略》《共产主义运动中的“左派”幼稚病》和《联共（布）党史简明教程》5本马列著作。他说：“可以把这五本书装在干粮袋里，打完仗后，就读它一遍或者看它一两句……七看八看就看出味道来了。一年看不通看两年，如果两年看一遍，十年就可以看五遍，每看一遍在后面记上日子，某年某月某日看的。”党的七届二中全会规定了学习马列12本书，毛主席还亲自加了“干部必读”4个字，其中包括《共产党宣言》《社会主义从空想到科学的发展》两篇完整的马恩著作，还有经他亲自审定的《马恩列斯思想方法论》。

新中国成立后，我们党对马列著作的学习也进入了一个新的历史阶段。学习组织和学习制度普遍建立，学习形式丰富多样，马克思主义的教育学习在全党全国掀起了从未有过的高潮。1957年4月，中央宣传部按照中央要求，选编了社会主义教育课程，其中也有马克思主义经典作家的著作和有关论述。1963年5月，党中央指示党内高级干部要学好马恩列斯著作。为此，中央宣传部拟定了“干部选读马恩列斯著作目录”，即通常所说的“三十本书”。这“三十本书”是毛泽东亲自审定的。为便于高级干部学习，他还要求将“三十本书”印了1万至3万册大字本，并专门写信给中宣部领导同志，嘱咐大字本书封面不要用硬纸，篇幅大的书要分装成十册八册，中等的也要分装为几册（《法兰西阶级斗争》分装为三册），使每本减轻重量，方便大家尤其是老同志阅读。对出书这样的“细小”事宜，党的最高领导人关照得如此具体，足见我们党对学习马列著作的重视和认真。即使在“文化大革命”期间还规定要读6本马列的书。改革开放以来，我们一手抓经济建设，一手抓思想政治建设，党的理论武装工作从未中断，不断取得新的成绩。

毛泽东是热爱学习马列著作的典范。1920年4月，他由北京到上海，向陈独秀讨教治湘方略，谈起自己读马克思主义书刊的体会时说道：“我喜欢读《马克思经济学说》和马克思《资本论》第一卷，这里的许多问题，好像是针对我们中国的情况说的一样。邵飘萍著的《综合研究各国社会思潮》《新俄国之研究》我也看了，受益匪浅。”在长征途中，毛泽东丢弃了许多东西，但几部马列著作一直带在身边。延安时期，他和党的其他领导人一样，花大功夫学习马列著作。从现在保存的延安时期出版的“马恩丛书”中，可以看到有他亲自签名的《法兰西内战》和《哥达纲领批判》。新中国成立以后，毛泽东仍挤出时间反复阅读一些重要著作。据毛泽东身边工作的同志介绍，在他读过的《资本论》上写有4个阅读时间，说明他至少看过4次。在1959年的一次谈话中，毛泽东还以马克思写作《资本论》为例，谈了哲学在经济研究中的作用。他说：“没有哲学家头脑的作家，要写出好的经济学来是不可能的。马克思能够写出《资本论》，列宁能够写出《帝国主义论》，因为他们同时是哲学家，有哲学家的头脑，有辩证法这个武器。”毛泽东学习马列著作非常勤奋，有时离京外出也要带上。1959年10月23日，他到外地考察时携带了一批图书，其中就包括《资本论》《马克思恩格斯文选》(两卷集)、《工资、价格和利润》《哥达纲领批判》《政治经济学批判》《反杜林论》《自然辩证法》《马恩通信集》等。

周恩来签名的《共产党宣言》

党的老一辈领导人、革命家都非常重视学习马列著作。1920年，刘少奇作为学员曾接受过陈望道同志给他讲授《共产党宣言》，后来他回忆道："当时我把《共产党宣言》看了又看，看了好几遍，……从这本书中，我了解共产党是干什么的，是怎样的一个党，我准不准备献身于这个党所从事的事业，经过一段时间的深思熟虑，最后决定参加共产党，同时也准备献身于党的事业。"周恩来与马恩著作也有着深厚的感情。1936年，周恩来在与斯诺的谈话中说："在赴法国之前，我从译文中读过《共产党宣言》。"从可以找到的新中国成立前出版的马恩著作中，就有周恩来亲笔签名的《共产党宣言》。邓小平走上革命道路的启蒙书籍也得益于马恩著作。1992年，邓小平在南方谈话中语重心长地对大家说："我的入门老师是《共产党宣言》和《共产主义ABC》。""我坚信，世界上赞成马克思主义的人会多起来，因为马克思主义是科学。""马克思主义是打不倒的。打不倒，并不是因为本子多，而是因为马克思主义的真理颠扑不破。”

习近平总书记“最大的爱好是读书”，从七年知青岁月开始，到担任党的总书记，马克思经典著作始终是他书单中的一个重要类别。比如习近平总书记在《摆脱贫困》一书中，多次引用《资本论》《〈政治经济学批判〉序言》《共产党宣言》等书籍和文章观点，还发表过《略论〈关于费尔巴哈的提纲〉的时代意义》。2011年5月，他在中央党校专门围绕如何学习马克思主义经典著作，向领导干部推荐可以重点阅读的马克思主义经典著作，比如《马克思恩格斯文集》中的代表性篇目《共产党宣言》《〈政治经济学批判〉序言》《〈政治经济学批判〉导言》《社会主义从空想到科学的发展》《路德维希·费尔巴哈和德国古典哲学的终结》和《资本论》特别是第一卷。习近平总书记明确要求，党的各级领导干部特别是高级干部，要原原本本学习和研读经典著作，努力把马克思主义哲学作为自己的看家本领。

曾经有一段时间，有人把马克思主义和列宁主义割裂开来，对立起来，声称列宁“修正”了马克思、恩格斯的学说，而毛泽东又主要是学习列宁、斯大林的思想。这种观点是根本错误的。列宁主义是帝国主义和无产阶级革命时代的马克思主义，是马克思主义普遍真理同俄国革命的具体实践相结合的产物，是和马克思主义一脉相承的理论体系。列宁主义和马克思主义虽然产生于不同的历史时期，各有其明显的时代特征，但其坚持运用辩证唯物主义、历史唯物主义分析观察事物的立场、观点和方法是一致的，所要实现的革命目标也是一致的。马克思主义是基础、是前提，没有马克思主义不可能产生列宁主义；没有列宁主义也没有马克思主义的丰富和发展。因此，二者是坚持、继承、发展和创新相统一的关系。绝不能把马克思、恩格斯和列宁对立起来，不能说十月革命送来的是列宁主义，而不是马克思主义。中国共产党成立近百年的历史表明，我国新民主主义革命、社会主义革命和建设事业取得的伟大胜利，十一届三中全会以来建设中国特色社会主义取得的伟大胜利，尤其是党的十八大以来党和国家事业发生的历史性变革和取得的历史性成就，都是中国共产党人把马克思列宁主义的普遍原理同中国革命、建设和改革的具体实际相结合的结果。进入新时代，我们党的指导思想——习近平新时代中国特色社会主义思想，本身就是对马克思列宁主义、毛泽东思想、邓小平理论、“三个代表”重要思想、科学发展观的继承和发展，是马克思主义中国化最新成果。

我们党作为马克思主义性质的执政党，任何时候都要把学习马克思主义基本理论作为必修课，广大党员、干部特别是高级干部要学好用好马列著作，不断提高自身马克思主义理论素养。

采访组：您年轻时曾三次被评为学《毛泽东选集》的积极分子，请您介绍一下这个经历和感受。

张全景：我是1946年参加革命工作的，也是从这一年开始学习毛泽东思想的，读的第一篇关于毛泽东思想的文章是《在延安文艺座谈会上的讲话》，这是当时我师哥给我的，后来他牺牲了。到了1948年我就通读了东北书店出版的《毛泽东选集》第一卷。《毛泽东选集》这本书，是我在山东青州学习时的一个星期天去书店看到的，当时买了两本书，其中一本就是《毛泽东选集》，至今想来这本书彻彻底底影响和改变了我的一生。当时《毛泽东选集》选录的文章并不多，包括《中国社会各阶级的分析》《湖南农民运动考察报告》《中国革命与中国共产党》《论联合政府》，以及《实践论》《矛盾论》等，差不多有20多篇。虽然，东北书店出版的这个版本和现在出版的《毛泽东选集》存在一定差异，还不够准确和完善，但就当时来讲，这本书的出版，意义十分重大，甚至受到了斯大林的注意，苏联方面都有翻译的打算。我就是从那时起，对毛泽东思想的学习产生了兴趣，越读越想读，越读越觉得毛主席伟大，越读越觉得毛泽东思想透着真理的光芒。这为日后三次被评为学习《毛泽东选集》的积极分子打下了良好基础。这三次是什么时候呢？分别是1950年、1955年和1970年各一次。能够三次被评为学《毛泽东选集》积极分子这个事，是我一生的荣耀，直到现在我仍时常学习《毛泽东选集》，保持阅读马克思列宁主义著作的习惯，同时笔耕不辍，时不时会写一些相关方面的文章，这都与当时养成的读书写作习惯有很大关系，都得益于当时对《毛泽东选集》的阅读，可以说毛泽东思想影响了我的一生。

几十年来，我在工作、生活和学习中十分注重坚持和把握毛泽东思想中的立场、观点、方法，主动宣传阐释毛泽东思想。现在，有人否定马克思列宁主义，否定毛泽东的丰功伟绩和毛泽东思想，否定党的历史，否定中国特色社会主义道路，否定改革开放。这是事关举什么旗、走什么路的重大问题，必须理直气壮地予以批驳，决不能“绕着走”“和稀泥”，当“和事佬”。要摆事实、讲道理，以理服人，错就是错，对就是对，不能含糊其词。

周恩来在《学习毛泽东》一文中指出，“毛主席坚持原则之中有两点值得我们学习：一、坚持方向；二、实现方向。方向的实现，只有一个人懂或者少数人赞成是不成的，要在群众中实现。要实现原则，就要使它具体化，使它能得到多数人的同意，多数人都来执行。坚持真理是会遇到困难的。毛主席不仅指出了原则，而且还制定具体的政策、策略来实现这个原则，每个历史时期的政策都是适合这个时期的。”“毛主席在坚持真理、实现真理中还有一个经验，就是他所提出的原则总是照顾大多数，为着大多数人民的利益。”

邓小平说，如果没有毛泽东，至少中国人民还要在黑暗中摸索更长的时间。彭真说，毛泽东是巍巍高山，我们是山脚下的一捧黄土。这不是溢美之词，是实话实说。如果用一句话来概括：毛泽东改变了中国、影响了世界。毛泽东结束了旧时代，开辟了中国历史的新纪元，建立了社会主义新中国，使旧中国走上了社会主义道路，壮大了世界和平、民主和社会主义的力量。

当然，我对毛泽东和毛泽东思想的热爱和钦佩不是盲目的，也不是空洞的，我把这种热爱和敬仰转化为前进的动力。我总爱说一句话：“纪念毛泽东最好的方式就是学习马列和毛泽东著作，努力掌握马列主义、毛泽东思想和中国特色社会主义理论体系。”马列毛的著作没有过时，尤其著作当中最核心、最根本的东西永远不会过时，既是前无古人的，又有无限的生命力。只要认真学习，联系实际科学运用，学得好、用得好，就能指导我们不断取得新的胜利。

那么，该如何学习马列著作和毛泽东思想呢？第一，要坚持读原著。这是非常必要的。有些同志对学习原著存在畏难情绪，被那么多卷帙吓住了，毕竟马列毛著作加在一起大约140卷，不知从哪里入手。为了便于学习，我曾经把马列毛原著概括为：“三言两语一句话。”“三言”就是列宁说的，马克思主义的三个组成部分——哲学、政治经济学和科学社会主义；“两语”就是恩格斯《在马克思墓前的讲话》中所说的，马克思一生有两大发现：一是唯物史观，一是剩余价值学说；“一句话”就是毛泽东所说的为人民服务。“三言两语一句话”只是一个简要概括，我们可以从中选择书目，循序渐进。例如马克思、恩格斯合写的《共产党宣言》，马克思的《法兰西内战》，恩格斯的《卡尔·马克〈1848年至1850年的法兰西阶级斗争〉一书导言》《社会主义从空想到科学的发展》《反杜林论》，列宁的《帝国主义是资本主义的最高阶段》《国家与革命》《共产主义运动中的“左派”幼稚病》，毛泽东的四篇哲学著作和“老三篇”、《论十大关系》等，都是应当认真学习的。第二，要与学习研究中国特色社会主义理论体系有机结合起来。邓小平理论、“三个代表”重要思想、科学发展观和习近平新时代中国特色社会主义思想，是对马列主义、毛泽东思想的继承和发展，是坚持和发展中国特色社会主义的行动

《信仰之炬 马克思》
纸本水墨 214cm×179cm 方土（2019年）

《引路人 恩格斯》
纸本水墨 205cm×148cm 方土（2019年）

指南。当前中国特色社会主义进入新时代，一定要学好用好习近平新时代中国特色社会主义思想，用它来指引我们实现中华民族的伟大复兴。第三，要弘扬理论联系实际的好学风。要联系个人的思想实际、作风实际，努力改造主观世界。要联系改革开放的实际，把各项工作搞好。尤其要注意联系思想政治工作实际，批驳错误思想，加强意识形态领域的工作。现在有人鼓吹民主社会主义、“普世价值”，他们的手段之一就是歪曲马恩原著，寻找所谓的“根据”。比如，有人写文章说恩格斯晚年放弃了无产阶级革命学说，就是公然的歪曲篡改。我们要认真学习对照，戳穿他们歪曲篡改原著的真面貌。第四，还要同学习党史、新中国史、改革开放史、社会主义发展史紧密结合起来，汲取历史经验教训，把现在的事情办得更好。只有自己掌握了真理，才能分辨清楚哪些是谎言，才能戳穿谎言。

采访组：1995年6月，中组部从2800多名县（市、区）委书记中遴选表彰了100位全国优秀县委书记，请您谈谈当时的情况。

张全景：“郡县治，天下安。”自古以来，中央政府都非常重视地方吏治工作，考核地方县令的政绩。同样，我们党也十分重视县委书记在国家治理中的作用。2015年6月30日，习近平总书记在会见全国优秀县委书记时，就对县委书记的职能和作用给出了清晰准确的定位。他指出，在我们党的组织结构和国家政权结构中，县一级处在承上启下的关键环节，是发展经济、保障民生、维护稳定的重要基础，也是干部干事创业、锻炼成长的基本功训练基地。县委是我们党执政兴国的“一线指挥部”，县委书记就是“一线总指挥”，是我们党在县域治国理政的重要骨干力量。

我们党历史上第一次大规模遴选表彰全国优秀县（市、区）委书记是在1995年6月，当时是从2800多名县（市、区）委书记中遴选出100人作为全国优秀县委书记加以表彰。这项工作按照中央要求组织实施，由我具体经手的。26年前的这次遴选和表彰，有着独特的时代背景和现实需要。那个时候，组织工作特别是干部工作，是围绕改革开放和实现四个现代化进行的。为了实现这个目标，着力贯彻干部“四化”方针，即革命化、年轻化、知识化、专业化。我在1994年担任中组部部长时，正好是党的十四届四中全会后，中央对组织工作特别是干部工作专门作出决定。当时中组部想通过思想建设和制度建设相结合来加强干部队伍建设。其中，思想建设方面的措施之一就是树立一批先进典型，使广大干部学有榜样；制度建设方面就是纠正用人上的不正之风，1995年正式颁布《党政领导干部选拔任用工作暂行条例》。正是在这种背景下，1995年中组部表彰了100名全国优秀县委书记，他们的群像所体现的是锐意改革、公道正派、敢于创新、德才兼备，以及“为官一任，造福一方”的优秀品质。

这一批县委书记遴选时有几个特点。第一个是干部年轻化，这是当时的主要改革方向。1994年底，中央召开全国组织工作会议，当时就要求在选拔优秀年轻干部的任务上要有新突破。1995年1月，中共中央印发《关于抓紧培养选拔优秀年轻干部的通知》，提出“破除论资排辈、求全责备、迁就照顾以及凭个人好恶选人等思想障碍”，“形成由不同年龄层次的干部组成的梯次结构，年轻干部所占比例要有较大的提高，保证有一批30多岁、

40多岁的优秀年轻干部能及时选拔进县以上党政领导班子”。另一个特点就是这些县委书记能发展当地经济，开创工作新局面。当时正处于改革开放初期，正式确立社会主义市场经济体制改革目标不久，这就要求当时的干部能够带领群众发展经济、脱贫致富。比如，1992年，已满56岁的秦振华，被苏州市委任命为张家港市委书记。此前，他担任杨舍镇党委书记14年，将这个穷镇变成了苏州名镇的排头兵。主政张家港后，他瞄准周边的先进县（市）公开叫板，在5年内改变了全市落后面貌，也激活了当时苏南县域经济的“一池春水”；张家港一口气拿到了34个全国先进称号、37个全省先进称号，也带动了周边县域经济的发展。

到现在，26年过去了，那一批受到表彰的100名县委书记，如今在哪里？整体来讲，这一批干部经受住了历史的考验，做到了“为官一任，造福一方”。2015年时我看过一个报道，据不完全统计，这100名县委书记当中至少有16人晋升到省部级，至少42人晋升到正厅级。“宰相必起于州郡，猛将必发于卒伍”，这句话没有错，经过主政一县一域的磨炼和摔打，加上长时间的历练和培养，对干部的成长发展是非常有益的。当然也有人没有经受住诱惑，忘掉了初心，干着干着就掉队了。例如，郑樟林任浙江开化县委书记期间，将“勤政不偷懒，廉洁不庸俗”作为座右铭。他曾主动立下“军令状”，下浮一级工资，背水一战，消灭荒山。但当了衢州市政协主席，特别是55岁之后，开始收受大量贿款。后来他承认，看到支持过的老板都住高档房、开豪华车，自己“心态有所失衡，想收点钱把房子改变一下”。这也再次表明了党的建设的复杂性、艰巨性和长期性，全面从严治党永远在路上。

采访组：焦裕禄的事迹影响了中国几代领导干部。习近平总书记1990年在福州工作时写过一首词《念奴娇·追思焦裕禄》，集中反映了先进典型对于领导干部的激励效应。我们注意到，您作为组工干部时就很注意选树典型，曾组织了对孔繁森的宣传。您是怎样了解和看待孔繁森的?

中央党校（国家行政学院）北校区的焦裕禄雕塑（作者：王洪亮）

张全景：做组织干部工作要善于抓典型，因为一抓典型，干部就活起来了，就有了标准榜样，工作就有了斗志，有了比较，就容易引导他们对标先进、查找不足，在干部中形成“比学赶超”干事创业的氛围。这是我这些年的体会。

孔繁森同志是山东省进藏工作的干部，两次进西藏，加上留任西藏，算是三次援藏。我和孔繁森同志比较熟悉，两次进藏都是我直接选送的。1982年，他在山东省莘县任县委副书记时，我在那里工作过一段时间，接触较多。1988年，他第二次进藏工作时，我是省委组织部部长，是我送他的。孔繁森同志每次从西藏回来，都会去我那坐一坐，像旧友重逢一样，亲切叙谈。他总是兴致勃勃地讲西藏的建设和发展，讲西藏的过去和未来，讲西藏

孔繁森

的风土人情，却从来没有讲过自己的困难，从来没有炫耀过自己的成绩，从来没有提出过个人升迁、调动的要求。他的许多动人事迹，是我从区党委领导同志和其他同志那里听到的。这种精神和品格令人钦佩！

第二次援藏到期，西藏那边想留任孔繁森。我给时任西藏自治区党委书记的陈奎元说，孔繁森已经超期援藏了，看看能不能让他回来。陈奎元舍不得放他走，说现在没有合适的干部，孔繁森同志各方面条件都具备，又对藏区熟悉。后来区党委决定任命孔繁森为阿里地委书记，这样孔繁森就继续留在西藏工作。阿里条件非常艰苦，平均海拔4500多米。他的家属还找过我，因为当时他的孩子都在读书，想让孔繁森回来。但孔繁森组织纪律性很强，只要组织需要，就坚决服从安排，从来没有提过要回来的事情。当年，听到孔繁森去世的消息时，我悲痛万分，彻夜难眠。后来在人民大会堂组织孔繁森事迹报告会，记得十分钟的总结发言，台下观众六次鼓掌，反响非常热烈。当然，面对典型，我们不能仅停留在感动层面，更要学习这种精神并付诸行动。希望干部们像孔繁森那样，始终保持一种坚韧不拔、奋发有为的良好精神状态，艰苦奋斗，勤勉从政，廉洁从政。我们向孔繁森同志学习，就要学习他顾全大局、无私奉献的坚强党性；学习他热爱人民、服务人民的公仆情怀；学习他清正廉洁、克己奉公的高尚品德；学习他艰苦奋斗、知难而进的拼搏精神；学习他开拓进取、求真务实的优良作风。

采访组：2003年2月，新华社全文播发了您撰写的长篇通讯《永远活在人民心中的县委书记——谷文昌》，《人民日报》各大报纸都刊登了。您为什么要大力宣传谷文昌的事迹呢？

张全景：我原来也不知道谷文昌同志的事迹。有一年我去福建调研，当地一位领导陪着我，他说我们漳州这个地方，有个模范干部——谷文昌，带领群众植树造林防风固沙。当时由于我不了解情况，就问你们这有风沙吗？而且治理风沙的焦裕禄已经是全国典型了，加上那时候交通不方便，我就没去东山实地调研。后来又有老同志给我讲，你去漳州有没有去看谷文昌啊！这次他们给我讲得十分详细生动，说当地有一个民俗“先祭谷公，后祭祖宗”，他们讲了谷文昌如何带领群众植树造林防治风沙，如何

1957年，谷文昌与群众一起劳动

打水井、建水库抗旱排涝，如何坚守14年把一个荒岛变成宝岛。事迹很感人，我这才算真正有所了解。后来，我就去调研并且写了一篇文章《永远活在人民心中的县委书记——谷文昌》，《人民日报》《光明日报》《新华日报》《农民日报》等媒体于2003年2月21日头版发表，引起了巨大的社会反响。

到福建省尤其是漳州市，凡是知道谷文昌的人，无不对他肃然起敬，大加赞扬。东山县到处传颂着老书记谷文昌的动人事迹，群众称赞他是“东山翻身解放的带头人，幸福富裕的奠基人”“共产党的好干部，人民的好书记”。

谷文昌是河南林州人，太行山的儿子。他1949年响应党中央“打过长江去，解放全中国”的号召积极南下，1950年5月随军渡海解放东山岛，先后在这里担任城关区委书记、县委组织部长、县长、县委书记，一共在岛上干了14年。东山岛位于福建省南段，自古风、沙、旱、海潮“四害”肆虐，岛上流传着这样的民谣：“春夏苦旱灾，秋冬风沙害。一年四季里，季季都有灾。”“微风三寸土，风大石头飞。”据解放时的记载，东山一年中刮六级以上大风的时间长达150多天，在全岛194平方公里的土地上，森林覆盖率仅为0.12%。海岛东南部横亘着30多公里长的沙滩，茫茫一片，寸草不生，还有40多个流动沙丘，沙随风势不断向人们进逼。国民党溃逃台湾时从岛上掳走4520名青壮年，千百个家庭支离破碎，这无异于雪上加霜。东山岛孤悬于东海，出岛进岛非常困难。

谷文昌来到东山，面对多灾多难的景象流下了泪水，吃不好饭、睡不好觉，做梦都在想着如何战胜风沙，根治旱涝，让人民过上好日子。他反复思考一个问题：“群众希望共产党给他们带来幸福，如果我们不为民造福，要我们到这里来干什么？群众分到了土地，但种不出粮食，分地又有什么用？”“不解除群众疾苦，我们心里有愧啊！”但是，怎么改？怎么变？很多人感到无能为力。谷文昌动情地说：“共产党人，不能做自然的奴隶，不能听天由命，不能在困难面前退缩！”他走遍了东山的大小山头，把一个个风口的风力、一座座沙丘的位置详细记录下来。他走村串户，和村干部、群众、技术人员促膝长谈，制定了“筑堤拦沙、种草固沙、造林防沙”的方案。“要向风沙宣战，条件再差也要建设社会主义！”“不制服风沙，就让风沙把我埋掉！”但是东山不同于林州，沿海不同于平原，多次种树种草，都被风吹沙起，经历了一次又一次失败。但谷文昌毫不动摇，终于领导群众找到了最适宜东山防风固沙的树种——木麻黄。如今，东山的木麻黄，已长成参天大树，为沿海筑起一道道绿色“围墙”，沙漠变良田，绿荫成为人们休闲品茶的乐园。“看到木麻黄，想起谷文昌”，这是群众共同的心声。

谷文昌把“不带私心搞革命，一心一意为人民”作为自己的座右铭。东山多旱缺水，又会大雨成灾。他就带领群众开渠挖井防旱，筑渠排涝，建坝修堤以防海潮，兴修公路、兴建盐场、改进渔船渔具、抓科技，促进增产增收。他又抓教育、建剧团、建电影院和广播站，活跃农村文化生活。他把被敌军抓走的青壮年家属，从“敌伪家属”改为“兵灾家属”。他说群众的亲人被抓走了，心急如焚，我们还称他们“敌伪家属”，这不是向群众伤口上撒盐吗？他冒着政治风险的一项德政，拯救了千百个家庭，以至于改革开放后回乡的当年老兵感激涕零，发自内心地高呼“共产党万岁！”在群众生活困难的1960年，他又带领群众修起千米长的海堤，解决了群众千百年出海进海的困难……这一桩桩一件件的实事，感动了这里的老百姓。

14个春秋的拼搏奋战，谷文昌和县委一班人带领全县军民植树造林防治风沙，打水井、建水库抗旱排涝，修公路、筑海堤、建海港、造盐田……从根本上改变了东山旧貌，至1964年造林8.2万亩，全县400多座小山丘和3万多亩荒沙滩基本完成绿化，141公里的海岸线筑起“绿色长城”，一个荒岛变成了宝岛。

1963年，时任省委书记的叶飞考察东山后，对那里的变化感到吃惊，当即提出让谷文昌在即将召开的全省农村工作会议上介绍经验，并向省委建议重用谷文昌。1981年，时任省委书记的项南看了东山后，非常激动地说：“搞四化建设就需要这样的好干部。”当听说谷文昌病危时，他连夜冒雨赶往漳州看望。1981年，谷文昌的生命走到了尽头，在病重弥留之际，他深情地说：“我喜欢东山的土地，东山的人民。我在东山干了14年，有些事情还没有办好。死后，请把我的骨灰撒在东山岛，我要和东山的人民、东山的大树永远在一起！”前人栽树，福荫后人。谷文昌把自己的生命注入了生生不息的绿树，融入了为人民造福的伟大事业，被人民群众永远铭记。

谷文昌去世后，项南建议《福建日报》在头版发表消息，并亲自将标题改为《为东山人民造福的谷文昌同志去世》。人心是最大的政治。很多回乡探亲的海外同胞，目睹了故乡的沧桑巨变，恭敬地前来瞻仰谷文昌："共产党真了不起，把人间荒岛变成了人间乐园。丰功伟绩，足以雄视百代。"丰碑是由事业和民心铸成的。一个热爱人民的人，必然得到人民的热爱。谷文昌的精神和业绩，鲜明生动地回答了一个共产党员"入党为什么，当了干部做什么，身后留点什么"的历史课题。

中央党校（国家行政学院）北校区的谷文昌雕塑（作者：李象群）

采访组：您2019年4月15日在《学习时报》发表文章《县委书记要像杨贵一样勇于担当》，让人感受到您对红旗渠和杨贵的深情。您为何有如此感慨？

张全景：杨贵同志是红旗渠的总设计师和建设的“旗手”。红旗渠是20世纪60年代河南省林县人民历时10年建造起来的一条人工天河，誉满华夏，播扬五洲，可以和我国历史上任何一条名渠相媲美。周恩来曾说：“中国有两大奇迹，一个是南京长江大桥，一个是林县红旗渠。外国朋友来到中国，应该去参观一下红旗渠。”从1969年红旗渠竣工以来，很多国际友人都会到此参观，他们无不对红旗渠发出由衷的赞叹。红旗渠成为中国的一个名片。习近平总书记也指出：“红旗渠精神是我们党的性质和宗旨的集中体现，历久弥新，永远不会过时。”

红旗渠的建设，从提出计划到勘察、设计、施工，时任林县县委书记杨贵是最直接的领导者、组织者，人们称他是建设红旗渠的“旗手”。毛泽东曾经称赞他“治水很有一套”。当地群众说：“南有都江堰，北有红旗渠；古有李冰，今有杨贵。”这充分说明了杨贵在红旗渠建设中的重要作用。

杨贵是河南林县原县委书记，60年前，他带领县委和全县人民修建红旗渠。我曾经5次去过林县，对红旗渠和杨贵的感情很深。他是一位好同志、好党员。他出身贫苦，读过几年私塾，14岁时便参加了革命工作，入党后表现优秀，被组织任命为当地抗日救国会负责人。在抗日战争、解放战争的残酷斗争岁月中，他和人民群众一起出生入死，用智慧和勇敢，斗豫北、战梨园、打土豪、分田地。他把入党的初心化作实际行动，坚持全心全意为人民服务的宗旨，群众需要什么，他就去做什么。

杨贵1954年5月调到林县担任县委书记。20世纪50年代，

红旗渠的建成，彻底改善了林县（今林州市）人民靠天等雨的恶劣生存环境，解决了当地吃水问题，结束了林县十年九旱、水贵如油的苦难历史

林县是安阳地区最贫穷最落后的山区县，也是河南最缺水的地方。恶劣的生活环境迫使大批林县人远离家乡，踏上了西去山西的“逃荒路”。外地人不愿意来林县工作，当年组织任命杨贵为林县县委书记时，他二话没说，欣然上任，并下定了扎根林县的决心。他到林县担任县委书记后，面对当地严重缺水，小旱薄产、大旱绝产的严酷自然条件，下定决心带领群众铲掉导致生活困难的“病根子”。他提出了“水字当头、全面发展”的方针，积极发动群众建起一批水利工程，缓解了缺水的问题。然而

1959年发生的特大旱灾，使杨贵认识到，不能靠天赐水，要想从根本上解决问题，必须找到稳定的水源才行。在广泛深入的调研基础上，他大胆提出了从临近的山西省平顺县内浊漳河引水的方案。然而，要完成这一工程，需要修建1520多公里的水渠，削平1250个山头，打通200多个隧道，挖土石方1800多万立方米。这无疑是一个严峻的挑战，但以杨贵为代表的县委下定决心，“与其苦熬不如苦干”“早干早受益，晚干多受苦”，为了子孙后代的利益，这一代人吃再大的苦也要干。十年间，全县人民在县委的领导下，团结协作，艰苦奋斗，凭借自身的智慧和不屈的精神，谱写了感天动地、气壮山河的奋斗凯歌，创造了罕见的人间奇迹。当杨贵调离林县时，自发为他送行的群众排成了长龙，每人端着一碗清水，一片感谢、赞扬声，有的泣不成声，苦苦挽留，有的打出横幅“太行一渠清水，杨贵一身正气”。在建渠的十年中，近亿元的投资，没有一次请客送礼，没有一处挥霍浪费，没有一例贪污受贿，没有任何一个人挪用建渠物资，建渠质量经受住了半个世纪的考验，多么令人赞叹！

在建渠过程中，杨贵还注重县党委班子的思想政治建设，调动每位班子成员的积极性，形成了坚强的领导核心。他以身作则，与群众同吃、同住、同劳动、同学习、同议事、共同解决难题。注重调动和发挥党组织的战斗堡垒作用和党员的先锋模范作用，同时鼓舞和带动广大群众的积极性。建渠过程中涌现出很多党员先锋队、铁姑娘队、青年突击队等战斗团队，涌现出任羊成、吴祖太、王师存、常根虎、李改云、郭秋英等一大批英雄模范人物。10年间，参加建设的民工约30万人，同时在修渠工地上的人最多时达到10万人。

杨贵不仅敢于担当，而且还善于担当，始终坚持实事求是，按科学规律办事。红旗渠开工不久就遇到了麻烦。战线太长，力量分散，3万多人分散在70多公里的主干渠上，各自为战，工效很低。杨贵随即与民工、技术人员座谈，听取意见，及时调整了原定施工方案，决定缩短战线，集中兵力先修建山西境内20公里长的渠道，这样不仅能尽快把漳河水引入林县境内，同时还可以减轻山西人民的负担。作出这样的调整后，只用3个多月就把20公里的渠道建好了，取得了阶段性胜利，极大地鼓舞了士气。好事做好并不容易，但杨贵始终从有利于人民群众、有利于党的事业出发，以科学的态度来面对，获得了广大人民群众的支持，凝聚起攻坚克难的强大力量。

“艰难困苦，玉汝于成。”很多伟大的成就都是在看似不具备条件、不可能实现时创造出来的。红旗渠开工时，新中国成立只有10年，科学技术落后，没有现代化施工手段，缺少专业人才和相应的技术支撑，而且正值三年困难时期，面对这样一个几乎是不可能完成的宏大工程，困难可想而知。毛泽东说过：“代表先进阶级的正确思想，一旦被群众掌握，就会变成改造社会、改造世界的物质力量。”红旗渠就是精神变物质的有力证明。习近平总书记指出：“自力更生、艰苦奋斗是我们共产党人的品质，是我们立党立国的根基，也是党员、干部立身立业的根基。”无论现在还是将来条件有了怎样的改善，自力更生、艰苦奋斗的精神永远都不过时，永远都不能丢，这是支撑中华民族建设中国特色社会主义，屹立于世界民族之林的精神脊梁。

1961年7月，时任国务院副总理的谭震林在新乡召开会议，面对各种非议和流言，杨贵实话实说："我们都是共产党员，党的干部，绝不能眼睁睁地看着地里旱得不长庄稼，十几万人翻山越岭找水吃而无动于衷。修建红旗渠为的就是林县的群众，我问心无愧。我是县委第一书记，有责任应该我来承担。"有多大的担当，才能干成多大的事业。如果当年他不是将个人得失置之度外，将人民利益放在心中最高的位置，红旗渠是不可能修成的。

杨贵从26岁到林县工作开始，他的一生便与林县这片土地难以分离，他的感情也跟这里的人民群众难以割舍。当地群众把杨贵当作亲人一般，每次闻听他回到林州，山里的乡亲们都纷纷提着鸡蛋，带着手工纳的鞋垫一起去看望。杨贵还清楚地记得他们中许多人的名字，与林州老百姓朴实真挚的感情多年未变。"政声人去后，民意闲谈中。"他去世后，林州市委和当地群众以各种方式寄托哀思，缅怀他的功绩。

不管是焦裕禄、谷文昌、杨贵、孔繁森等同志，还是受到表彰的100名优秀县委书记，他们都是时代的典型和榜样，政治坚定，业绩突出，宗旨意识强，党性修养好。表彰、宣传和学习他们，有利于展示各个时期党员领导干部的良好形象和精神风貌；有利于教育和引导广大党员干部向先进学习、向先进看齐，积极投身改革发展伟大实践；有利于加强领导班子和干部队伍建设，不断提高党的执政能力；有利于落实党要管党、从严治党的要求，营造风清气正的良好政治生态，推动经济社会持续健康发展。

毛泽东说过："典型本身就是一种政治力量。""动人以言者，其感不深。"回望历史，抓典型教育是我们党思想政治教育的重要手段，是党凝聚人心的重要法宝。在党领导中国人民进行革命、建设、改革的各个时期，先进典型都承载着时代的主流精神诉求和价值取向。好的典型能起到带动示范作用，榜样的力量温暖人、鼓舞人、启迪人，这也是干部组织工作的重要方法之一。通过汇聚起各个时代榜样的力量，号召全党全社会见贤思齐、锐意进取，在各个时代展现新气象、新担当、新作为，承担起中华民族伟大复兴的历史重任。一批批的先进典型，在中国革命、建设、改革的进程中，激励着一代又一代社会主义事业的开拓者、建设者，激励着一代又一代中华儿女不忘初心，继续前进。

采访组：您不仅选树优秀县委书记和县委书记群体，还倡导学习优秀基层干部。2019年6月29日，您在《河南日报》发表文章《太行公仆吴金印》，请您介绍一下这方面的情况。

张全景：的确，除了优秀的县委书记，还有许多优秀的基层干部值得我们学习。他们扎根基层、扎根农村，不计名利，一心一意为群众。河南省卫辉市唐庄镇党委书记吴金印同志就是这样一位典型。

早在1996年，中组部、中宣部就联合下发《关于开展向吴金印同志学习活动的通知》，提出吴金印同志是乡镇党委书记的榜样，也是全党同志和各级领导干部学习的楷模。他先后获得“全国优秀共产党员”“全国优秀党务工作者”“全国‘五一’劳动奖章”“100位新中国成立以来感动中国人物”等荣誉。2018年在纪念改革开放40周年之际，党中央又授予他“改革先锋”称号。

吴金印出生于1942年，在旧社会受尽欺凌压迫，亲身经历了共产党帮助穷苦人翻身做主人的过程，在心里种下了一生跟党走的种子。他18岁入党，19岁当村党支部书记。在他世界观形成的关键时期，也是英雄辈出的时代，雷锋、焦裕禄、王进喜等先进模范人物对他产生了重大影响；杨贵、郑永和、史来贺等优秀党员的事迹给予他极大的激励。他主动请求到最艰苦的农村去工作，多次放弃组织上调他到上级机关工作的机会，参加工作后一直没离开农村，一心一意带领群众脱贫致富。他说“老百姓养鸡为下蛋，养牛为耕田，养我们干部为了啥？如果我们不为老百姓办实事，连鸡、牛都不如”，朴素的语言表达了最坚定的信念。正是凭着对党忠诚，他“干一路、响一路，走一路、富一路”，在条件艰苦、地理环境复杂的唐庄镇一干就是30多年，带领群众苦干加巧干，迈出了温饱、致富、大发展的三大步。我与吴金印相识相知多年，曾两次到唐庄镇调研考察，亲眼见到了那里的巨大变化，令人赞叹不已。

吴金印干工作从不墨守成规，他既有踏实苦干的务实作风，又有勇于探索的担当意识。20世纪90年代末，他就开始进行土地流转的探索，采用对农民适当补偿的方式，把土地、荒山、荒坡集中起来统一治理使用。正是这种坚持从实际出发，勇于探索的精神，才形成了如今唐庄镇万亩林果基地、万亩蔬菜基地等“六个万”的规模化产业，使唐庄经济迈上快车道，人民群众得到了最大的实惠。他借鉴沿海地区搞工业聚集区的经验，在唐庄镇率先创办产业园区，为全镇带来100多亿元的工业产值。他借助南水北调施工中挖出的土想方设法造地，耕地不但没有因工程征地减少反而增加了几千亩。当区划调整四个贫困村归属唐庄镇后，他主导建设了“四和社区”，探索出将异地搬迁与精准扶贫相结合的好办法。吴金印不仅抓经济建设有一套，在抓党建、干部队伍建设上也有很多独到的方法。他常说：“书记要会干，必须抓党建”，只有“把干部带到正路上”，才能“把群众带到富路上”。良好的政治风气，带出的良好社会风气、发展氛围，吸引来大量的知名企业合作投资，“软环境”成为促进发展的“硬道理”。在老百姓眼里，吴金印“是官不像官”，始终是朴素的农民打扮。当地百姓为表达对他的感激之情，自发地把“太行公仆吴金印”几个大字镌刻在太行山的峭壁上。

伟大时代呼唤伟大精神，崇高事业需要榜样引领。上面说的这些同志是党的好党员、好干部，是人民的好公仆，是我们学习的榜样。大力弘扬他们的优秀品质，从中汲取昂扬奋进、团结拼搏的精神动力，无疑具有重要的现实意义。

采访组：您长期从事组织人事工作，请您结合我们党的历史和您的工作实践，谈一谈如何提高和保证选人用人的质量？

张全景：为政之要，在于用人。选什么样的人，用什么样的人，关系到党的生死存亡。我们党之所以能够成为百年大党，中国特色社会主义之所以能够开创新局面，靠的还是党的领导干部。党的干部政策历来是德才兼备，以德为先，公道正派，选贤任能。“纵观千古存亡局，尽在朝中任佞贤”，这是《东周列国志》结尾诗中的诗句，讲得非常深刻，值得我们借鉴。毛泽东把领导干部的职责精辟地归纳为“出主意，用干部”。邓小平也曾指出：“善于发现人才，团结人才，使用人才，是领导者成熟的主要标志之一。”各级党委以及组织人事部门，会不会用人，能否知人善任，不仅是个人能力水平的问题，而且是个责任问题，更是一个政治任务。现在，我们党是一个有9000多万党员的大党，队伍壮大了无疑是一件好事，但也给选人用人、教育管理带来挑战。其中的关键在于科学、规范的用人体制机制。

自党的十一届三中全会以来，我国干部人事制度进行了多方面改革，干部选拔路径也发生了深刻变化。其中最突出的就是逐步实现了民主、公开、竞争、择优的原则和方法，这是我所经历并参与组织实施的。公开选拔领导干部正是为适应这种要求。通过平等竞争，对人才资源进行合理配置，坚持党管干部原则与扩大民主、引入竞争机制的有机结合，不仅能按照“民主、公开、竞争、择优”的原则选拔一批德才兼备的领导干部，还能通过选拔及时充实一批后备干部，发现一批有培养前途和发展潜质的优秀干部，使“人尽其才”能真正体现出来。

我在担任中组部部长期间，组织工作特别是干部工作是围绕着改革开放和实现四个现代化进行的。为了实现这个目标，着力贯彻干部“四化”方针，即革命化、年轻化、知识化、专业化。到了1995年2月，中央就正式颁布了《党政领导干部选拔任用工作暂行条例》，对民主推荐、考察、酝酿、讨论决定、依法推荐、提名与民主协商等选拔任用领导干部的程序作了具体、明确的规定，这是选拔任用干部工作中第一个比较全面、系统的规范性文件。同时，还颁布了《党政领导干部考核工作暂行条例》，详细规定了对干部的德、能、勤、绩、廉的考核，并在实践中逐步地探索一套科学的考核体系和标准。后来经过实践证明，干部制度改革促使公开、平等、竞争、择优的用人环境和能上能下、能进能出、充满活力的用人机制逐步形成，使一大批优秀人才脱颖而出。

在总结过去经验基础上，干部制度改革的力度越来越大。到了1998年，以推进干部能上能下为重点，建立了一套符合党政机关、企业和事业单位不同特点的科学的分类管理体制，逐步形成与社会主义市场经济体制和民主政治建设相适应的有中国特色的干部制度。比如，坚持和完善领导干部民主评议制度，规范评议程序，扩大群众参与的范围，注重社会公论，公开推荐与考试考核相结合。进一步健全考核制度，为干部能上能下确立客观标尺，对经考核确实不称职的，视不同情况予以免职、降职或责令辞职，改变长期存在的只能上不能下的状况。继续推进和完善干部交流制度，把任期任届、任职回避和交流轮岗结合起来，保证干部交流经常有序地进行。大力加强领导干部的监督工作，重点抓好重大决策监督、思想作风监督、用人方面的监督，尤其是强化对党政“一把手”的监督，试行和推广诫勉制度、谈话制度、向党组织回复反映本人有关问题和在任、离任审计制度。这在很大程度上提高了选人用人的质量，刹住了选人用人上的不正之风。

从当时情况来讲，选拔使用干部中有以下几个特点：一是坚持把革命化放在首位，密切联系干部执行党的基本路线的表现来考察德和才。不能认为在强调经济建设和改革开放时，看干部就可以重才轻德。只有把德与才很好地统一起来，正确处理二者之间的关系，才能把人选准用好。二是发挥干部考核制度的作用。考核是选拔、管理、教育干部的基础，必须扎实认真做好。要把集中考核与经常性考核结合起来，并以经常性考核为主；把一般考核与重点考核结合起来，以重点考核为主；把民主推荐、民主测评与深入调查、在适当范围听取意见结合起来，以深入调查为主。干部考核工作还要注重实绩实效，防止片面性，既要坚持必要的程序，又不搞烦琐哲学。制度没有不行，但也不是越多越好，实践证明烦琐保证不了公正性。要明确考核标准，不断改进考核方法，注重考核成果应用。考核内容要科学，不能简单地把经济增长数量和速度作为唯一依据，更要注意防止弄虚作假、虚报浮夸。凡搞虚假“政绩”的干部，不仅不能提拔重用，而且还要严厉批评，情节严重的还要处分，该撤职的要撤职。比如关于GDP，GDP是政绩的一个重要方面，但影响GDP的因素非常多，不能把GDP看得过重，有的并不能反映真实情况。再如，有的地方房地产搞得很好，但并不能解决群众居住问题，房地产商建的房子很多，但群众买不起。三是用人要坚持群众公认。要把党的干部政策和用人原则交给群众，充分发扬民主，实行组织考察与群众推荐相结合，让群众更多地参与对干部的选拔。多数群众不拥护的干部不能提拔。要做到知人善任，还要特别重视培养选拔年轻干部。一个领导干部，如果只注意用现成的人才，忽视培养人、教育人、造就合格的接班人，还不能说是成熟的领导者。必须着眼未来，关心年轻干部的成长，努力培养出一批又一批的合格接班人，在全社会进一步形成尊重和爱护人才的良好风尚。当然，选拔年轻干部，也不要搞“一刀切”，对不同年龄段的干部，该用的也要用，真正做到人尽其才，才尽其用，只有这样，我们的改革开放和经济建设，才会有可靠的保证。

1994年底，中央召开全国组织工作会议。当时就强调，选拔优秀年轻干部要进一步解放思想，有点儿硬性要求，克服在用人上的陈腐落后观念，尤其要学习老一辈革命家知人善任的远见和魄力，从领导班子长远建设和国家长治久安的战略大局来考虑问题，广开进贤之路，在选拔优秀年轻干部上有新突破。也是从这一年起，提出要经过三五年的努力，使中央、国家机关部委和省地县三级党政领导班子中，年轻干部所占比例有较大的提高，保证有一批30多岁、40多岁的优秀年轻干部能及时选拔进县以上党政领导班子。要求在换届和届中调整领导班子成员时，一定要注意保持合理的年龄结构，年轻干部所占比例没有达到要求的，必须补充；一时没有合适人员的，可以暂时空出名额。本地区本部门难以产生合适人选的，要通过交流选配；有些职数已满，又缺乏年轻干部的领导班子可以先进后出，充实年轻干部。选拔年轻干部要全面贯彻干部队伍“四化”方针和德才兼备的原则，坚持以革命化为前提，注重选用党性强，作风好，有实际工作经验，同群众联系密切的干部。

到了1999年，干部制度改革主要有三大方面。一是推行公开选拔、竞争上岗和交流轮岗工作；二是抓好领导干部公示制、任期制、试用制的试点工作；三是认真研究改进干部考察方法，建立任职经济责任审计制度。中央、国家机关司局级和地方党政机关部门副职领导干部，都可采用公开选拔的方式。比如，要求县级以上党政领导干部要逐步做到异地交流任职，尤其要抓好组织人事、纪律监察和公检法机关领导干部的异地交流。提倡县级党政领导干部跨地（市）交流，地（市）党政领导干部跨省交流，对在原籍、出生地和生长地任职的党政领导干部逐步实行回避交流，同时注重党政主要领导干部的稳定，保持工作的连续性。实行定期轮岗好处很多。有些地方试行领导干部任前公示，对拟提拔任用的人选，通过新闻媒体和其他方式，在一定范围、一定期限内进行公示，广泛听取各方面意见，根据群众反映以及核实的情况，再正式任命干部。评价干部要看本质、看主流，全面客观地看待其优缺点，对领导班子和领导干部进行届中、届末考核，要全面、客观、公正、准确地考察政治业务素质和履职情况，把考核结果作为干部能上能下的重要依据。同时，要研究建立领导干部任职经济责任审计制度，把经济审计方法引入干部考核管理，建立定期经济审计，包括提拔前和离任时的经济审计制度。特别是对经济部门、金融机构、企事业单位的领导干部，必须进行审计。对群众反映有问题的干部，要借鉴历史上审查干部的成功经验和纪委查处案件的经验，深入考核。

到了2006年，中共中央办公厅印发《党政领导干部职务任期暂行规定》《党政领导干部交流工作规定》《党政领导干部任职回避暂行规定》三个法规文件，对各级领导干部的任期、交流、回避问题作出统一的、明确的规定，这是深化干部人事制度改革的又一大动作，对加强干部队伍建设和领导班子建设好处很多。比如，有利于培养锻炼领导干部，帮助干部开阔视野，增长知识，突破长期一地区、一部门、一岗位的局限，有效避免狭隘、偏颇、囿于见闻，使干部更加全面、健康地成长。有利于贯彻执行民主集中制原则、转变工作作风，特别是"一把手"的交流。干部刚到新地方，一般会发扬民主，听取大家意见，这也是解决干部队伍不团结问题的一个措施。为了解情况顺利开展工作，必然会深入调查。长期在一个地方，好处是熟悉情况，但也很容易忽视新情况，甚至主观臆断、随意性决策等。有利于推进党风廉政建设，一个干部在出生地或者久处一地工作，必然有盘根错节的关系，关系多了应酬就来了，腐败等风险也随之而来。在新地方、新单位工作，摆脱了盘根错节的复杂关系，可以更好地按原则办事，可以避免一些飞短流长之谈，专心致志地工作。其实，干部任期、交流、回避在我国古代吏制中早有明确规定，而且执行得比较严格。例如明、清时就规定，本省人不能在本省做官，到邻省做官也要距出生地有500里的距离。对官员的任期和考核也有规定，这也是有效遏制吏治腐败的一个重要方面。我们党的干部工作，既有自己的特点，也借鉴了历史经验。

还有一点非常关键，就是要管好“一把手”。我在1993年提出，中央管地方干部，着力管好两个“30”，即30个省委书记、30个省长。无论是用人也好，其他事情也好，“一把手”的作用太大，很多问题都出在“一把手”上。选好、管好“一把手”，好多事情就可以办好。

党的十八大以来，党中央根据全面从严治党的成效、存在的问题和面临的形势，提出了新时代党的组织路线，要求全面贯彻习近平新时代中国特色社会主义思想，以组织体系建设为重点，着力培养忠诚干净担当的高素质干部，着力集聚爱国奉献的各方面优秀人才，坚持德才兼备、以德为先、任人唯贤，为坚持和加强党的全面领导、坚持和发展中国特色社会主义提供坚强组织保证。其中对如何培育、选拔、管理、使用干部队伍，要求坚持正确选人用人导向，匡正选人用人风气，更加强调领导干部的政治标准。这为加强党的组织建设提供了科学遵循，为增强党的创造力、凝聚力、战斗力提供了重要保证。只要我们全面准确彻底地贯彻好执行好新时代党的组织路线，我们党就一定能选好人、用好人、管好人，就能够为党和国家的事业提供源源不断的骨干和生力军。

中国共产党始终保持着强大生命力

采访对象： 石仲泉，1938 年 5 月生，湖北红安人。原中共中央党史研究室副主任，是中共党史和毛泽东思想、邓小平理论研究专家。曾参与《关于建国以来党的若干历史问题的决议》起草组等工作；参与主持编修《中国共产党历史》第 1、2 卷。个人主要专著有：《我观毛泽东》《我观周恩来》《我观邓小平》《“三个代表”重要思想新论》《我观党史》多卷本、《长征行》（增订本）等。合著有《毛泽东的读书生活》《毛泽东思想新论大纲》《邓小平建设有中国特色的社会主义理论新论大纲》等。主编著作有《马克思主义中国化研究——历史进程和基本经验》（上下册）等。

采 访 组： 储峰　陈思　尹晓徽　李军辉

采访地点： 北京石仲泉家中

采访时间： 2020 年 9 月 24 日

采访组：石主任，您好！您一直提倡“走走党史”，从考察中央苏区开始基本走完了长征路。请结合您的研究谈谈一路走来的体悟和成果。

石仲泉：我提倡“走走党史”，是在我调到原中央党史研究室之后。那时胡乔木同志对编写党史提出了一个要求，就是要有生动的场景描写，把历史过程写得比较生动，使人有身临其境之感。体现这一要求很不容易，一个重要原因是我们的党史工作者缺乏对党史的实际体验。我逐渐萌生了这样的理念：党史工作者应有一个由概念党史经过体验党史，形成形象党史，再来叙述和理论党史的过程；党史工作者要搞好党史的研究和写作，应尽量走出书斋，去感受和体验某些重要的党史现场，努力掌握第一手材料。一般地说，经历了一番体验而写的党史、军史、革命史，不会是文山会海，而是有具体材料、生动情节的；不会是概念化的，而是有血有肉的；不会是干巴的，而是鲜活的，让人喜闻乐见的。

为什么践行“走走党史”要从走长征路开始？这得从我个人的长征情结说起。我还在中学时代，就对老师讲的长征故事听得十分入神。在北大作研究生时，看北京军区文工团演出的《长征组歌》，就对红军长征异常神往。我没想到后来我会在党史部门工作，将来会走长征路。既然研究党史，而且有了“走走党史”的想法，就有了怎么走的问题。如果说青年时代对长征的向往是感性的，那么研究党史以后，对长征的理性认识就对我“走走党史”从何走起的选择起了决定性作用。

红军长征是中国共产党在中华民族史上和世界战争史上创造的一个奇迹，是百年党史最惊心动魄、最精彩感人的篇章。红军长征是对我们党领导的人民军队空前严酷的考验。这个考验是多方面的，比如：在长期危难中有没有坚定不移的理想信念？面对极端恶劣的自然环境有没有艰苦奋斗的革命精神？在缺吃少穿、

《长征组歌》舞台照

长途跋涉、体能消耗极大的情况下有没有坚忍不拔的顽强意志？在敌军不断布下重兵前堵后追的情况下有没有摆脱绝境、转危为安的战略战术？等等。经过长征，党如同经受了一次炼狱。吃了那么大的苦，饱尝了那么多磨难，中国共产党还有什么困难克服不了呢？还有什么缺点错误不能改正呢？这段历史不仅不能忘却，而且要大书特书，大力弘扬伟大的长征精神——坚定的共产主义理想、革命必胜的信念、艰苦奋斗的作风和一往无前、不怕牺牲的英雄气概。因此，走走党史，我决定首先要走长征路。

在2003年至2005年，基本走完了中央红军长征路，还有红四方面军和红二方面军以及红二十五军的部分长征路段。2013年还专门考察了西路军血战河西的悲壮历程。这样，我就基本实地

1936 年 10 月，三大主力红军会师

考察了红军长征全过程。由此在宏观上构建起了比较完整的红军长征的生动图谱，对长征历史和长征精神有了许多在“书斋”里不可能得到的新认知。

第一，明确了红军长征的若干基本概念和基本内涵。在过去的党史书中没有提出过这个问题。经过考察后，我认为，了解红军长征历史，应明确几个最重要的基本概念：一是红军长征的主体是“3+1”的长征，即中央红军、红二方面军、红四方面军和红二十五军四支部队的长征。这四支部队长征的总里程是6.5万里，2.5万里只是中央红军长征的里程。二是红军长征的全过程应是：红军长征序曲（红七军团和红十军团根据党中央部署的“调敌”，还有红六军团的“探路”）+红军长征主场戏（红军主体“3+1”的长征）+红军长征尾声（西路军血战河西）。三是红军长征的出发地不是唯一的。各路红军都有自己的出发地，中央红军也有多处出发地，于都是中央红军集结出发地。四是红军长征目的地是以中央红军长征目的地为转移的。中央红军长征目的地经过8次变化，最后确定陕北为长征落脚点。五是红军长征的基本内涵包括三个方面严峻斗争：首先是革命与反革命两种力量、光明与黑暗两种命运的大搏斗；其次是在这场惊心动魄的搏击中，共产党内部的指导思想和政治军事路线有尖锐斗争；最后是与极端恶劣的自然环境的斗争。

中央红军长征出发地——于都

第二，明确了遵义会议实现党的历史伟大转折是一个过程，它与遵义会议前后系列会议的合力作用有密切关系。湘江战役的惨烈血战，唤醒了中央红军广大指战员的觉悟，为遵义会议的召开奠定了思想基础。遵义会议前的通道会议、黎平会议、猴场会议等，为遵义会议实现伟大转折作了重要准备。遵义会议后的“鸡鸣三省”会议、扎西会议、苟坝会议、会理会议等对巩固和发展遵义会议的成果起了重要作用。所以，从通道会议到会理会议等，可视为党的历史发生第一次伟大转折的系列会议。而遵义会议是实现伟大转折系列会议的卓越代表和根本标志。讲遵义会议的伟大转折作用，既要讲合力作用，还要突出它的根本标志。因为在遵义会议上毛泽东被选为中央政治局常委，开始实现党中央最高领导的改组，为组建以毛泽东为核心的党的第一代中央领导集体奠定了组织基础。

遵义会议会址

第三，明确了红四方面军长征的重大贡献。过去由于受张国焘的影响，在讲长征时对红四方面军长征的历史贡献讲的很少。经过考察后感到：这是两个既有联系又应当加以区别的问题，不能因为张国焘有另立中央分裂党的严重错误，就淡化乃至否定红四方面军长征的历史贡献。我初步地将红四方面军的贡献归纳为5点：（1）对中央红军北进川西发挥了重要策应作用。（2）在中央红军翻越夹金山实现两军第一次会师后，红四方面军对中央红军克服物资匮乏、补充兵员起了巨大支援作用。（3）红四方面军在所经过地区同样发挥了强大的"宣传队"作用，存留的许多石刻标语至今还令人震撼。（4）红四方面军在所经过地区也发挥了"播种机"作用，建立了地方党组织和苏维埃政权。（5）红四方面军与红一方面军（中央红军）在会宁会师后壮大了党领导的革命军队力量。

第四，明确了应从战略层面认识西路军血战河西的历史，将其视为红军长征的延续，即长征尾声。这是因为：（1）为实现打通苏联援助通道的目标，红四方面军一部奉中革军委命令，西渡黄河准备执行宁夏战役计划。这支渡河部队根据中央决定称西路军。（2）西路军2万多将士，都参加过红军长征，是原左路军和右路军的一部分，既有红四方面军的，也有中央红军的。他们多次翻越雪山走过草地，经历的艰难困苦一点不比其他红军少。从西路军指战员的构成而言，它无疑是红军长征历史的继续。我认为，将西路军作为红军长征的延伸，红军长征的全过程才算画上句号。习近平总书记在2019年8月参观西路军纪念馆时说：我心里一直牵挂的就是我们西路军，太悲壮了！为有牺牲多壮志，这个是永载史册的。他们作出了重大的不可替代、不可磨灭的贡献！这里，习近平总书记给予了“永载史册”“不可替代”“不可磨灭”这样的高度评价。

第五，亲身体验到了红军长征的悲壮历程和经受的艰难困苦，对伟大的长征精神有了深切感受。不走长征路，对红军长征的认识是概念性的、抽象的。经过现场考察，访问健在的亲历者、知情者，体验极端恶劣的自然条件，特别是中央红军血战湘江和西路军血战河西的异常惨烈情景，使我对包括西路军在内的红军广大指战员与敌人艰苦卓绝的战斗，以及克服饥寒伤病折磨的坚强毅力更加刻骨铭心，一辈子都不会忘怀。红军长征精神的内涵很丰富，通过考察，我更深刻地感受到先辈们对革命的坚定信念和对党的无限忠诚，这是长征精神的根本要义，是红军战胜敌人克服险阻、度过艰难的原动力，是派生长征精神其他要义的源泉。中国革命能取得胜利，从精神层面讲，就是革命理想高于天，理想信念起了决定性作用，这一点在红军长征过程中尤其突出。因此，以习近平同志为核心的党中央提出在全党、在广大青年中加强理想信念教育，在新时代的长征路上弘扬长征精神是无比正确、非常需要的。

采访组：长征胜利结束后，中国共产党在新的历史条件下，将中国人民革命斗争推向全民族抗日战争的新阶段，取得了抗日战争的伟大胜利；抗战胜利后，又领导中国人民推翻国民党反动

统治，夺取了新民主主义革命的全国性胜利。请您回顾一下这两次伟大的胜利。

石仲泉：纵览百年党史，我认为有五大军事斗争的辉煌。一是八一南昌起义和毛泽东领导的井冈山斗争、中央苏区斗争与中国特色革命道路的开辟；二是遵义会议后红军长征的伟大胜利；三是党的全面抗战路线和八路军、新四军敌后抗战促成了全民族抗战伟大胜利；四是解放战争的伟大胜利实现了新民主主义革命的奋斗目标；五是抗美援朝战争的伟大胜利使新中国真正站稳了脚跟。而抗日战争和解放战争两次伟大胜利，是实现中华民族伟大复兴的奠基性胜利。

先谈抗日战争的胜利。在2015年纪念全民族抗战胜利70周年时，我提出能否对中国共产党在抗日战争中的历史作用作进一步明确定位的问题。过去常说，中国共产党是抗日战争的“中流砥柱”。这个形象性表述，是毛泽东1941年5月最早讲的。在此之前，1937年8月中共中央洛川会议的决定就对共产党在抗战中的作用提出了明确要求。它指出：“共产党员及其所领导的民众和武装力量，应该最积极地站在斗争的最前线；应该把自己成为全国抗战的核心；应该用极大力量发展抗日群众运动；不放松一刻功夫、一个机会去宣传群众、组织群众、武装群众，只要能组织千百万群众进入抗日民族统一战线，抗日战争的胜利是无疑义的。”我们党践行了这个诺言，成为全民族抗战的实际核心。过去，这个决定没有解密，现在它早已公布于世。据此，说“中国共产党是全民族抗战的实际核心”，这个定位可能更清晰、更实在、更精准。对此，至少可以从三个方面来把握。

（1）中国共产党高举抗日民族统一战线大旗，对凝聚人心团结力量、实行全民族抗战起了独一无二的指引作用。首先，我们党提出的抗日民族统一战线，是实行全民族抗战的政治基础。九一八事变后，中共中央多次发表宣言，呼吁停止内战、实行国共合作、建立抗日民族统一战线。国民党政府只是在西安事变后才改变政策，同意抗日。其次，我们党提出的持久战理论是全民族抗战得以胜利的理论基础。毛泽东的《论持久战》阐明了中国共产党关于抗战的战略方针和争取抗战胜利的正确道路，这不仅对共产党领导的敌后抗战起了战略指导作用，而且对国民党正面战场也有重大影响。经蒋介石同意，《论持久战》在1938年成为国民党军抗战的战略指导思想。最后，我们党不断促进民族觉醒、振奋民族精神，为全民族抗战提供了精神支撑。各级党组织利用一切宣传形式唤起广大人民的抗战热情，同仇敌忾，凝聚爱国主义精神，为赢得抗日战争最后胜利奠定了深厚群众基础。

（2）中国共产党领导的八路军、新四军等人民武装力量开辟敌后战场，对打击日本侵略者，夺取抗战胜利起了举足轻重的作用。具体来说，一是始终坚持全面抗战路线，进行人民战争。党领导的人民军队自抗战伊始就深入敌后，广泛发动群众，组织成各种形式的武装力量，独立自主作战。广大农村始终掌握在以八路军、新四军为主的中国军队手中。正因为此，党领导解放区军民最后承担了对日全面反攻作战任务。二是将游击战争提到战略地位，始终实行“基本的游击战，但不放松有利条件下的运动战”的军事战略方针，坚持广泛而持久的游击战争。这在抗战转入战略相持阶段后，成为抗日战争的基本形态。三是党领导人民军队不断开辟敌后根据地。抗战初期，在华北地区不断建立敌后根据地作为进行游击战争的依托和开展人民战争的载体。到1945年春，全国已有18个解放区，总面积近100万平方公里，人口近1亿，人民军队发展到120万人。这为夺取抗日战争最后胜利提供了重要条件。

（3）中国共产党根据形势变化，适时调整政策和策略，正确把握民族矛盾与阶级矛盾，对坚持国共合作、抗战到底起了具有决定意义的主导作用。中国抗日战争不仅是中日两国的战争，

八路军在平型关取得首战大捷，打破了日军不可战胜的神话。图为战斗中的八路军战士

中国还是第二次世界大战的东方主战场，牵涉多国关系和多方利益。随着抗战深入，中国抗战形势越来越错综复杂。如果说日本政府是企图吞并中国的疯狂侵略者，那么国民党顽固派则可称为国共两党关系紧张局势的麻烦制造者。面对不断变化的国际国内形势，中国共产党首先深刻分析国内抗战形势，正确开展斗争。国民党政府不具备宏大的政治战略眼光，既不能把握变化莫测的国际形势的发展趋向，也拿不出如何领导抗战走向胜利的务实主张，而且还不断制造事端，妨碍抗战顺利发展。中国共产党对于国民党的抗战态度和国际政治的发展趋势有深刻洞察，以高瞻远瞩的大局意识，用纵横捭阖的手段来应对形势变化，使中国抗战不断克服困难乃至危机，最后走向胜利。其次深刻分析国内阶级关系，凝聚抗战力量。党不仅将一切抗日的大地主大资产阶级包括在抗日民族统一战线内，还不断扩大中间势力，并极力从顽固势力中分化出一部分作为中间势力来争取，从而使全民族的抗战联盟最大化。最后深刻分析国民党政府不断变化的对日立场和对共产党的态度，提出一整套对国民党的策略原则，推动、督促国民党抗战到底。这主要有：提出坚持抗战、反对投降，坚持团结、反对分裂，坚持进步、反对倒退的方针；提出对国民党的总政策是在团结中要斗争，在斗争中又要团结，对其积极抗日拥护，对其消极抗日斗争，对其与我党关系，合作时强调团结，反共时强调斗争，以斗争求团结；提出同国民党顽固势力的斗争必须坚持“有理、有利、有节”原则，这“三有”原则，为坚持两党合作抗日确立了准绳。正因为有上述一系列正确策略原则，才能夺取中华民族抗战的伟大胜利。

全民族抗战胜利，赢得了近代以来中国反抗外敌入侵的第一次完全胜利，成为中华民族伟大复兴的重要转折。

采访组：请您接着讲讲解放战争的伟大胜利。

石仲泉：解放战争的历史没有抗日战争那么复杂，也没有那么多波折。抗战胜利后，我们党顺应全国人民要求，为把中国建设成为独立、自由、民主、统一、富强的新国家而奋斗。但国民党政府仰仗美国支持，冒天下之大不韪发动大规模内战，声称只要三个月最多半年就能消灭共产党领导的人民军队。蒋介石志大才疏。毛泽东领导我党我军仅用8个月就粉碎了其猖狂至极的全面进攻，准备用5年乃至8年打倒蒋介石。历史发展比毛泽东的预计快许多，中国共产党领导中国人民只用了3年时间就取得了全国革命的胜利。对于所向披靡、凯歌前进的解放战争，尤其需要大书特书的，有两场战争。

首先是毛泽东转战陕北。毛泽东以坚忍的毅力和高度的镇定，转战陕北一年。他使出三大奇谋，运筹帷幄于山峁沟壑之间，决胜千里于江河湖海之外。

第一奇谋：与敌周旋，不过黄河。毛泽东率领的中央纵队只有800人，在千山万壑中领着敌军从一个沟壑到另一个沟壑，无论有多么危险，就是不过黄河。这既稳定了党心民心，也使蒋介石在河东消灭中共中央的图谋泡汤。胡乔木回忆：毛主席力排众议，坚持要把党中央留在陕北，确是一个伟大的战略部署，也是

1945 年 9 月 3 日，重庆《新华日报》发表毛泽东题词：“庆祝抗日胜利，中华民族解放万岁！”

他在书写自己一生历史的辉煌篇章中的“得意之笔”。

第二奇谋：经略中原，指挥大军千里跃进。那时，人民解放军在全国战场总的形势是战略防御，毛泽东却在精心策划转入战略进攻，把战争引向蒋管区。这就是实施以刘邓、陈谢、陈粟三路大军挺进中原、开创新的中原解放区为主轴的战略部署。到1948年5月，三路大军近40万人创建并巩固了拥有3000万人口的新中原解放区，像把尖刀插进了国统区的心脏，对于改变战争形势起了决定性作用。

第三奇谋：战场形势好转的曙光刚刚升起，就提出“打倒蒋介石，解放全中国”的目标。那时，除三支大军逐鹿中原实现战略反攻外，西北战场、东北战场和华北战场都取得一连串重大胜利，还有解放区土地改革运动的发展和国统区第二条战线的开辟等，使中国革命形势发生了巨大的变化。正是在这种形势下，毛泽东提出“打倒蒋介石，解放全中国”的战略目标。

毛泽东总结转战陕北以来发生的变化，指出：中国人民革命战争，已经达到一个转折点。这是蒋介石的反革命统治和帝国主义在中国的统治由发展到消灭的转折点。它将必然地走向全国的胜利。

与转战陕北具有同等重要意义的，是三大战役的战略决战。1948年3月毛泽东东渡黄河，5月到达西柏坡后就与其他中央领导同志一起，谋划对于中国革命最后胜利具有决定意义的大决战。

这次大决战，是由辽沈、淮海、平津三大战役环环相扣组成的。当时，国民党军的数量仍多于我解放军，装备更强于解放军。南京政府还统治着全国四分之三的地区和三分之二的人口。但以毛泽东为核心的党中央看透这个表面上的庞然大物的虚弱实质，觉察出他们在考虑战略撤退正举棋不定。毛泽东抓住这个稍纵即逝的关键时刻，决定发动这场震惊世界的战略决战。

大决战首先由辽沈战役拉开帷幕。战场形势非常有利于我。国民党军55万人被分割在长春、沈阳和锦州三个孤立地区。我东北部队已超过百万，装备通过缴获大有改善。毛泽东提出“关门打狗”作战方针。我军只用31个小时即攻克锦州。随后，对长春和沈阳不战而胜。辽沈决战历时52天，歼敌47万多人，给予国民党致命一击，加速了解放战争胜利进程。

辽沈战役当中，塔山阻击战前，4纵部队组织战前动员

大决战的关键之战是淮海战役。双方力量对比，我弱于敌。国民党军总兵力达80多万人，我军兵力只有60多万人。这种不利条件下展开的决战更具传奇性。一是决战规模和部署经历了从小淮海到大淮海的演变，正如毛泽东形容的，将一锅没有煮熟的夹生饭硬是一口一口地吃下去了。二是开创了两支野战军协同作战成功的范例。毛泽东说：两个野战军联合在一起，不是增加一倍力量，而是增加几倍力量。三是广大人民群众支前出色。陈毅风趣地说：华东战场上的国民党反动派是老百姓用独轮车把它推

倒的。这一决战历时66天，歼敌55万多人。斯大林从新华社电讯中得知消息后说：淮海战役打得好，以60万的兵力打败国民党军80万的兵力，是个奇迹。这是中国革命战争史上的奇迹，在世界战争史上也是少见的。

淮海战役前线总指挥委员会委员合影。从左至右：粟裕、邓小平、刘伯承、陈毅、谭震林

大决战的压轴戏是平津战役。它在军事斗争上将“兵贵神速”和“出敌不意”的原则运用到极致，对傅作义部实行“围而不打”和“隔而不围”，然后选择时机歼灭主力，使其成笼中之鸟欲逃无路，展现了毛泽东军事指挥的高度艺术。平津战役创造了解决国民党军的三种方式，即天津方式——用战争解决拒不投降的敌人；北平方式——迫使敌军接受和平改编，是不流血的斗

争方式；绥远方式——基本原封不动地保留起义部队，以后择机改编。这次战役历时64天，歼敌52万余人。

大决战后，全国革命胜利指日可待。国民党当局拒绝和平谈判条件后，百万雄师过大江，秋风扫落叶般地歼灭国民党残余部队。新中国于1949年10月1日成立，毛泽东向全世界庄严宣告：中国人民从此站立起来了！

采访组：对于古田会议和延安整风这两个我们党加强自身建设的重大事件，您都做过比较全面的考察，请谈谈您的认识。

石仲泉：关于《古田会议决议》，我常遇到这样的提问：中国共产党从1921年建立到1928年党的六大制定了三个党章，难道就没有提出建党纲领来？《古田会议决议》只是一个红四军的决议，何以能够成为解决党的建设的纲领？提出这样的问题可以理解，因为过去的文献、文章都是断语，结论多，很少有权威性文章做具体阐释。为弄清这个问题，我作过历史考察。从1921年建党到1929年《古田会议决议》以前，中国共产党自创建后就注意加强党的自身建设，这尤其体现在党的二大文件中，其中不少规定对于党的建设的理论和实践具有奠基性。但是，建设一个什么样的党，如何建设这样的党，却没有明确具体的规定，更谈不上思想建党问题。所以，古田会议前，从党的历史文献看，如何将中国共产党建设成为马克思主义先进政党问题，确实没有解决。

说《古田会议决议》是党的建党纲领，最重要的就是因为它首次提出思想建党问题。这对于中国共产党是至关重要的。这个问题不解决，中国共产党就很难安身立命。此外，还对党的组织建设和作风建设提出了许多解决方法，非常具体实用。《古田会议决议》之所以有这样的创造性贡献，是因为中国的特殊国情和1927年大革命失败后党领导的革命斗争主要转入农村的特殊党情所致。面对这样特殊的国情和党情，怎样使中国共产党真正成为具有马克思主义品质的无产阶级政党，在老祖宗的本本里找不到现成答案，只能靠实践探索解决。在上海的党中央没能找到正确答案，而是远离大城市的毛泽东在开辟井冈山革命根据地和转战闽西、赣南进行游击战争过程中解决的。

毛泽东长期身处革命斗争第一线，依据农村和红军中党组织的具体情况，创造性地运用马列主义党建理论，在主持制定的《古田会议决议》中提出了关于如何加强党的思想建设、组织建设和作风建设的一系列重大原则，以通俗朴实、明白易懂的语言，使马克思主义党建理论从高高的天空落到了中国大地。比如：

关于加强党的思想建设。毛泽东在领导井冈山斗争时就提出，面对异常残酷的战争和极其艰苦的革命生活，出现了很多与革命军和党的宗旨要求相背离的形形色色的错误思想，对此必须“给以无产阶级的思想领导”，加强政治教育。在主持起草的《中国共产党红军第四军第九次代表大会决议案》(即《古田会议决议》)中，首先提出的就是关于纠正党内非无产阶级意识的不正确倾向问题。并且，对主观主义、绝对平均主义、享乐主义和小团体主义等个人主义思想展开深入分析，逐个地论述了每种非无

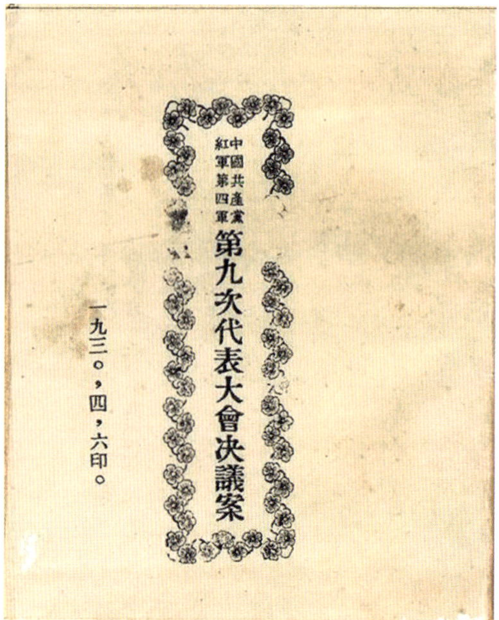
中國共產黨紅軍第四軍
第九次代表大會決議案
一九三〇，四，六印。

《中国共产党红军第四军第九次代表大会决议案》

产阶级思想的具体表现、来源及其纠正方法。《决议》明确指出：四军党内各种非无产阶级意识非常之浓厚，对于党的正确路线之执行，给了极大的妨碍。“红军党内最迫切的问题，要算是教育的问题。为了红军的健全与扩大，为了斗争任务之能够负荷，都要从党内教育做起。”这就是思想建党的最初缘起。

关于加强党的组织建设。《决议》第二部分谈党的组织问题，明确提出“党的组织路线”概念，指出：党的组织问题，现在到了非常之严重的时期，特别是党员的质量之差和组织之松懈，影响到红军的领导与政策之执行非常大。务必努力去改造党的组织，使之确实能担负党的政治任务。《决议》首次提出了加入中国共产党的具体条件；要求反对极端民主化，强调了党的民主集中制原则；指出加强基层党组织建设，“每连建设一个支部，每班建设一个小组，这是军中党的组织的重要原则之一”。这个规定将三湾改编时提出的“支部建在连上”思想制度化了。

关于加强党的作风建设。当时没有党的作风建设概念，但事实上存在这个问题。纠正党内错误思想，就包括纠正不好的作风在内。特别是党的三大作风思想在这里已经萌生。如理论联系实际的作风，在加强思想建设反对主观主义已经涉及；和人民群众紧密联系的作风，《决议》指出：红军打仗，是为了宣传群众、组织群众、武装群众，“一切工作在党的讨论和决议之后，再经过群众路线去执行”。这说明决议将加强党的作风建设思想，提到了群众路线高度；批评和自我批评的作风，《决议》强调批评要注意政治，其主要内容是指出政治上和组织上的错误，其目的是增加党的战斗以达到革命斗争胜利。这实际上论及如何加强党内政治生活这个重要问题，也可以说，党的政治生活思想缘起于《古田会议决议》。

以上说明，《古田会议决议》比较系统地回答了党的建设一系列根本问题，特别是初步回答了在党员队伍以农民成分为主体的情况和革命战争十分残酷的条件下，如何着重从思想上、组织上、作风上建设党以保持无产阶级先锋队性质。就此而言，说《古田会议决议》是中国共产党加强党的建设，特别是思想建设的第一个纲领性文献，是实事求是的。所以，邓小平讲：“在井冈山时期，即红军创建时期，毛泽东同志的建党思想就很明确。大家看看红军第四军第九次党代表大会的决议就可以了解。他的完整的建党学说，是经过实践在延安整风时期建立起来的。毛泽东同志对于建立一个什么样的党，党的指导思想是什么，党的作风是什么，都有完整的一套。”据此，可以理直气壮地说，毛泽东首先在《古田会议决议》中提出的关于着重思想上建设党的建党路线，是对马列主义建党学说在中国的丰富和发展。

习近平同志在福建工作时，多次考察古田会议情况。他任党的总书记后，2014年10月在这里召开了被誉为新古田会议的全军政治工作会议。党的十八大以来，以习近平同志为核心的党中央在党的建设方面提出一系列新思想和新论断，都与古田会议精神具有内在一致性。《古田会议决议》对于实现全面从严治党，进而对于实现“两个一百年”奋斗目标、实现中华民族伟大复兴中国梦，依然能够发挥重要指导作用。

采访组：那么，您怎么看待延安整风？

石仲泉：我对延安整风的研究，主要始于1991年参加《胡乔木回忆毛泽东》一书工作时，既听了胡乔木同志讲的延安整风情况，也看了一些原始档案材料，使我对延安整风的研究更增强了底气。

对延安整风问题，首先要分清主导方面和非主导方面。有的人通过一些渠道将延安整风运动的历史扭曲了，这是不对的。整风运动后期搞审查干部，扩大为抢救运动，严重混淆两类矛盾，造成不少冤假错案。但这只有20天，毛泽东知道情况后急刹车，平反纠正了。他还三次脱帽鞠躬，向被冤枉的同志赔礼道歉。我们怎么能用这20天发生的偏差来否定进行了将近四年的整风运动呢？还有出版物鼓噪什么“整风运动权力斗争论”，这是没有任何史实根据的臆断。因为毛泽东的领袖地位在1938年党的六届六中全会期间就明确了。研究这段历史，应当努力全面地还原历史，充分肯定它的主导方面，说明延安整风运动的真正原委，把握它的本质，得出实事求是的结论。

整风运动是分高级干部的整风和全党干部的普遍整风两个层面进行的。毛泽东认为，整风运动的主要对象是党的高级干部。只要将他们的思想打通了，下级干部的进步就快了。整风运动的主要内容是总结党的历史经验教训，通过批判教条主义和经验主义两种形态的主观主义，教育全党干部学会运用马克思主义的立场观点方法，来研究和解决中国革命的具体问题。他提出“惩前毖后”“治病救人”方针，使整风运动通过读书学习、自我反省、开展批评与自我批评，提高认识，增强党性，改进工作，为全面贯彻执行党的路线、夺取全民族抗战胜利奠定巩固的思想基础。

我认为，延安整风运动至少有五大历史功绩。

第一，它空前地提高了党的马克思主义理论水平。整风运动在全党范围进行马克思主义教育，结合研究现实问题和党的历史来学习理论。许多过去没有读过马列本本的干部，这次集中地认真地读了中央规定的理论书籍；过去读过马列本本的一些领导干部，这次懂得了怎样运用马列主义的立场与方法来认识中国革命问题。整风运动使全党广大党员特别是高中级干部系统地而不是零碎地、实际地而不是空洞地学习马克思主义。它既是一次全党范围的马克思主义的思想教育运动，也是破除党内把马克思主义教条化、把共产国际和苏联经验神圣化错误倾向的空前思想解放运动。这对于提高我们党的战斗力量，夺取全民族抗战胜利起了重要指导作用。

第二，它基本弄清了党的历史上的路线是非，使全党对过去的发展经历有了比较正确的认识，初步地达到了思想统一。遵义会议囿于当时的历史条件和认识水平，主要解决了军事领导权，没有从根本上解决思想政治路线问题。抗战开始后，这就影响了党的正确路线的贯彻执行，在部分地区遭受不应有的重大损失。整风运动中，毛泽东主持编辑《六大以来》等3套历史文献，汇集了近800篇重要讲话和文件，使许多同志认识到苏维埃运动后期确实存在错误路线，从而使全党特别是高级干部对于党的历史问题形成了共识。《关于若干历史问题的决议》就是统一全党思想认识的主要结晶。

第三，它加快了马克思主义中国化、时代化、大众化的步伐。具体来说，一是将马克思主义的立场、观点、方法论转化为中国共产党特有的思想方法论，广大干部学习运用马克思主义思想方法分析问题、解决问题，取得了显著成效。二是提出要使中国革命丰富的实际马克思主义化，将经验升华为理论，成为创造性的马克思主义。这就提出了马克思主义与时俱进的时代化问题。三是确立了实事求是、理论联系实际的思想路线。毛泽东在《改造我们的学习》中，对“实事求是”的新界定和阐释，使其成为中国共产党人倡导的马克思主义思想路线中国化、时代化、大众化的生动表述。

第四，它促进了毛泽东思想成为全党指导思想。毛泽东在1935年遵义会议上成为中共中央的实际领导核心后，在全党的影响力越来越显著。抗战开始后，毛泽东的领袖地位不但在党内巩固起来，而且得到共产国际的明确承认。整风运动中，延安等抗日根据地的报刊相继撰文指出：毛泽东思想是创造性的马克思列宁主义，是马克思列宁主义在中国的发展，中国化的马克思列宁主义。《关于若干历史问题的决议》充分肯定了毛泽东的历史地位和毛泽东思想的伟大作用，党的七大正式确立毛泽东思想作为中国共产党的指导思想。

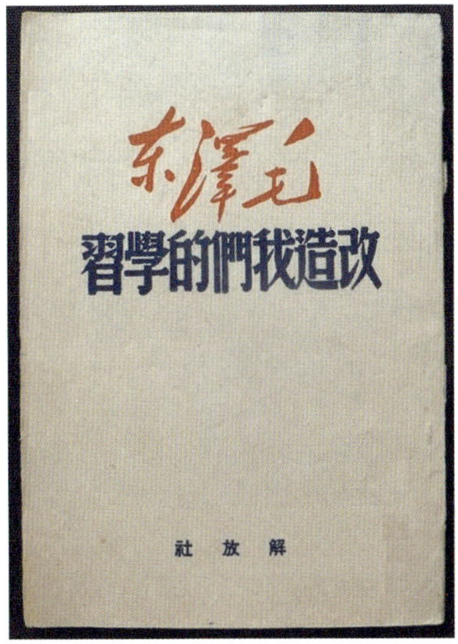

毛泽东著作《改造我们的学习》

第五，它对于把中国共产党建设成为马克思主义先进政党起了决定性作用。毛泽东在1939年10月提出建设一个全国范围的、广大群众性的、思想上政治上组织上完全巩固的马克思主义化的中国共产党的任务，并将其称为党的建设“伟大的工程”。整风运动就是进行这个“伟大的工程”建设。具体而言，一是着重思想建党的要求得到了落实。毛泽东明确提出，共产党员不仅要在组织上入党，而且要在思想上入党。整风运动是思想建党的伟大实践。二是党的指导思想排除了错误倾向的干扰，正确的政治路线更加明确、坚定。党的七大制定了打败日本侵略者，建立新民主主义中国的政治路线，为夺取抗战最后胜利和新民主主义革命的全国胜利指明了方向。三是明确提出了共产党区别于其他政党的三大作风。这就是理论和实践相结合的作风、和人民群众紧密地联系在一起的作风以及自我批评的作风。通过整风运动概括的三大作风，是马克思主义政党立于不败之地的根基。

可以说，延安整风运动对于我们党百年历史发展具有不可替代的重要意义。

采访组：您曾讲述过党史上的三次“重要对谈”，并由此谈到“两个务必”思想的提出。这些故事很生动，也很有深意。请您介绍一下它的内涵和意义。

石仲泉：这是党的建设的一段重要佳话。我在2010年发表的《毛泽东与马克思主义政党建设》一文中，形成三次“重要对谈”的认识。提出三个“对谈”概念，则是在2013年7月习近平总书记在河北调研之后。习近平总书记到西柏坡考察时指出：所有领导干部和全体党员要深刻领会“两个务必”，继续把人民对我们党的“考试”、把我们党正在经受和将要经受各种考验的“考试”考好，努力交出优异的答卷。受此启发，我写了篇《“两个务必”与“三个对谈”》时评，将毛泽东与郭沫若关于《甲申三百年祭》信函往来的笔谈称作“甲申对”，与此前的“窑洞对”“赶考对”，合称为三个“对谈”。

先讲“甲申对”。20世纪40年代，世界反法西斯战争和中国全民族抗日战争进入重要历史关头，胜利的大势已趋明朗。正是在这种背景下，在重庆的郭沫若应中共中央南方局主办的《新华日报》和《群众》杂志之约，撰写了纪念大明王朝和大顺王朝灭亡300年的文章《甲申三百年祭》，于1944年3月发表。这篇文章着重论述了300年前的甲申年，艰辛奋战18个春秋打天下的李自成农民军在攻陷北京城灭亡大明王朝后，花天酒地，沉沦享乐，结果坐天下不到一个半月就仓皇离京，败逃南去，刚刚宣告成立的大顺王朝灰飞烟灭。

文章发表时，延安整风运动进入后期。毛泽东在4月对整风运动作总结的《学习和时局》中说：我们党历史上曾经有过几

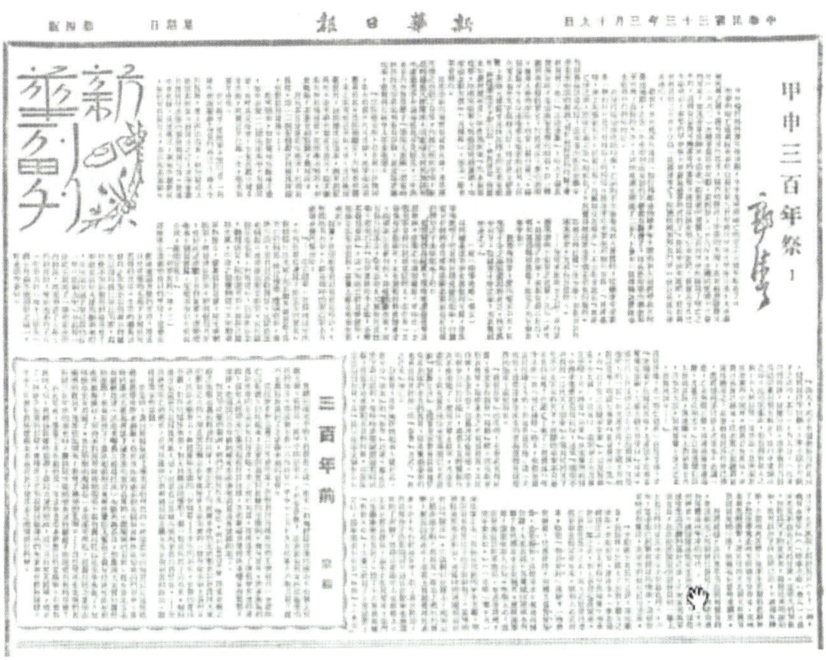
新華日報

新華副刊

甲申三百年祭

三百年前

1944年3月，郭沫若在重庆《新华日报》发表《甲申三百年祭》

次表现了大的骄傲，都是吃了亏的……全党同志对于这几次骄傲，几次错误，都要引为鉴戒。近日我们印了郭沫若论李自成的文章，也是叫同志们引为鉴戒，不要重犯胜利时骄傲的错误。一个星期后，延安《解放日报》全文转载《甲申三百年祭》，将它作为整风文献推荐全党干部学习。这年11月，毛泽东在党的六届七中全会总结党的历史经验期间再函郭沫若，感谢此前郭沫若来信对党的抗战路线和延安成为民主圣地的夸奖。他写道：大示读悉。奖饰过分，十分不敢当……你的《甲申三百年祭》，我们把它当作整风文件看待。小胜即骄傲，大胜更骄傲，一次又一次吃亏，如何避免此种毛病，实在值得注意……我虽然兢兢业业，生怕出岔子，但说不定岔子从什么地方跑来；你看到了什么错误缺点，希望随时示知。毛泽东与郭沫若的这次笔谈，我将其称为“甲申对”。

再谈谈“窑洞对”。1945年7月初，党的七大闭幕20天后，代表中间势力的国民参政员褚辅成、黄炎培、冷遹、傅斯年、左舜生、章伯钧6人从重庆飞抵延安访问。他们走访了延安新市场和光华农场，会见了丁玲、陈毅、范文澜等朋友，考察了延安的经济发展、民主政治建设、社会治理和军民关系等方面的情况，感受到延安由最初2000人发展到5万人的巨大变化。其间，毛泽东同黄炎培有一次长谈。毛泽东问他访问后有何感想？黄炎培说，我生60多年，耳闻的不说，所亲眼看到的，真所谓“其兴也勃焉”“其亡也忽焉”，一人，一家，一团体，一地方，乃至一国，不少单位都没有能跳出这“周期率”的支配力。一部历史，

“政怠宦成”的也有，“人亡政息”的也有，“求荣取辱”的也有，总之没有能跳出这“周期率”。中共诸君从过去到现在，我略略了解了一下，就是希望找出一条新路，来跳出这“周期率”的支配。毛泽东稍作思考后明确回答：我们已经找到新路，我们能跳出这“周期率”。这条新路，就是民主。只有让人民来监督政府，政府才不敢松懈。只有人人起来负责，才不会人亡政息。这次著名对谈，史称“窑洞对”。

毛泽东为什么明确回答中国共产党能跳出“周期率”呢？一是我们党的先进性使然，就是坚持党的初心，初心变恒心，就有这个可能。二是延安整风和党的七大对党的建设所发生的决定性影响，特别是党的七大表现的高度民主活泼氛围和团结友爱真情，使毛泽东很受感动。一些犯过错误的领导同志主动作自我批评，博古的发言还博得大会热烈鼓掌。最后选举中央委员会，毛泽东多次讲话，要选几位犯了错误的同志，包括王明。许多代表想不通，毛泽东让各代表团做工作。在唱票时，直听到王明的得票超过半数，他才离开会场。七大这样广泛地大团结，获得空前成功。所以，毛泽东回答黄炎培的“周期率”问题，信心满满地说：我们找到了能跳出“周期率”的新路，就是民主。

毛泽东与郭沫若的“甲申对”和他与黄炎培的“窑洞对”，实际上是一个主题，即如何防治腐败，保持共产党的先进性和纯洁性。“甲申对”深刻揭示了李自成大顺农民王朝灭亡的历史教训。李自成农民军打天下18年，坐天下42天，是“其兴也勃焉”“其亡也忽焉”的“周期率”典型表现。李自成农民军为什么灭亡得这样快？一个重要原因就是骄傲腐败。共产党的成分也有很多农民，黄炎培在延安考察后对共产党佩服，但仍然担心能否跳出“周期率”。黄炎培提出问题是善意的，毛泽东充满底气的回答令他信服。他在回重庆后写的《延安归来》中说：“我认为中共朋友最可贵的精神，倒是不断的要好，不断地求进步，这种精神充分发挥出来，前途希望是无限的。”正因为他相信共产党能跳出“周期率”，这也是他后来参加新政协，并在新中国成立后应邀出任政务院副总理的一个重要考量。

毛泽东关于“赶考对”与“两个务必”是同时提出的。70多年前，毛泽东和周恩来“赶考对”的大背景，是中共中央正在筹建新中国。筹建新中国主要是通过两个会进行的，即1948年9月的中央政治局扩大会议（史称九月会议）和1949年党的七届二中全会。中央在九月会议上决定从1946年7月算起的大约5年时间，摧毁国民党反动统治；立即进行三大战役的战略决战，消灭国民党的主要军事力量；邀请民主党派代表人物到解放区共商国是，准备于1949年内召开新政协，成立新中国临时中央政府，取代国民党反动政府。在党的七届二中全会上，毛泽东作主题报告。根据这个报告，全会着重讨论了四个问题：一是关于党的工作重心实行由乡村到城市的战略转移，要求全党学会管理城市，将恢复和发展城市中的生产作为中心任务。二是关于经济政策，明确新中国成立后有五种经济成分，对待不同经济成分要采取不同政策。三是关于在全国解决土地问题后的两种基本矛盾，即国内的工人阶级和资产阶级的矛盾，国外的为中国和帝国主义国家的矛盾。四是关于加强党的思想建设，提醒全党要警惕骄傲自满、以功臣自居情绪的滋长，警惕资产阶级用糖衣裹着的炮弹的攻击，务必继续地保持谦虚、谨慎、不骄、不躁的作风，务必继续地保持艰苦奋斗的作风。

这次全会对筹建新中国的大政方针基本安排就绪。会后，中共中央及其所属机构由西柏坡迁往北平。在出发做准备时，毛泽东对周围同志说：我们就要进北平了。我们进北平，可不是李自成进北平，他们进了北平就变了。我们共产党人进北平，是要继续革命，建设社会主义，直到实现共产主义。3月23日启程进京，毛泽东只睡了四五个小时，他兴奋地对周恩来说：今天是进京的日子，不睡觉也高兴啊。今天是进京“赶考”嘛。进京“赶考”去，精神不好怎么行呀？周恩来笑着说：我们应当都能考试及格，不要退回来。毛泽东说：退回来就失败了。我们决不当李自成，我们都希望考个好成绩。这段对话，现在称“赶考对”。

“赶考对”显然是回应“甲申对”的。从“甲申对”到“窑洞对”，再到“赶考对”，讨论的问题都是一个，以李自成农民军“其兴也勃焉”“其亡也忽焉”的典型“周期率”为史镜，共产党绝不能再重蹈覆辙，成为20世纪的李自成。有没有这种可能性呢？不能说没有。不仅黄炎培担心，其他人也在担心。1948年12月，辽沈战役已结束，淮海、平津两大战役大局已定，中国革命胜利在即。刘少奇对马列学院第一班学员讲：得了天下，要能守住，不容易。很多人担心，我们未得天下时艰苦奋斗，得天下后可能同国民党一样腐化。他们这种担心有点理由。在中国这个落后的农业国家，一个村长，一个县委书记，可以称王称霸。胜利后，一定会有些人腐化、官僚化。如果我们党注意到这一方面，加强思想教育，提高纪律性，就会好一些。他还指出：我们打倒蒋介石、打倒旧政权后，要领导全国人民组织国家，如果搞得不好，别人也能推翻我们的。刘少奇讲的这个问题非常尖锐，在党的七届二中全会上讨论了。毛泽东讲的“两个务必”就是回答这个问题的。从这个意义上说，“两个务必”也是回答三次“重要对谈”所提出的问题的。

三次“重要对谈”和“两个务必”思想，虽然是70多年前的往事，但具有永不过时的警示和启迪意义。腐败亡党亡国，这是不以任何人的意志为转移的历史规律。凡被推翻的政权，无不是腐败使民心丧失殆尽。古今中外，概莫能外。许多政党由盛而衰，腐败是致命之根。共产党会不会重蹈覆辙，成为李自成呢？这始终需要我们党高度警惕。党的十八大以来，以习近平同志为核心的党中央坚持全面从严治党，实际上就是在新时代条件下来回答三次“重要对谈”提出的问题。怎样防治腐败？至少有四点：一是始终不渝地坚持思想建党和制度治党，炼就共产党人的“金刚不坏之身”；二是始终不渝地坚持“两个务必”思想，牢记骄躁非败即挫，诚恐戒惧永不松懈；三是始终不渝地坚持走民主新路，不断丰富和发展中国特色社会主义民主政治，“造成一个又有集中又有民主，又有纪律又有自由，又有统一意志、又有个人心情舒畅、生动活泼，那样一种政治局面”；四是始终不渝地坚持反腐败斗争，不断强化不敢腐的震慑，扎牢不能腐的笼子，增强不想腐的自觉，使干部清正、政府清廉、政治清明成为有口皆碑的常态。

采访组：您参与了《关于建国以来党的若干历史问题的决议》的起草工作，能和我们讲讲起草过程中让您印象深刻的事吗?

石仲泉：1979年至1981年，根据中央要求，抽调有关部门一些同志起草《关于建国以来党的若干历史问题的决议》，即第二个《历史决议》。我被推荐参与起草，工作了整整20个月。这对我走向党史研究之路起了决定性作用。过去研究党史，主要是接触能公开的党史资料，参加起草《历史决议》小组不仅能看到一些未能公开的档案资料，还能了解党的高级干部对党的历史的一些看法，他们有的是一些重要事件的亲历者，有的是知情人。

参加这项工作，让我感受最深、终身难忘的是邓小平对毛泽东历史功过的正确把握和精准定位。1980年10月间，《历史决议》征求意见稿在党内从中央机关到各省市自治区和大军区的4000人范围进行讨论时，确实是畅所欲言。有的意见中肯正确，有的意见偏激、情绪化。正是在这样的时刻，邓小平说：对毛泽东同志的评价，对毛泽东思想的阐述，不是仅仅涉及毛泽东同志个人的问题，这同我们党、我们国家的整个历史是分不开的，要看到这个全局。决议稿中阐述毛泽东思想的这一部分不能不要。这不只是个理论问题，尤其是个政治问题，是国际国内的很大的政治问题。如果不写或写不好这个部分，整个决议都不如不做。还说：对毛泽东同志的错误的批评，一定要实事求是，不能把所有的问题都归结到个人品质上。毛泽东同志不是孤立的个人，他一直是我们党的领袖。对毛泽东同志的错误，不能写过头。写过头，给毛泽东同志抹黑，也就是给我们党、我们国家抹黑。对有些错误意见要硬着头皮顶住。毛泽东同志的功绩是第一位的，他的错误是第二位的，他的错误在于违反了他自己正确的东西，是一个伟大的革命家、伟大的马克思主义者所犯的错误。邓小平的这些谈话，对《历史决议》把握正确方向起了定海神针作用。没有邓小平的崇高威望，没有他旗帜鲜明的态度，没有他斩钉截铁的语言，要排除干扰、顶住压力是相当困难的。为什么苏共二十大对斯大林不能作出像我们党这样的历史决议呢？一个重要原因就是没有像邓小平这样高瞻远瞩、举重若轻的领袖人物。全盘否定斯大林，是后来苏联瓦解的原因之一。我们党汲取了这个惨痛的历史教训，《历史决议》对毛泽东同志作出正确评价，对新中国的重大历史事件作出实事求是的科学结论，统一了全党思想认识。这为改革开放以来党和国家的政治稳定、团结奋斗奠定了坚固的思想基础。

讲《历史决议》还不能不讲胡乔木所起的作用。他是具体主持《历史决议》起草小组工作的人，是《历史决议》的总撰稿人。他根据邓小平同志还有其他领导同志的意见，对我们这些具体工作人员耳提面命，不断调整写作提纲，一遍遍地修改稿子。他对《历史决议》稿基本框架的设计、主要观点的把握和理论问题的辨析，令我们叹服不已。每次听他讲话，都感到他文思泉涌、学识渊博、论理深邃、新见迭出。1980年6月初稿送邓小平同志看后，基本被否定了。邓小平同志说，整个文件写得太沉闷，不像一个决议。叙述太多，缺乏概括，像篇论文。“不行，要重新来”，修改的“工程比较大”。我们听传达后，都感到很难办，束手无策。胡乔木同志尽管也有很大压力，但他参与起草过延安整风后的第一个《历史决议》，这方面有经验。许多部分，他推倒重来，亲自大段大段地改写。这就有了被基本认可的征求意见稿。

在修改过程中，胡乔木同志化解了两个特别棘手的难题。一个是提出将毛泽东思想同毛泽东的晚年错误区别开来。毛泽东思想是以毛泽东同志为主要代表的那一代领导集体的正确思想，是党的集体智慧的结晶；毛泽东的晚年错误包括“文化大革命”则是他个人违背了属于正确的毛泽东思想所犯的错误。这个区分成为解决既要坚持毛泽东思想，又要否定“文化大革命”这个难题的金钥匙。另一个难题是对“文化大革命”怎么定性？讨论时有一种看法，认为“文化大革命”是反革命，是法西斯，但胡乔木坚持认为除林彪、江青这两个集团是反革命、是法西斯外，不好说整个“文化大革命”就是一场“反革命”，整个社会就是“法西斯的社会主义”。因为党还存在，广大干部和群众还在为党为国家工作，毛泽东也还有不少正确的决策，外交取得了很大成就，等等。如果简单地将“文化大革命”说成是反革命、是法西斯，许多问题不好解释。他提出，“文化大革命”作为一种历史现象，定性为“内乱”比较合适。决议过程稿的这一部分曾经叙事较多，缺乏理论概括分析，后来他亲自动手，重新写了。这一部分最后用的就是胡乔木同志亲自写的稿子，将其确定为“是一场由领导者错误发动，被反革命集团利用，给党、国家和各族人民带来严重灾难的内乱”。他一锤定音，说理透彻，大家都赞同。邓小平同志交代，决议稿要赶上十一届六中全会讨论通过，不能再拖了。到了1981年4月，时间很紧迫，胡乔木同志在医院抱病，忍着胆囊炎急性发作的剧痛，逐字逐句精心修改。

我一直认为，没有胡乔木同志殚精竭虑的思考和呕心沥血的工作，《历史决议》很难写成目前这样的面貌，达到为绝大多数人所赞赏的程度。《历史决议》经受住了历史的检验，至今仍是我们党评价那段历史的准绳。胡乔木同志的革命精神、精湛思想和文字功夫很值得我们学习。

采访组：中国共产党从最初全国50多名党员发展到今天9000多万名党员，在中国这个东方大国连续执政70多年，并且始终保持着强大的生命力。这其中有哪些原因和启示？

石仲泉：我们可以从多个角度、不同层面来总结历史经验。从理论维度讲，至少有这么几条。

第一，党代表中国最广大人民的根本利益。近代中国形形色色的大小党派如雨后春笋似的破土而出，又如走马灯似的闪亮登场后迅即消失。中国共产党从诞生之日起，就以实现中华民族伟大复兴为己任，肩负着实现民族独立、人民解放和国家富强、人民幸福的历史使命。为此，党的二大明确规定自己的性质和宗旨：中国共产党为代表中国无产阶级及贫苦农民群众利益先锋军，是时时刻刻要站起来为无产阶级利益努力工作的党。毛泽东在中共七大指出：中国共产党以中国最广大人民的最大利益为出发点。它的一切言论行动，以合乎最广大人民群众的最大利益，为最广大人民群众所拥护为最高标准。邓小平反复强调，要把人民拥护不拥护、人民赞成不赞成、人民高兴不高兴、人民答应不答应作为制定方针政策和作出决断的出发点和归宿，要以人民利益为最高准则开展领导工作。习近平总书记把人民对美好生活的向往作为奋斗目标，提出坚持以人民为中心的发展思想，坚持把人民群众的小事当作自己的大事，从人民群众关心的事情做起，从让人民群众满意的事情做起，让改革发展成果更多更公平惠及全体人民。可以说，代表最广大人民最大利益的先进性，是党的强大生命力的源泉和决定性因素。

第二，党具有思想建党的优良传统。延安整风运动后，党始终把加强思想建设放在党的建设首位。思想建党的内容很丰富，包括全心全意为人民服务的宗旨教育、马克思主义理论教育、理想信念教育、思想作风教育等。我们说思想政治工作是一切工作的生命线，同样可以说着重思想建党是党的生命线。这是党之魂的建设。没有这个建设，那就不称其为共产党了。过去说共产党员是用特殊材料制成的，这个说法在一个时期被曲解了。它的真正含义是说通过思想建设，使共产党员永葆先进性，在任何时候都能发挥先锋模范作用，为中国人民和中华民族作出更大更多的贡献。虽然不能说中华民族的精英都在共产党内，但可以理直气壮地说，中国共产党作为中华民族的先锋队，是囊括了中华民族众多精英的，能够作为中华民族的脊梁，担当民族先锋队的历史重任。毛泽东说过：有许多党员，在组织上入了党，思想上并没有完全入党，甚至完全没有入党。这些人头脑里装着许多剥削阶级的脏东西，根本不知道什么是无产阶级思想，什么是共产主义，什么是党。在他们看来，还不是那一套？他们哪里知道要得到这一套并不容易，有些人就是一辈子也没有共产党员的气味。今天，毛泽东的这个话依旧没有过时。那些贪腐分子不就是这样的人吗？共产党的先进性怎么坚持？它的强大生命力怎么维系？习近平总书记强调思想建党和制度治党紧密结合，这是一个重要保证。

第三，坚持解放思想、实事求是的思想路线。思想路线对党的事业至关重要。凡以正确思想路线作指导，党的工作就发展顺利，党的事业就获得成功。反之，党的事业就会遭到挫折，乃至濒临绝境。党的正确思想路线是什么？毛泽东在1941年将古语“实事求是”作了新解。此后，它就成为党的马克思主义思想路线的通俗表述。坚持实事求是思想路线，是中国共产党夺取革命胜利的法宝。应当指出的是，对实事求是思想路线的把握不是一劳永逸的，主观上要坚持实事求是，与在路线方针政策以及实际工作中是否真正坚持实事求是，不是一回事。改革开放以后，邓小平对“实事求是”思想在理论上作了提升，在内涵上作了丰富和发展。他强调要破除迷信，解放思想。所谓解放思想，就是使思想与实际相符合，使主观和客观相符合，那就是实事求是。愈是解放思想，愈能实事求是。习近平总书记在庆祝改革开放40周年大会上的讲话中指出：我们始终坚持解放思想、实事求是、

中央党校（国家行政学院）的校训“实事求是”

与时俱进、求真务实，坚持马克思主义指导地位不动摇，坚持科学社会主义基本原则不动摇，勇敢推进理论创新、实践创新、制度创新、文化创新以及各方面创新，不断赋予中国特色社会主义以鲜明的实践特色、理论特色、民族特色、时代特色，形成了中国特色社会主义道路、理论、制度、文化，以不可辩驳的事实彰显了科学社会主义的鲜活生命力，社会主义的伟大旗帜始终在中国大地上高高飘扬！不言而喻，解放思想、实事求是的思想路线是党具有强大生命力的又一个重要因素。

第四，党善于学习、与时俱进、开拓创新。中国共产党是个善于学习的党。在革命战争年代，绝大多数党员来自工农群众，没有多少文化，迫切需要学习。抗战时期，是毛泽东学习马列主义理论著作最多的时期。在他的带动下，广大党员干部掀起了学习马列著作热潮。延安整风运动就是马克思主义的学习运动，为赢得抗日战争和中国革命的胜利做了理论准备。新中国成立后，党中央号召全党重新学习。毛泽东指出：我们进入了这样一个新时期，就是去钻社会主义工业化，钻现代化的国防，并且开始要钻原子能这样的新时期。“只要我们更多地懂得马克思列宁主义，更多地懂得自然科学，一句话，更多地懂得客观世界的规律，少犯主观主义错误，我们的革命工作和建设工作，是一定能够达到目的的。”改革开放以来，邓小平号召全党要善于重新学习，学会原来不懂的东西，实现现代化建设的伟大革命。除了学马列主义、毛泽东思想理论外，还要学经济、学科学技术、学管理。“大胆吸收和借鉴人类社会创造的一切文明成果，吸收和借鉴当今世界各国包括资本主义发达国家的一切反映现代社会化生产规律的先进经营方式、管理方法。”中国特色社会主义进入新时代，习近平总书记带领中央政治局坚持集体学习制度，开启统筹全党学习和全民学习、统筹学习型政党和学习型国家建设新的历史进程。他说：当今世界，知识信息快速更新，学习稍有懈怠，就会落伍。“中国共产党人依靠学习走到今天，也必然要依靠学习走向未来。”我们的党要上进，我们的国家要上进，就必须大兴学习之风，坚持学习、学习、再学习。“中国要永远做一个学习大国。”百年以来，中国共产党善于学习、与时俱进、开拓创新，领导中国革命建设和改革开放事业取得空前伟大成就。这充分显示了党的先进性和生命力。

第五，党坚持真理、修正错误，对人民、对民族高度负责。百年党史是中国共产党在中国这块土地上探索如何革命、建设和改革，以期走向中华民族伟大复兴的100年。党的探索复兴之路充满荆棘，异常艰辛，既取得过辉煌成就，也犯过严重错误，付出了沉重代价。但我们这个党没有任何私利，能够不断总结历史经验，坚持真理、修正错误，将其转化为宝贵精神财富。之所以能如此，就是因为党对中国人民、对中华民族高度负责任，立志为实现最终目标而不懈奋斗。毛泽东指出：以中国最广大人民的最大利益为出发点的中国共产党人，相信自己的事业是完全合乎正义的，不惜牺牲自己个人的一切，随时准备拿出自己的生命去殉我们的事业，难道还有什么不适合人民需要的思想、观点、意见、办法，舍不得丢掉的吗？难道还有什么错误不能抛弃吗？邓小平主持制定的1981年《历史决议》指出：我们党敢于正视和纠正自己的错误，有决心有能力防止重犯过去那样严重的错误。"'坚持真理、修正错误'，这是我们党必须采取的辩证唯物主义的根本立场。过去采取这个立场，曾使我们的事业转危为安、转败为胜。今后继续采取这个立场，必将引导我们取得更大的胜利。"习近平总书记强调：一个马克思主义政党对自己的错误所抱的态度，是衡量这个党是否真正履行对人民群众所负责任的一个最重要最可靠的尺度。我们党对自己的失误和错误历来采取郑重的态度，"使失误和错误连同党的成功经验一起成为宝贵的历史教材”。敢于直面错误、勇于修正错误的精神，正是对人民、对民族的高度负责的体现，也是党拥有的强大生命力之所在。

第六，广泛团结一切可能团结的力量。中国共产党既是先锋队，同时有广泛的群众基础，要团结一切可能团结的力量为实现中华民族的伟大复兴事业共同奋斗。它的先进性和群众性、阶级性和民族性是统一的。毛泽东指出：没有一个包括全民族绝大多数人口的最广泛的统一战线，中国革命要胜利是不可能的。这是现代中国革命的“根本规律之一”，是中国革命取得胜利的三大法宝之一。新中国成立后，我们党坚持实行统一战线，并提出了与各民主党派“长期共存、互相监督”方针。改革开放以后，邓

1949 年 7 月，新政治协商会议筹备会常务委员在中南海合影

小平指出："统一战线仍然是一个重要法宝，不是可以削弱，而是应该加强，不是可以缩小，而是应该扩大。"新时期的统一战线更加具有团结中华民族的强大凝聚力，是统一祖国、振兴中华的强大动力。习近平总书记指出：统一战线是党的事业取得胜利的重要法宝，必须长期坚持。"要高举爱国主义、社会主义旗帜，牢牢把握大团结大联合的主题，坚持一致性和多样性统一，找到最大公约数，画出最大同心圆。"这充分显示出党具有广泛团结一切可能团结的力量的博大包容性。

当然，说中国共产党有强大的生命力，并不是说我们党不存在任何问题，可以高枕无忧。党的先进性和党的执政地位不是一劳永逸、一成不变的，过去先进不等于现在先进，现在先进不等于永远先进；过去拥有不等于现在拥有，现在拥有不等于永远拥有。因此，必须居安思危，不断解决党内存在的突出问题，永葆党的先进性。只有这样，党才能始终为最广大人民真诚地拥护，具有无限强大的生命力。

后　记

这部访谈录，是中央党校（国家行政学院）科研部设立的校（院）级科研项目“百年党史访谈录”的最终成果。课题组成员是，中央党校（国家行政学院）报刊社：陈思、储峰、李军辉、黄珊、陈航、王雪；研究室：尹晓徽、牟为民；科研部：李瑞。虽然受疫情影响，课题不能完全按照原计划组织推进，但课题组还是想办法克服困难，在2021年4月完成了所有预定采访任务。收入这部书的访谈稿，都由林振义统稿，陈思、储峰、尹晓徽、李军辉采写了大部分稿件的初稿。王博永、李莹、李步前、邵建斌、施宗保、关长宇、高长武、周冀、樊炜兵等同志对项目实施给予了大力支持。

采访过程也是学习和受教育的过程。老先生们严谨的治学态度，对党的事业的忠诚和执着，给我们留下了深刻的印象。特别让人难忘的是，郑科扬同志在北京协和医院住院期间接受了采访，后来在病床上审定了他的访谈稿。

在课题推进过程中，中央党校（国家行政学院）办公厅提供了联络上的帮助。全部稿件在《学习时报》摘要刊发时，报刊社社长许宝健同志提出了审改意见。中央党校出版集团董事长兼中共中央党校出版社社长崔宪涛同志关注项目进展，一编室主任冯研、王玉兰同志付出大量辛劳。

在庆祝中国共产党成立100周年大会上，习近平总书记发表了重要讲话。党的十九届六中全会专题总结党的百年奋斗重大成就和历史经验并作出《决议》。希望这部访谈录的出版，能够引导读者更好学习领会习近平总书记“七一”重要讲话和党的十九届六中全会作出的第三个历史决议，带来对中国共产党百年奋斗史的深刻理解，对百年大党新时代新征程再创新辉煌的高度信赖，对在中国共产党领导下实现中华民族伟大复兴的坚定信心。

林振义

2021年12月